模拟教学
行与思

MONIJIAOXUE XING YU SI

滑红霞 ◎ 著

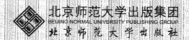
北京师范大学出版集团
BEIJING NORMAL UNIVERSITY PUBLISHING GROUP
北京师范大学出版社

图书在版编目(CIP)数据

模拟教学行与思 / 滑红霞著 . —北京：北京师范大学出版
社，2020.9
ISBN 978-7-303-26267-0

Ⅰ.①模…　Ⅱ.①滑…　Ⅲ.①学前教育—教学研究—幼儿
师范学校—教材　Ⅳ.①G612

中国版本图书馆 CIP 数据核字(2020)第 159435 号

营　销　中　心　电　话　010-57652755　57651876
北师大出版社职业教育教材网　http://zjfs.bnup.com
电　子　信　箱　zhijiao@bnupg.com

出版发行：北京师范大学出版社　www.bnup.com
　　　　　北京市西城区新街口外大街 12-3 号
　　　　　邮政编码：100088
印　　刷：北京溢漾印刷有限公司
经　　销：全国新华书店
开　　本：787 mm×1092 mm　1/16
印　　张：13
字　　数：287 千字
版　　次：2020 年 9 月第 1 版
印　　次：2020 年 9 月第 1 次印刷
定　　价：49.00 元

策划编辑：刘晟蓝　　　　　责任编辑：马力敏　梁民华
美术编辑：焦　丽　　　　　装帧设计：焦　丽
责任校对：康　悦　　　　　责任印制：陈　涛

推荐序一

全员 全程 全体

近年来，学前教育实现了跨越式发展，改革发展的新形势和立德树人的新任务对学前教育师资培养的质量提出了更高的要求。高等职业学校学前教育专业的学生的就业方向主要是各类学前教育机构，面向的是0～6岁的学前儿童。他们不仅需要具备合格幼儿教师的基本师德与专业理论素养，而且需要拥有幼儿园所需的实践智慧和能力。

近日与滑红霞主任研究学前工作时，她谈到在"科学""社会""音乐"教法课中，学生运用模拟教学"做—研—点—做"模式试教的效果非常好，大大提高了试教能力，建议下一步继续推广实施于其他教法课，并希望将模拟教学模式的理论与实践成果著书出版。这样的初衷正好适应了时代变迁对学前教育师资培养的新要求，可以满足不同学前教育机构对教师的需求。

令人欣慰的是，滑红霞主任一直致力于模拟教学的研究。教法课的革新又是一次有力尝试，积极推动了我校实践教学工作的开展与落实。这是一种切实可行的教研工作思路与方法实例，有效推动了我校及相关院校的模拟教学、实习实训等工作的开展，有助于学生实践能力的提升。其效果可被概括为"三全"。一是"全员"，即全校教职工参与课堂改革实践"做—研—点—做"模式。学校所有教师打破系部壁垒、学科壁垒、方法壁垒，积极尝试"做—研—点—做"模式。第一个"做"是学生自己先行先试，教师了解学生的现有水平；"研"是同伴互助，自我反思，发现问题，进行改进；"点"是教师引领学生解决难题，运用"最近发展区"理论，提升专业化水平；最后一个"做"是根据学生的"最近发展区"，开展新一轮的模拟教学，体现学生主体和螺旋式递进的理念。二是"全程"，即全过程实践。学生在校期间通过各种形式全方位参与体验式的实践过程，在课堂模拟试教过程中经历从前期的片段试教到后期的整体试教，并定期到学校附属幼儿园进行试教活动。三是"全体"，即全体学生参加模拟教学实践，每一名学生都是课堂试教的主体，积极参与其中，体验教师的职业特点与要求。特别是我校的"小先生"们活跃在学校教学工作的各个领域，既有教法课程，又有教师资格证辅导课程，还有艺术技能课程等。我校通过课堂试教培养了一批批优秀学生，在国家与省市级教学技能大赛中多人次获奖，彰显出模拟教学的推进成果，充分体现了我校"两代师表"一起塑造的办学特色。

滑红霞老师能将模拟教学成果以专著的形式出版，将教学成果进行转化与推广，服务更多的师范院校及广大读者，我特别感动，也深感钦佩。为此，特写书评，表示认可与支持。

范永丽

太原幼儿师范高等专科学校校长

2020 年 5 月

推荐序二

引领　改进　推广

《模拟教学行与思》致力于突破学前师资培养的实践困境。反复阅读之后，我深深地被作者的敬业精神打动，被作者的研究内容吸引。本书体系完整，内容全面，实践性强，观点独到，体现了以下特点。

一、发挥专家引领作用

作者为太原幼儿师范高等专科学校学前教育系主任，多次担任省市幼儿教育教学大赛活动评委，多次参加省里"送教下乡"活动，熟悉学前教育机构的保教规律，了解学前教师的职后现状，深谙学前师范院校实践教学的瓶颈和学前教育机构对师资素质的诉求。丰富的履历给予作者更高的站位，使作者具有从全方位、多角度提出问题和解决问题的视角。

《模拟教学行与思》是作者多年以来一以贯之的研究，希望通过研究能够提高师范院校实践教学的效果，向社会输送更多合格的学前师资。近年来，作者在理论及实践层面都取得了一定的研究成果：第一，制定出学前教育专业学生八项技能标准；第二，在教法课程中创新性地提出"先学后教、先试后导"的教学模式；第三，教学成果《"三梯次－螺旋式"师范教育专业实训教学方案的实践研究》在 2018 年获山西省教学成果奖二等奖。这些成果体现的是本书的价值所在，为师范院校模拟教学工作的开展提供了坚实的理论与实践基础，推动了师范院校实践教学改革的进程。

二、紧贴教师教育目标

本书结构严谨，内容充实，突出重点，以师范院校学前教育专业为例阐述模拟教学的相关问题，紧贴教师教育目标，具体包括：模拟教学的基本理论、模拟教学的操作流程、模拟教学质量的评价反思、模拟教学的典型模式、模拟教学的实践成效。同时精选了不同层面、不同类型的案例，进行了详细介绍和深度分析，使读者在知识的积累上、思维的扩展上、教学的研究上都能够获得更好的学习体验。

三、改进教师培养方式

本书从学前教育专业教师培养的困境出发，理论联系实际，在模拟教学活动设计和实践过程中提供给学生许多优秀的活动案例和幼儿园优秀教师的点评，突出了应用性和操作性，满足了多个层次读者的学习需求，有助于师范院校教师培养方式和方法的改进。

　　好书难得，真心推荐给广大读者，希望您有所思、有所得。

张琴秀

山西师范大学教授

2020 年 5 月

推荐序三

研究的力量

近日，滑红霞老师诚邀我阅读她的书稿《模拟教学行与思》。我于家中认真拜读，感触颇深，脑海中映入两个词。

第一，"研究意识"。对教育本质有自己的思考，对教育有自己的见解，对改进教育工作、提高教育质量有自己的孜孜追求，是现代教育对每一位教育工作者提出的基本要求。2018年，《中共中央国务院关于学前教育深化改革规范发展的若干意见》提出："加强园本教研、区域教研，及时解决幼儿园教师在教育实践过程中的困惑和问题。"滑红霞老师是一位专家型教师，也是一位科研型教师，有着强烈的研究意识，也具备较高的研究能力，主持和参加过国家级及省市级课题10余项，出版了专著2部，在核心期刊发表论文多篇。研究与思考已成为其思维常态。更重要的是，滑红霞老师既深谙师范院校学前教育相关专业的建设问题，又熟知学前教育机构的发展问题，拥有丰富的师资培养和学前教育前沿的认知经验，是学前教育专业的行家里手。对于"师范院校模拟教学"的研究，我和滑红霞老师讨论过多次，从现实问题出发，纵观国内外相关研究进展，希望将模拟教学作为研究方向，推动师范院校实习实训工作的开展，从而能够引领教师发展，指导幼儿园实践，有效促进幼儿园教师专业水平的提升及幼儿园办园质量的提高。

第二，"研究价值"。这本书阐明了学前教育模拟教学的内涵和本质、国内外相关研究综述及学前教育专业模拟教学的模式构建，讲清了学前教育专业模拟教学的基本技能培养和实践路径，形成了教学成果并进行了推广应用。首先，本书的研究丰富和充实了关于"实践教学""课堂试教""模拟教学"等相关问题的理论成果，与以往科研成果相比，在广度与深度、系统和结构及表述方式上有新的进步。其次，本书的研究延展和充实了学前教育的相关理论成果，尤其是丰富了学前教育专业课堂试教的相关理论基础，为师范院校特别是开设学前教育专业的师范院校开展实践教学工作提供了扎实的理论依据。最后，本书的研究重实践和应用，基于学习产出的教育模式，基于实证调查基础上的客观反映，以解决问题为出发点；方法体系重在推进模拟教学在师范院校工作的开展，重在提高学前教育专业学生的保教能力，重在丰富师范院校教师培养的方法体系，重在提升师范院校人才培养的质量；在一定程度上可以解决目前学前教育师资培养质量与学前教育机构对学前教师高诉求之间的矛盾，解决学前师范院校实习实训现状与学前师范院校学生实践能力提升诉求之间的矛盾，从而提高学前教育师资质量，为社会培养更多的有理想信念、有道德情操、有扎实学识、有仁爱之心的好教师。

卡里·纪伯伦的诗中有一句话："不要因为走得太远，忘记了我们为什么出发。"坚守初心、热爱学前教育事业，是滑红霞老师进行研究的力量之源。特推荐此书，希望能够为各位研究者与学习者提供可借鉴的思路与方法。

卢红

山西省教育科学研究院书记、教授

2020 年 5 月

前　言

　　《模拟教学行与思》是我历经多年，跨越"十二五"和"十三五"两个阶段的教学研究成果。它集中展现了以促进教师教育质量提高为目标所进行的模拟教学的研究和探索，真实记录了在模拟教学的实践中发现问题、探究问题、解决问题的研究历程。

　　产教融合，推行"1＋X证书"制度，提高学生就业质量，是国家大力发展职业教育的重大举措。高职学前教育专业是职业教育的重要组成部分，也是国家学前教育师资培养的摇篮。国家颁布了《国家职业教育改革实施方案》《国务院关于当前发展学前教育的若干意见》《幼儿园教师专业标准（试行）》等十多个文件，对幼儿教师的专业实践能力提出了明确要求。

　　2014年3月结题的《太原市学前教育质量评估体系研究》（课题项目号：GH—11163）建立了一整套完善的学前教育质量评估体系。我在成果推广过程中发现，新入职的幼儿教师的岗位适应能力非常弱，专业实践能力严重不足。因而，我秉持"课岗对接，课证融合，课赛融通"的理念，于2015年5月立项主持省级规划课题《模拟教学在学前教育专业课程中的实践研究》（课题项目号：GH—14071），以行动为导向，强力推动了学前教育专业学生实践能力的培养；经过不断研究、交流、总结，创新性地构建出"三梯次—螺旋式"师范教育专业模拟教学体系。实践教学取得重大突破。师生乐学会教，乐教善学，在省市各项职业技能大赛活动中成绩显著，教育教学质量不断提高。

　　《模拟教学行与思》主要面对学前教育专业学生，采用模拟教学形式，以提高幼儿园五大领域集体教学活动的设计与组织能力；在理论研究的基础上，认真分析，提供实际运用的操作方案和案例，在理论性和实践性方面有了一定的突破与创新，构建出"三梯次四阶段""四维全程"等模式。"三梯次四阶段"模式是指在学前教育专业模拟教学的过程中，通过课堂分段与整合模拟实践、幼儿园集体教学活动组织的"三尺讲台"比赛、各地优秀专家集体教学活动组织引领三个梯次，在幼儿师范院校学生中实施"做—研—点—做"四阶段的实践活动，以提高模拟教学效果的形式。"四维全程"实践教学体系将实践教学贯穿所有学期，融通各门课程，政、院、园、校四维全员、全程、全方位参与，多方联动，协同培养。目的是对师范教育专业模拟教学体系的内涵加深认识理解，为师范院校，尤其是为培养幼儿教师的中职院校在教学改革方面提供可复制、可借鉴、可推广的理念、思路和模式，也为高职院校的行政管理部门、教育科研机构的研究人员提供借鉴和参考，起到抛砖引玉的作用。模拟教学成果来自实践，在实践中研究提高，服务于实践的教学与研究。

本研究得到了我校领导和同事们，尤其是课题组教师们的大力支持，得到了诸多专家的帮助与指导，使模拟教学的研究更加规范化，使我坚定了研究的信心，在此一并表示衷心的感谢。

本人水平有限，几易其稿，仍有诸多不足和需要完善之处，敬请专家读者指正。

滑红霞

2020 年 3 月

目　录

第一章

模拟教学的理论基础

第一节　模拟教学研究的背景

一、模拟教学研究的缘起

（一）教师职前培养遭遇瓶颈的研究需求

教师教育是我国教育事业的重要组成部分，是基础教育师资来源和质量的重要保障，是教育事业的工作母机，是提升教育质量的动力源泉。教育质量的提升需要以教师教育供给侧结构性改革为动力，从源头上加强教师队伍建设，进一步完善教师教育体系的结构。当前，我国教师教育的主要矛盾已经转变为提高质量的要求与提高质量的能力之间的矛盾。这种主要矛盾具体体现为：教师教育培养出来的教师并不能直接胜任基础教育中的教学活动；新手教师所掌握的知识、技能与实际教育教学相互脱节，成为拥有教育理想、教育知识的"梦中人"。因此，如何将教师教育培养出来的人才与基础教育教师"零距离"无缝对接，成为提升教师教育质量的关键环节。

制约"零距离"无缝对接的关键因素是二者内在意义与性质上的差异。基础教育教师直接面对学生进行各学科教育教学的实践，而教师教育的对象具有双重身份：一方面，他们是教育理论、学科知识以及教学技能的学习者；另一方面，他们是未来基础教育的实施者，从知识的接收者到教育的实施者必然需要实践转化。教师发展是在实践中实现的。传统的教师教育更加注重教师理论知识体系的建构，对教师教育实践的边界认识不够清晰，致使教师满腹经纶却在实际教学中无用武之地。加强实践教学，进行模拟试教，打破了教师教育与基础教育之间的隔膜和壁垒，在理论教学和实践教学之间架起了一座有效的沟通桥梁。职前教师不仅能够练习传授具体的学科知识，而且能够形成自身的实践经验，在实际行动中解决真实情境中的问题，从而逐渐由"忠实执行者"转变为一名"反思性实践者"。

（二）实践教学学术层面薄弱的研究需求

与发达国家相比，我国学前教育起步较晚，专业实践教学体系的研究较为薄弱，高质量的成果不多。大部分研究停留在探讨宏观理论，描述实践教学的现状，探讨学前教育的政策改进等。也有从中观层面描述某省幼儿教师职前培养的实践教学体系的，但从微观层面研究高校学前教育专业实践教学体系的内部运行现状的较为缺乏。因此，本书以太原幼儿师范高等专科学校学前教育专业实践教学体系为研究对象，从微观层面收集学前教育专业实践教学体系运行现状、特色和存在问题，为需求者提供研究资料，帮助他们了解现实，为理论研究奠定基础。

（三）专业使命感与职业情怀的研究需求

我自 1986 年 7 月从山西大学教育系毕业后，三十多年来一直在幼儿师范中、高职院校工作，主要承担过学前教育专业的《幼儿教育学》《学前教育学》《教育学》《幼儿园活动设计与组织》《幼儿园课程》等教学任务，培养了二十多位优秀的学前教育专业带头人，指导和组织过三十多届学生的实习实训活动。工作中，我深感幼儿教师培养教育与提高学前教育质量的重要性，深感提高教学实践能力对准幼儿教师的重要性，深感在国家强力狠抓职业能力提升的前提下实施模拟教学的重要性，并以此确定了自己的研究方向，以国家级课题——《学前教育质量评价指标体系的实践研究——基于太原市学前教育现状》（全国教育科学规划课题，课题批准号 FHB—150488，已结题），省级课题——《模拟教学在学前教育专业课程中的实践研究》（山西省教育科学"十二五"课题，课题批准号 GH—14071，已结题），省级课题——《太原市学前教育质量评估体系研究》（山西省教育科学规划课题，课题批准号：GH—11163，已结题），市级重大招标课题——《太原市农村学前教育质量的现状研究》（太原市教育科学规划课题，课题批准号：ZB—201113，已结题），省级课题——《高专学前教育专业学生 3＋3 一体化职业能力培养模式的实践研究》（山西省教育科学"十三五"课题，课题批准号 GH—18248，在研课题）为抓手，对"学前教育专业幼儿园五大领域集体教学活动模拟教学"（以下简称为模拟教学）产生了浓厚兴趣，并形成了可复制、可借鉴、可推广的研究成果。再现研究过程，再现研究成果，目的是为促进学前教育专业发展、提高学前教育师资培养质量、推动学前教育内涵高质发展贡献一份绵薄之力，起到抛砖引玉的作用。

二、模拟教学研究的意义

（一）模拟教学是政策导向下幼儿教师专业化发展的需求

国家对学前教育近年来的投入与关注力度与日俱增，对高职院校科学化培养幼儿教师的实践能力提出了要求，出台了大批文件政策。国家学前教育实践教学的政策落实情况值得追踪。

2010 年 5 月，《国家中长期教育改革和发展规划纲要（2010—2020 年）》颁布，将"基本普及学前教育"作为未来发展的战略目标，对高水平的师资人才提出了更高的要求。

2011 年 10 月，教育部出台《教育部关于大力推进教师教育课程改革的意见》，规定要以围绕培养高素质专业化教师为目标，强化实践环节，加强学生教育教学能力训练，增加教育见习实习，提供观摩名师讲课的机会，培养师范生的实践能力。

2011 年 10 月，教育部出台《教师教育课程标准（试行）》，提出"实践取向"基本理念，教师是反思性的实践者。

2012 年 9 月，教育部颁布《幼儿教师专业标准（试行）》，提出"能力为重"，强调学前教育理论和保教实践相结合，突出保教实践能力，通过实践、反思、再实践、再反思，不断提高专业能力。

2016 年 3 月，教育部颁布《教育部关于加强师范生教育实践的意见》，进一步明确了实践教育目标及构建实践内容体系，丰富了实践教育形式，规范了教育实习，完善了多方参与与考核评价体系。

2018 年 1 月，《中共中央国务院关于全面深化新时代教师队伍建设改革的意见》明确指出："全面提高职业院校教师质量，建设一支高素质双师型的教师队伍。""加强职业技术师范院校建设，支持高水平学校和大中型企业共建双师型教师培养培训基地，建立高等学校、行业企业联合培养双师型教师的机制。切实推进职业院校教师定期到企业实践，不断提升实践教学能力。"

2018 年 2 月，教育部、国家发展改革委、财政部、人力资源社会保障部、中央编办五部门联合印发《教师教育振兴行动计划（2018—2022 年）》（教师〔2018〕2 号）的通知，明确了教育实践的目标任务，要求构建全方位教育实践内容体系，强化师范生教学基本功训练；要求提升培养规格层次，全面提高师范生的综合素养与能力水平；大幅培养具有精湛实践技能的、"双师型"的专业课教师，为幼儿园培养大批关爱幼儿、擅长保教的专科学历以上的学前教育专业教师，满足国民教育与创新人才培养的需要。

2018 年 11 月，中共中央、国务院联合出台《关于学前教育深化改革规范发展的若干意见》，提出要完善学前教育教师培养体系，优化教师培养课程体系，突出保育与教育的融合，健全学前教育法规及规章制度，加强幼儿园保教实践类课程建设，提高师范生的专业化水平等内容。

政策的出台固然重要，政策的有效落实必须通过基层学校的实践推动。国家政策的导向性要求学前教育专业人才必须具有幼儿园教育教学的实践能力，实现"人—职"无缝对接。师范院校只有实施校企合作、园校共育、职前职后一体化培养，实现全员、全程、全体"三全"育人模式，在教学过程中进行实践，通过模拟教学、下园见习、顶岗实习等活动提升实践课时量占比，才能促进准幼儿教师实践能力的提高。这将是学前教育专业人才培养模式革新的着眼点和着力点。

（二）模拟教学是幼儿园教育事业蓬勃发展的特殊化需求

首先，在社会经济高速发展的今天，幼儿教师培养与需求之间存在供需矛盾。许多学前教育专业毕业生的教学理念先进，理论知识扎实，但实践教学能力较弱，无法完成基本工作。幼儿园等幼儿教育机构在招聘过程中，都不希望对招聘来的幼儿教师进行再一次的岗前培训，而希望引进一批实践经验丰富、动手能力强、能够较快进入工作角色的工作人员。对于学前教育专业的学生来说，实践教学是他们在校期间获得实践能力、实践经验和综合职业能力最主要的途径。因此，完善学前教育专业实践教学体系、加强模拟教学，是保障该专业就业质量的必要举措。其次，学前教育专业学生未来的工作对象是学龄前儿童，职责是育人，这一特殊的任务决定了学前教育专业的重点是关注岗位能力要求和岗位工作实际，抓过程教学实践，抓模拟教学，博观约取，厚积薄发，切实提高学生的专业实践能力。

（三）模拟教学是高职院校培养学前教育专业人才的需求

对于高职院校而言，最重要的是在办学过程中寻找符合自身的高等性、职业性和应用性"三性"的合理、科学的目标定位，办出特色。"三性"的体现离不开实践教学体系的构建。高等性决定了教学过程不能简单注重学生机械操作技能的培养，而要通过实践活动将岗位所需要的知识、技能和态度内化为学生自身的能力；同时通过实践衍生出一些新的知识和技能，循环往复，使学生实现自身综合能力的不断提升。实践教学通过主体的实践活动，既提升主体对知识的把握，又创造出新的知识。因此，实践教学体系的构建是高职院校办学定位高等性的要求。职业性要求必须构建实践教学体系，强调院校充分与行业结合，按照行业所需求的实践能力进行学生实践能力的培养。实践能力的养成离不开充足的实践活动和完善的实践教学体系，脱离实践环节的实践能力的培养是不切实际的。从应用性特点来看，高职院校旨在培养理论基础扎实、实践能力强的应用型人才。就学科性质来说，学前教育专业并非是一门纯理论型学科，而是与社会工作紧密联系在一起的应用型学科。这就要求学前教育专业教师在教学过程中要注意体现应用型的特色。仅仅依靠理论教学是无法体现这一特色的，必须通过实践教学体系的构建培养一批实践能力强的应用型人才。因此，构建高职实践教学体系是高职院校办学定位的要求，是体现其高等性、职业性和应用性的重要保证。

（四）模拟教学是提升学前教育专业实践教学成效的需求

目前，实践教学中存在两方面的主要问题。一是实践教学实施方法与岗位需求结合度不高。理论和技能的学习应该结合学前教育专业的实际工作来进行，而不是一味地强调理论和技能的平行独立学习。教师反馈当前实践教学过程难以将教学与实际工作相结合，教学脱离了实际能力培养需求。例如，钢琴教学，我们的初衷是让该专业学生有效掌握组织幼儿进行音乐学习的能力。但由于在实施过程中过分强调钢琴演奏能力的习得，因此脱离了组织幼儿进行音乐学习的工作环节，导致学生仅能演奏，组织教学无从下手，无法满足幼儿园及幼儿教育机构开展教学的需求。二是缺乏专门的实践指导教师，导致试教质量不高。基于学前教育机构不能满足每名学生随时下园实践的现状，要在短时间内提高学前教育专业学生的实践技能是很不现实的。因而，模拟教学模式的实施和实践研究势在必行，但缺乏专职的指导教师，致使不能对试教者在各方面的表现做出客观真实且具有导向性的评价；学生也无法通过试教来认清自身的缺陷和不足，无法找到学习目标和科学的方法。大一统的教学法下教师没有树立正确的试教指导态度，缺乏科学指导的能力和方法，在试教工作中抱有完成任务的态度等，造成试教质量不高。

第二节 国内外研究述评与引领

随着我国社会主义市场经济的不断发展、市场竞争的日趋激烈以及市场对劳动力或人力资源需求的不断增加，企业择优的标准已从过去的考试成绩优异向操作技能较强转变。学生不仅需要具备普通文化基础知识、专业理论知识和相关理论知识，还需要具备专业技能和应用知识解决问题的能力。因而，加强专业技能训练和综合应用能力的培养，以适应市场和企业对新型人才的需求，是高等专业教育和职业教育不得不重视的问题。但由于高校扩招，职业教育开放自主办学，在校学生越来越多，因此长时间保证每名学生的实习效果困难较大。如何把学生的实践能力培养贯穿在全课程、全过程、全体教师、全体学生中，是我多年来一直致力研究的问题。

作为高校教学的重大革新，模拟教学的相关研究较少。模拟教学运用领域广泛，近年来在师范院校实训中广为应用。虽然极少数教师仍在使用课堂试讲、课堂试教等方式，但绝大多数教师认为模拟教学的表述比较规范。为获得更多的启发和引导，我通过"中国期刊网 CNKI 数字图书馆"，对 1984 年以来国内外学者对模拟教学、课堂试讲、课堂试教的研究成果进行了相关词的检索。

一、国内外研究述评

（一）关于模拟教学作用及意义的研究

关于模拟教学的作用及意义，各类研究主要侧重于其对学生实践能力的提升方面。经过模拟教学，学生能够提前熟悉学校教育教学活动，提升教学组织能力，避免将"错误"带到以后的工作中。凌政通在《运用情景模拟教学培养中职生实践能力的研究和实践》一文中指出职业院校学生的实践能力仍显不足，无法满足社会需求。他从职业高中的教学目标，即培养学生的实践能力出发，结合情景模拟教学模式，探析了情景模拟教学模式在提高学生实践能力方面的具体运用及其成效。[①] 周炎林在《培养师范生课堂教学能力的模拟教学尝试》一文中提出模拟教学是目前强化教师教育实践教学环节、培养师范生的教师基本功、提高师范生课堂教学能力的最佳途径。[②] 许仕林在《高师教育学模拟课堂教学模式的实践与思考》一文中指出教育学传统课堂教学重理论、轻实践，导致教学实效不高；模拟教学的应用反转了传统课堂的这一弊端。[③]

通过对已有研究进行梳理，我发现学者们对于模拟教学的意义或作用的研究多集中在其对学生实践操作能力的提升上。除了这项重要的意义外，模拟教学还有能

[①] 凌政通：《运用情景模拟教学培养中职生实践能力的研究和实践》，硕士学位论文，华东师范大学，2011。

[②] 周炎林：《培养师范生课堂教学能力的模拟教学尝试》，载《高等理科教育》，2011(3)。

[③] 许仕林：《高师教育学模拟课堂教学模式的实践与思考》，载《南方职业教育学刊》，2013(1)。

够有效利用教育资源、增强学生专业学习兴趣与信心等意义。正如许少红在"模拟教学法及其实施"的研究中提出的，由于我国职业学校常常缺乏训练设备、场地、材料和资金等，因此学生不能到真实工作岗位实习，影响了毕业生的质量。模拟教学是以"假"代"真"，尤其对于工科专业学生的技能训练，避免了由于学生错误操作可能产生的对学生自身和生产设备的危害。学生在安全条件下操作，可以大胆尝试，缓解紧张情绪，减少练习初期由于紧张造成的冗余动作。模拟教学能够弥补客观条件的不足，为学生提供近似真实的实习环境，因此在职业教育教学实践中得到广泛用。

（二）关于模拟教学概念的研究

关于模拟教学概念的研究，不同学者根据自身学科的不同做了不同的描述。邢振江、徐文涛在《情景模拟教学——案例教学的拓展和深化》一文中指出，就管理专业而言，情景模拟教学指围绕本专业某一管理问题收集素材、编写案例，让学生扮演案例中的各种角色，把自己置身于实际情景中，在表演过程中领悟有关管理的原理、程序和操作方法，分析案例，提高解决问题的能力。[①] 张景美在《幼师生模拟教学的现状及策略——以幼儿园科学活动模拟教学课为例》一文中将模拟教学定义为：在教师指导的情景下，学生模拟幼儿、幼儿教师、督导评估者中的某种角色，进行幼儿教育教学技能训练，从而调动学习积极性的一种互动活动。这种活动是幼儿师范学校教法课中的隐形课程，是幼儿师范学校教法课的重要形式。[②]

在国外的研究中，模拟教学法最早是由美国密执安大学学习和教学研究中心的罗博特·B. 利兹马（Robert·B. Lizma）等人提出并界定的。最初此教学法是以还原现实生活情境，让学生根据自己所扮演的角色，在不同的情境中通过感受复杂事物，对问题做出决定，逐渐将学习内容迁移到现实生活中。在此过程中，学生能学习到解决问题和做出决策的相关技能。他们又将模拟法称为"模拟游戏"。F. 谢夫特（Fannin Shaftel）和 G. 谢夫特（George Shaftel）提出模拟教学是通过在模拟的情境中演练，探索解决问题的策略与方法，并从中培养良好的职业观、情感观、价值观及人际观。

虽然学者们根据自身学科特点对模拟教学的概念进行了各有侧重的定义，但是他们共同的关注点都在"模拟角色""在一定情境中进行"等方面。结合各研究的内容，本研究将学前教育专业的模拟教学定义为：以实现学生获得学前教育教学实践能力为目的，在教师指导下，学生在课堂上通过扮演幼儿教师、幼儿、督导评估者等角色，尝试在幼儿园某一教育教学活动情境中，根据幼儿教师职业岗位要求，进行有针对性的职业素养与技能训练的教学形式。此外，学前教育专业课程主要包括基础理论课程和实践应用课程两大部分。在此研究中，学前教育专业课程特指五大领域的实践应用课程。

（三）关于模拟教学特点的研究

关于模拟教学的特点，学者们各有论述。尽管学科侧重不同，但是都集中在强

---

① 邢振江、徐文涛：《情景模拟教学——案例教学的拓展和深化》，载《教育与人才》，2010(9)。
② 张景美：《幼师生模拟教学的现状及策略——以幼儿园科学活动模拟教学课为例》，载《现代教育》，2013(20)。

调模拟教学的"重视学生主体性""实践性""情境性"等方面。例如，赵崇晖在《模拟教学法在中职学校专业课程中的应用研究——以建筑专业为例》一文中将模拟教学法的特点概括为主体性、应用性、互动性、开放性、创造性、情境性及评价过程性七大特点。[1] 王颖蕙在《幼高专〈育婴师〉模拟教学模式的探析》一文中指出模拟教学具有环境的真实性、教学的互动性、手段的多样性三个特点。[2] 何影在《主体精神与实践能力：情景模拟教学的两个基点》一文中将情景模拟教学的实质总结为主体精神与实践能力的有机统一，强调了模拟教学的主体性与实践性。[3] 周晓皎在《论职业教育中模拟实践教学法的应用》一文中从结合实践教学的角度对模拟实践教学的特点做了研究，将模拟教学概括为四点：一是完成理论知识与实践技能的高度结合，二是突出学生在教学过程中的主体性，三是强调教学内容的应用性，四是加强教学的互动性。[4]

根据德国职业教育专家杜布斯(Dubs)教授的研究，姜大源教授将模拟教学的特点归纳为七个方面：第一，教学内容针对职业或生活；第二，模拟教学是一个主动的过程；第三，团队学习在模拟教学的过程中具有重大意义；第四，错误在模拟教学进程中能够被有益地加以利用；第五，学生的固有经验与兴趣能予以考虑；第六，模拟教学的目标不只限于认知领域，情感以及对学习内容的认同都具有重要意义；第七，对学习成果的评价不仅指向学习结果，而且指向学习过程。

根据学者们的研究，本研究对学前教育专业模拟教学的特点进行了概括和梳理。一是主体性与自主性：学生试教前的准备、试教中的角色把握、试教后的反馈反思过程都体现了其主体性和自主性。二是实践性与应用性：模拟教学将幼儿园微缩到课堂中，为学生提供了极大的模拟实践平台。三是真实性与体验性：模拟教学的实施依托于创设的情境，学生在创设的情境中开展幼儿园的教育教学活动，因此环境创设的真实程度会直接影响模拟教学的质量。四是开放性与研讨性：模拟教学的进行是幼儿园、社会、家庭共同参与的过程。

（四）关于模拟教学原则的研究

相关研究都表明模拟教学的有效实施需要遵循一定的原则。学者们对模拟教学的原则进行了阐述。王颖蕙在《幼高专〈育婴师〉模拟教学模式的探析》一文中提出模拟教学的原则有：目标性原则，在整个教学过程中，教师必须充分评估、了解、掌握每个学生的差异，组织学生有目的地练习；参与性原则，教学中学生都是学习的主人，必须参与到教学活动中来，扮演不同的角色，进行实际练习，以获得所必需的本领；经济性原则，环境的创设要依据学校的经济基础，条件许可的学校为学生

① 赵崇晖：《模拟教学法在中职学校专业课程中的应用研究——以建筑专业为例》，硕士学位论文，福建师范大学，2013。
② 王颖蕙：《幼高专〈育婴师〉模拟教学模式的探析》，载《泉州幼儿师范高等专科学校学报》，2014(1)。
③ 何影：《主体精神与实践能力：情景模拟教学的两个基点》，载《教学研究》，2012，35(4)。
④ 周晓皎：《论职业教育中模拟实践教学法的应用》，载《辽宁经济职业技术学院学报》，2010(3)。

安排丰富的必用的材料。① 赵崇晖在《模拟教学法在中职学校专业课程中的应用研究——以建筑专业为例》一文中对模拟教学法的应用原则做了研究，提出了四个原则：环境建设适用性与经济性统一原则，模拟教学环境的创设要符合模拟教学的需要，尽量与工作岗位或生产过程接近，同时要考虑环境创设的经济性；教学的专业性与思想性统一原则，模拟教学的内容要符合时代发展需要，其设计与应用不仅要体现对学生专业知识与技能的培养，而且要有助于学生创新精神与创新能力的培养；教学形式与教学内容统一原则，模拟训练要注重"练"而不是"演"，形式要为内容服务；教师主导性与学生主体性统一原则，教师要明确自己扮演的角色，同时要真正调动学生学习的积极性，让学生真正成为学习的主人。通过对学者们的研究进行总结可以看出，"主体性原则"与"经济性原则"是两大原则。② 王颖蕙在《幼高专〈育婴师〉模拟教学模式的探析》一文中将学前教育专业模拟教学的原则归纳为三个。一是目标性原则，模拟教学的总目标是实现学生获得幼儿教育教学实践能力，提升专业素养。模拟教学的具体目标是每一次模拟教学要达到的目标。不论是学生还是教师，都应时刻把握好模拟教学的目标，以目标为导向和引领，以具体目标为基础达到总目标。二是参与性原则，模拟教学不是一场一个学生扮演幼儿教师教学的独角戏，需要全班学生和教师参与。在模拟教学中，学生可以扮演幼儿教师、配课教师、幼儿等多种角色，没有参与角色扮演的学生需要担当教学评价者、监督者等角色，教师是模拟教学活动的组织者、指导者、评价者。参与性原则贯穿于模拟教学的始末。三是经济性原则，模拟教学的进行离不开教具的制作，在模拟课堂上可以看到学生精心准备的各种教具，让整个模拟教学过程更加生动逼真。③ 但是，很多花费大量时间、人力和物力制作的教具可能仅仅只是为了一次模拟教学，这样会造成师生时间和精力的浪费。因此，我们应该本着经济性原则，让教具能够循环使用，如可以把制作的教具收集整理在一起，学生可以从已有教具中挑选自己在模拟教学中需要用到的教具，避免重复制作。

（五）关于模拟教学内容的研究

实践教学的内容是实践教学目标任务的具体化。周立峰在《高职学前教育专业实践教学体系建构与实践研究——以仙桃职业学院学前教育专业的建设与改革为例》一文中根据学前专业人才培养的需求和职业岗位的能力要求，将学前专业实践教学涉及的内容进行汇总分析，设计出总的考核项目明细表，并根据各项技能具体情况制定了详细的考核标准和要求。基本技能和专业技能考核共有十五项内容：弹（琴法与键盘）、唱（声乐）、跳（舞蹈）、说（教师口语及幼儿英语）、讲（教学活动）、喊（口令与操）、写（书法）、画（绘画）、玩（游戏）、做（手工制作）、演（模仿与表演）、编（各

①　王颖蕙：《幼高专〈育婴师〉模拟教学模式的探析》，载《泉州幼儿师范高等专科学校学报》，2014(1)。

②　赵崇晖：《模拟教学法在中职学校专业课程中的应用研究——以建筑专业为例》，硕士学位论文，福建师范大学，2013。

③　王颖蕙：《幼高专〈育婴师〉模拟教学模式的探析》，载《泉州幼儿师范高等专科学校学报》，2014(1)。

类计划与活动方案）、设（环境设计）、研（教育教学研究与文章撰写）和管（活动组织与管理），值得借鉴。[①]

（六）关于模拟教学导师指导的研究

吴志勤、安林艳在《地方高校学前教育专业本科生试讲现状研究——以遵义师范学院为例》一文中提出导师指导方式单一，试讲资源有待进一步丰富；利用调研结果，提出目前的导师指导主要采用学生展示活动、组织过程、通过语言进行指导、组织本组成员讨论后提出建议来帮助学生提高试讲水平的方式。[②]值得注意的是，导师分配方式不灵活，生师比例不合理，导师的学术专长、教学风格与学生的试讲领域及学习风格的契合度对学生的试讲训练有着重要的影响。调查发现，每位导师指导的学生人数确定后，学生与导师被随机分配。导师的水平参差不齐。另外，由于导师指导的学生人数多，因此导师很难对学生进行深层次、多次数的指导。导师人数不够，生师比过大，不能保证指导效果。指导策略方面，要提高导师与学生分配方式的灵活性，丰富试讲指导方式；高校要加大对试讲导师的培训力度，科学合理地选择试讲导师。新教师和实习教师经过专门培训后才能参与试讲指导。学校应对学生与导师进行灵活匹配分组，充分发挥导师的学术专长。首先，在试讲前组织学生选择好自己要试讲训练的领域，按学术专长对导师进行分配；其次，根据导师的专长和学生的试讲领域进行师生间的灵活分配，如擅长音乐和美术的导师指导选择艺术领域的学生，擅长科学的导师指导选择科学领域的学生，依此类推，可以减少或避免学生的特长领域与导师的专长发生错位，从而使学生获得较好的试讲效果和较快的成长。试讲方式对试讲质量的提升有重要影响。导师应结合学生的期望和试讲实际，丰富试讲指导方式，如"导师要适当给予示范""到幼儿园组织活动，以获得更加直接的经验""教师进行活动示范""针对薄弱环节指导"等是学生的心声。为此，可采取以下三种方案相结合的方式。第一，对于学生屡次犯难的关键点，导师在语言指导的基础上应该有适当的示范，从而启发学生灵活解决问题。第二，可在条件允许的情况下，带领学生去观摩幼儿园真实的活动组织过程后，再进行试讲训练，这可被安排在学生的见习任务之中。第三，请幼儿园的一线教师亲临试讲现场进行指导。由于多数幼儿园教师的工作任务重，因此可行的办法是组织学生进入幼儿园，请幼儿园教师进行指导。

（七）关于模拟教学实施的研究

不同学科的教师对模拟教学的模式或实施步骤有不同的研究。张彤在《运用模拟教学优化教学模式》一文中以国际金融课程为例，设计了模拟外汇交易教学的模式，包括深入调研，精心设计模拟方案；进行必要的知识准备；学生分组；跟踪模拟阶段；集中模拟阶段；小组总结和交流；提交模拟外汇交易成果；对学生的交易成果

---

①　周立峰：《高职学前教育专业实践教学体系建构与实践研究——以仙桃职业学院学前教育专业的建设与改革为例》，硕士学位论文，华中师范大学，2010。

②　吴志勤、安林艳：《地方高校学前教育专业本科生试讲现状研究——以遵义师范学院为例》，载《遵义师范学院学报》，2018，20(1)。

进行评价和考核八个阶段。① 徐少红在《模拟教学法及其实施》一文中将模拟教学过程分为充分准备和组织实施两个阶段。② 李沐在《基于模拟教学的音乐师范生课堂教学技能培养的研究》一文中提出了"理论学习、一轮试讲、见习、二轮试讲"的模拟教学模式。对已有研究进行梳理可以发现，模拟教学的模式基本上包括前期准备、实施模拟和反馈评价三个阶段。但是学者们只对本门学科的模拟教学进行了模式探究，并未关注其横向推广度。③ 顾颖颖在《浅谈模拟教学在学前教育专业课程中的运用》一文中提出了学前教育专业模拟教学程序：一是成立小组，布置任务；二是理解消化，设计方案；三是活动准备，试教打磨；四是现场实战，模拟教学；五是视频再现，评议反思；六是调整方案，展现新貌。④ 田燕在《学前教育专业本科应用型人才培养模拟教学的研究与实践》一文中提出了模拟教学的实践策略，如建设学前教育专业实验实训教学中心，制订学前教育专业模拟教学计划，建设指导教师共同体；指出实践教学是应用型人才培养的关键，实践教学既可以在校内组织课堂教学、课余兴趣小组活动等环节实施，也可以借助于校外实习见习调研等形式进行，其中模拟教学是实践教学在校内实施的主要表现形式之一。⑤

（八）关于模拟教学存在的问题的研究

模拟教学虽然在提升学生实践能力方面有很大的作用，反转了传统课堂"重理论轻实践"的现状，但是在实施过程中出现了一些问题。董琼华在《情景模拟教学中的若干问题》一文中对情景模拟教学中存在的诸多问题做了归纳：一是学生受传统教学方法影响深远，缺乏模拟活动的主动性与积极性；二是情景设置缺乏系统性、连贯性，不利于学生系统地掌握知识；三是师生角色定位不当，组织引导学生效率较低；四是情景设计过于虚假，缺乏趣味性，与研究问题割裂；五是与传统讲授缺乏有效融合。对已有研究进行梳理，发现的问题有：教师和学生对角色理解不深入，不能很好地扮演好角色；模拟环境创设不佳，无法使人物尽快投入角色中；活动设计不完善等。⑥ 蓝晓芸在《教师模拟教学方法使用不当的归因研究——以 S 中职校"幼儿园教育活动设计"课为例》一文中指出教师在使用模拟教学法的过程中常常出现"表面化""形式化"的现象。不能恰当使用模拟教学法将导致无法达成教师的预期目标，无法有效培养学生的实践能力。⑦ 梅纳新在《幼师生模拟教学活动存在的问题及对策》一文中提出当前高职高专院校学前教育专业学生模拟教学活动存在一些问题，具体表

① 张彤：《运用模拟教学优化教学模式》，载《机械职业教育》，2007(4)。

② 徐少红：《模拟教学法及其实施》，载《机械职业教育》，2007(4)。

③ 李沐：《基于模拟教学的音乐师范生课堂教学技能培养的研究》，硕士学位论文，东北师范大学，2014。

④ 顾颖颖：《浅谈模拟教学在学前教育专业课程中的运用》，载《扬州教育学院学报》，2013，31(1)。

⑤ 田燕：《学前教育专业本科应用型人才培养模拟教学的研究与实践》，载《江苏第二师范学院学报》，2014(1)。

⑥ 董琼华：《情景模拟教学中的若干问题》，载《纺织教育》，2008(3)。

⑦ 蓝晓芸：《教师模拟教学方法使用不当的归因研究——以 S 中职校"幼儿园教育活动设计"课为例》，硕士学位论文，四川师范大学，2014。

现为：模拟教学态度消极，专业教师指导缺位，模拟教学设施不完善。要解决这些问题，应加强对活动的专业引领，调动学生参与活动的积极性，采取多样化的形式，提高模拟教学活动的质量。①

从总体上讲，目前国内外对模拟教学的相关研究相对滞后，具体表现为以下三点。一是系统性应用研究缺乏，相关的专著较少，多数研究只是集中于某一学科或课程。二是教师素养不高，无法正确组织和实施模拟教学。多数教师只停留在对模拟教学法概念的了解上，能够较熟练应用的教师并不多。例如，赵崇晖的研究中指出 2005 年华东师范大学张暗明通过对郑州 10 所职业院校的任课教师进行调查，发现只有不到 8.5% 的教师使用过模拟教学法。三是模拟教学在各专业教学中应用不平衡。目前，模拟教学法在电子类、财务类、医护类、法律类及计算机信息技术类等相关专业教学中相对应用较多，在其他专业中的应用仍有很大的提高空间。

（九）关于模拟教学实践意义的研究

作为现代高等职业院校教学方法的重大革新，模拟教学法打破了传统"重理论、重书本、重讲解"的教学格局，把实际工作情境搬到课堂，真正从实践意义上提升了学生解决实际问题的能力。因此模拟教学法正广泛应用于各类学科，如医学、法学、教育学等学科。赵兵在《"模拟教学"的应用》一文中通过对近些年的毕业生和在校生进行问卷调查以及对一些教师的实践进行观察，发现运用模拟教学法对改革高等师范院校音乐系"基础乐理"课的课堂教学具有积极的意义。② 佟蒙在《"模拟课堂"微观课程设置研究》一文中将模拟教学法应用于美术教师培养领域，形成模拟课堂，将其与"教学论""教育学"等理论课同时安排，穿插进行，学习时更能"学以致用"，理论与实践相互促进。③ 刘隽、林勋在《欧洲医学教育模拟教学分层应用概述及启示》一文中提出模拟教学分层应用是进入 21 世纪后欧洲医学实践教育的新特征。④ 张慧、绳宇、张欣等在《模拟教学在护理学基础教学课程中的实施与效果》一文中应用综合模拟人对 134 名护校学生进行护理学基础实验教学的研究，证实了模拟教学使护校学生在近似真实的临床场景进行学习，有利于护理学学生综合能力的提高。⑤ 翁亮、陈畴镛在《浅析管理模拟教学》一文中提出管理模拟教学作为参与式教学法的一种，在发达国家已得到广泛的应用，在我国仍处于探索和发展阶段。此外，模拟教学在中职物流专业、建筑专业、公安院校、综合职业院校实训教学中也得到了广泛应用，成为一种人才培养的新模式。⑥

模拟教学法在国外主要用于法律、经济管理、医学、教育、工程等学科专业，

---

① 梅纳新：《幼师生模拟教学活动存在的问题及对策》，载《河南教育（高教）》，2014(9)。
② 赵兵：《"模拟教学"的应用》，载《教师教育》，2006(1)。
③ 佟蒙：《"模拟课堂"微观课程设置研究》，载《辽宁教育》，2012(2)。
④ 刘隽、林勋：《欧洲医学教育模拟教学分层应用概述及启示》，载《复旦教育论坛》，2010，8(5)。
⑤ 张慧、绳宇、张欣等：《模拟教学在护理学基础教学课程中的实施与效果》，载《护理管理杂志》，2012(9)。
⑥ 翁亮、陈畴镛：《浅析管理模拟教学》，载《杭州电子工业学院学报》，2002，22(2)。

这些学科专业都设有相应的模拟教学环境，如虚拟法律诊所、模拟公司、模拟银行、模拟临床实验室、工程训练中心等。其中，美国的"虚拟法律诊所"与我国的模拟法庭相当，学生在仿真法庭中培养司法技能。"模拟临床实验"是美国医学院校连接课堂教学与临床实习的重要环节，可以有效解决理论知识与临床动手能力脱节之间的矛盾。一些发达国家已经逐渐发展出以模拟为基础的技能评估系统。加拿大的医学委员会和美国的外国医学毕业生教育代理委员会制定的医生执照考试中以模拟为基础的临床测验已成为技能评估系统的重要组成部分。经济类学生在"模拟公司"中模仿经济业务操作，且不需要承受经济风险。到 20 世纪 80 年代后期，"模拟公司"得以飞速发展，近万家"模拟公司"遍布全球。

（十）关于模拟教学评价体系的研究

许友根在《构建学前教育专业实践教学体系的理论与实践》一文中指出可以通过课程考核、技能展示、竞赛活动以及论文评比等多种途径对学生技能进行评价。[①] 范小玲在《以职业能力为核心构建学前教育专业实践教学体系——以琼台师范高等专科学校为例》一文中提出应根据幼儿教师职业能力结构要素确定实践教学评估内容和项目，从观测指标、学习内容、指导方式、考核评定、分值权重、时间进度等方面全面细化各项评估指标，使评价更具操作性。[②] 美国的课程考核通常包括以下几个部分：最终考核论文（Final paper）占 33%、小论文（Short essays）（3～4 篇）占 33%、期中考试（Midterm exam）占 17%、方案设计（Project design）占 7%、课堂参与（Class participation）占 10%。同时，美国还设立专门的机构对学前教育专业实践教学进行评价，全美幼教协会（NAEYC）不仅是美国学前教育的保障机构，也是其评价机构。它是全美教师教育认定委员会（NCATE）的下属机构，主要任务之一就是对美国大学的副学士、学士和研究生三个层次的学前教育专业计划进行评估和认证，以保证学前教育教师的质量。全美幼教协会对学前从业人员做了明确的分类，不同的学前教育从业人员的类型对应六种不同的学历水平与课程要求。德国职业教育实践教学评价的特色可被概括为工作过程中的公正评价，凸显评价标准、评价机构、评价结果三个维度。学生在参加企业培训期间，其实习成绩的考核与评定工作由企业负责。实习结束时，不仅企业要为学生出具实习工作鉴定，要求学生完成一份详尽的来自企业的实习报告，而且学生毕业论文（设计）70% 的题目由企业结合需要解决的实际问题提出，往往来自工程实践，并要求在企业里完成，且学生毕业论文的第一指导教师由企业教师担任。毕业论文（设计）的答辩及成绩的评定也由企业和学校联合组织。

（十一）关于实践教学体系的研究

1. 实践教学体系的内涵

俞仲文、刘守义、朱方来等在《高等职业技术教育实践教学研究》一书中具体阐

---

① 许友根：《构建学前教育专业实践教学体系的理论与实践》，载《无锡教育学院学报》，2006(4)。

② 范小玲：《以职业能力为核心构建学前教育专业实践教学体系——以琼台师范高等专科学校为例》，载《海南广播电视大学学报》，2011(1)。

述了实践教学体系的内涵，认为实践教学体系有狭义与广义之分。狭义的实践教学体系是指实践教学内容体系通过合理的课程设置和见习、实习、实训及课程设计等，与理论教学体系相辅相成的教学内容体系。广义的实践教学体系是指由实践教学活动的各个要素构成的有机联系整体，具体包含实践教学活动的目标、内容、管理和条件等要素。① 实践教学体系的要素研究方面，吴忠良在《论实践教学体系建设与高职生创造性发展》一文中指出实践教学体系的要素包括目标、内容、方法、手段。② 刘文娟在《论高职思想政治理论课实践教学体系的构建》一文中认为实践教学体系的要素由实践教学的主导、主体、目的、内容、保障、管理构成。③ 仲兴国在《高职教育实践教学体系及构成要素研究》一文中提出实践教学体系的要素由目标、内容、管理和保障构成。④ 张勤在《高职会计实践教学体系构成要素研究》一文中提出实践教学体系的要素由目标、定位、内容、条件保障、评价机制构成。⑤ 姚永聪在《高职实践教学体系的构建研究》一文中提出实践教学体系的要素由目标、内容、资源、管理、评价构成。⑥ 尹子民、张丹在《管理实践教学的体系的要素与组织实施》一文中提出实践教学体系的要素由内容、形式、方法、环境构成。⑦ 杨秋在《应用型高校学前教育本科实践教学及运行机制现状研究——以湖北省J学院为例》一文中提出实践教学体系的要素由教学目标、内容与实施、教学评价、保障构成。⑧ 通过对实践教学体系的要素的梳理可知，实践教学体系的要素主要有目标、内容、管理、评价、保障、主体、实施、计划等。众多学者将几个要素自由组合成实践教学体系要素。其中，实践教学目标、内容、管理、评价是学者们提出的实践教学体系的共同要素。

2. 代表性的实践教学体系

很多学者对实践教学体系的运行机制做了分析和概括。应金萍在《论高职实践教学体系的构建及作用》一文中提出实践教学体系的结构由动力（教学动力体系和教学目标体系）、受动（教学内容体系）、调控（教学管理体系）、保障（教学保障体系）组成，这是按教学系统论原理构建出的实践教学体系。⑨ 王玉林、张向波、孙家国等在《应用技术型大学土木工程专业实践教学体系研究》一文中构建出新型"三平台、一训练、两能力"实践教学体系，通过"基础教学试验平台—专业实践教学平台—工程技

① 俞仲文、刘守义、朱方来等：《高等职业技术教育实践教学研究》，北京，清华大学出版社，2004。
② 吴忠良：《论实践教学体系建设与高职生创造性发展》，载《教育与职业》，2004(30)。
③ 刘文娟：《论高职思想政治理论课实践教学体系的构建》，载《思想教育理论教育导刊》，2008(7)。
④ 仲兴国：《高职教育实践教学体系及构成要素研究》，载《辽宁高职学报》，2007(7)。
⑤ 张勤：《高职会计实践教学体系构成要素研究》，载《科教导刊》，2012(10)。
⑥ 姚永聪：《高职实践教学体系的构建研究》，硕士学位论文，浙江师范大学，2012。
⑦ 尹子民、张丹：《管理实践教学的构成要素与组织实施》，载《辽宁工业大学学报（社会科学版）》，2013，15(1)。
⑧ 杨秋：《应用型高校学前教育本科实践教学及运行机制现状研究——以湖北省J学院为例》，硕士学位论文，重庆师范大学，2017。
⑨ 应金萍：《论高职实践教学体系的构建及作用》，载《职教论坛》，2005(6)。

能实战平台"培养师范生工程实践能力和应用与创新能力。① 王东辉、李娟、赵濛在《"三阶段交叉递进式"实践教学体系的构建与实践》中构建出"校内实训、保育和专项教育实习、顶岗实习"三阶段交叉递进式的实践教学体系，每一阶段相互贯通。② 陈光、于彦华、林琳在《构建地方高等农业院校"多维立体"协同育人模式的研究与实践》一文中构建了"三层次、三结合、五平台"实践教学体系。"三层次"指师范生认知与基础、研究与创新、体验与综合这三个层次，"三结合"指理论与实践、实践教学与科研、社会实践和创新创业相结合，"五平台"指搭建实践课程平台、社会实践平台、科研训练平台、学科竞赛平台和模拟创业平台。③

3. 学前教育专业实践教学体系

关于学前教育专业实践教学内涵的研究，范丹红在《学前教育专业实践教学模式的构建策略》一文中提出学前教育专业实践教学是指教师教育过程中的教育实践活动，存在于整个教学过程，包括理论、实践和社会实践教学。④ 余致静、徐丹在《"全实践"教学体系的优化策略研究——以 H 学院学前教育本科专业为例》一文中认为实践教学就是在时间上全程贯通，空间上全方位拓展，内容上多模块整合，理念上全面渗透，课程上全维推整。⑤ 刘乐天在《"职业人"视角下的中职学前教育专业实践教学策略研究》一文中从职业角度理解实践教学的内涵，认为实践教学是以亲身经历和动手操作为主，多种教学活动的总称，包括课堂实践实训、课外活动、见习实习等多种形式。⑥ 目前我国学者对学前教育专业实践教学内涵的界定主要有两种：一是认为是实验、实训、实习；二是认为是各种实践活动总称，在时间上贯通。

关于学前教育专业实践教学体系的内涵与要素的研究，王新兴在《专科层次学前教育专业全程化实践教学体系建构研究》一文中认为学前教育专业实践教学体系是指由实践教学活动各要素构成的有机联系整体，与理论、教学、实验、实训和实习等密不可分。⑦ 余致静、徐丹在《"全实践"教学体系的优化策略研究——以 H 学院学前教育本科专业为例》一文中认为学前教育专业实践教学体系是指学前课程的技能操作、课程见习、课程实习、社会实践、调查研究、毕业实习及毕业论文等实践活动，

① 王玉林、张向波、孙家国等：《应用技术型大学土木工程专业实践教学体系研究》，载《高等建筑教育》，2015，24(6)。
② 王东辉、李娟、赵濛：《"三阶段交叉递进式"实践教学体系的构建与实践》，载《中国职业技术教育》，2015(14)。
③ 陈光、于彦华、林琳：《构建地方高等农业院校"多维立体"协同育人模式的研究与实践》，载《高等农业教育》，2015(2)。
④ 范丹红：《学前教育专业实践教学模式的构建策略》，载《湖北第二师范学院学报》，2012(11)。
⑤ 余致静、徐丹：《"全实践"教学体系的优化策略研究——以 H 学院学前教育本科专业为例》，载《浙江外国语学院学报》，2014(6)。
⑥ 刘乐天：《"职业人"视角下的中职学前教育专业实践教学策略研究》，硕士学位论文，河北师范大学，2016。
⑦ 王新兴：《专科层次学前教育专业全程化实践教学体系建构研究》，载《教育探索》，2013(5)。

时间为职前四年，侧重于实践教学课程。① 还有学者对实践教学体系进行了界定。王莲花在《学前教育专业实践教学体系构建研究》一文中从广义和狭义上界定了学前教育专业实践教学体系。狭义的学前教育专业实践教学体系专指内容体系，包括见习、实习、课程设计与社会实践等活动；广义的学前教育专业实践教学体系是指由一定的实践教学目标、内容、管理、设施等综合的整体。② 郭丽在《高职本科学前教育专业实践教学体系研究——以云师大职教院为例》一文中指出学前教育专业实践教学体系和理论教学体系相关，是学生在教师指导下，以实际操作为主自主开展，获得感性知识和基本技能，提高综合素质和能力的教学活动。③ 综上可以看出，学前教育专业实践教学体系的内涵主要分两类：一是见习、实验、实训等各种实践活动构成的实践教学体系；二是实践教学目标、内容、管理等构成的实践教学体系。大部分学前教育专业实践教学体系的要素借鉴了实践教学体系的要素，即目标体系、内容体系、保障体系、实施体系、实践教学评价体系等。

　　4. 代表性的学前教育专业实践教学体系

　　程妍涛、张建波两位学者在《艺术型学前教育专业本科实践教学体系构建》一文中构建出学前教育专业的"全方位、立体化、多层次、宽领域"实践教学体系。"全方位"是指注重师范生多方面能力的提高；"立体化"是指注重时间上延伸和空间上拓展；"多层次"是指对不同年级中具有不同兴趣、爱好的师范生要求不同；"宽领域"是指在实践过程中师范生了解、参与幼儿园教育、日常管理与教研等多方面工作，结合相关课程实践环节来开展实践活动。④ 李桂英在《高职院校学前教育专业实践教学体系的构建与实施》一文中构建了学前教育专业"五位一体、五环交互"的全程化实践教学体系。全程化是将学前教育专业发展全程中的所有实践环节作为一个整体系统进行统筹安排，贯穿在师范生整个学习过程。"五位一体"指提高课堂教学效率；丰富内涵；鼓励师范生参与课外训练，重视教育见习和实习，强化技能训练；竞赛；稳步落实顶岗实习五方面。"五环交互"指专业认知、教学观摩、模拟教学、课内实训、岗位实践和学训互动等，它们之间是相互联系、相互影响、缺一不可的关系。⑤ 樊晶在《高师学前教育专业实践课程体系建构的研究——以山西省为例》一文中构建出了高师院校学前教育专业的"1236"实践教学体系。"1"指强化学前教育专业实践能力目标，"2"指校内实训、实验室与校外实践基地两大平台，"3"指政府、高校、基

　　① 余致静、徐丹：《"全实践"教学体系的优化策略研究——以 H 学院学前教育本科专业为例》，载《浙江外国语学院学报》，2014(6)。
　　② 王莲花：《学前教育专业实践教学体系构建研究》，载《课程教育研究》，2017(2)。
　　③ 郭丽：《高职本科学前教育专业实践教学体系研究——以云师大职教院为例》，硕士学位论文，云南师范大学，2017。
　　④ 程妍涛、张建波：《艺术型学前教育专业本科实践教学体系构建》，载《幼儿教育（教育科学）》，2010(5)。
　　⑤ 李桂英：《高职院校学前教育专业实践教学体系的构建与实施》，载《教育科学》，2012，28(3)。

地三方保障;"6"指研习、见习、演习、实习、竞赛、社团六大模块。[①] 通过对学前教育专业具有代表性的实践教学体系进行研究和梳理可以发现,学者们更注重理论建构,疏于对高校现行实践教学体系运行进行具体研究。

我国从 20 世纪就开始对模拟教学体系进行研究,至今该体系仍然是研究热点。理论研究较多,实证研究较少。从 2006 年开始,有学者对学前教育专业实践教学体系进行研究,侧重构建学前教育专业实践教学体系理论框架。存在的不足主要是理论探讨、研究较浅;缺乏理论支撑,只有个别文章将建构主义理论、能力本位教育理论、协同理论等作为理论依据;大多研究重构建理论体系,没有实地调研专业真实情况,个案研究深入不够。因此,注重对学前教育专业实践教学体系的实证研究,通过实地调研弄清实施过程存在的具体问题,构建科学、系统、长效的学前教育专业课程的模拟教学模式,并对其有效性进行质性和量性相结合的评估是今后研究的方向。

二、国内外教育家对模拟教学研究的引领

(一)国外教育家的研究引领

1. 本体论基础:实践教学理论

施瓦布(Schwab)提出的"实践性样式"是指以多元观点深入思考一件事物,在做出实际决策时综合多样的理论与方法技能。实践教学是以学生为教学主体,以实践性问题为主线,通过提出问题、分析问题、解决问题以及现场体验为目的的实践过程。有研究将实践教学的目标归纳为四个方面:传承实践知识,提升实践理性,优化时间策略和生成实践智慧。模拟教学的实践教学目标既包括理论知识的建构、教育教学技能的形成以及教育理念和师德的完善,还包括学习者个体心理、行为习惯等素质的发展和提升过程。模拟教学的实践教学是一种学习的整合方式,学习就发生在实践活动过程中。杜威依据"做中学"的核心理念,提出五步教学法。第一,教师给学生创设一个课题,情境必须与实际经验相联系,使学生产生了解它的兴趣;第二,给学生足够的资料,使学生进一步观察、分析、研究该课题的性质和问题所在;第三,学生自己提出解决问题的设想,或提出一些尝试性的、不同的解答方案;第四,学生自己根据设想进行推理,以求得解决问题的方案;第五,学生进行实验验证,根据假设方案亲自动手去做,以检查全过程所取得的结果是否符合预期的目的。在做的过程中,学生自己发现这些假设的真实性和有效性。

教育的本质是实践,一切教育问题都必须在实践领域、以实践的形态和方式得到回答和解决。教师教育的基本问题在于教师的专业成长。教师专业成长不仅在于知识的获得,而且需要在工作现场积累丰富的实践经验。学习者在模拟教学中,不仅扮演授课教师,而且模拟听课学生和观课教师。身处工作现场促使教师不断思考知识的价值和获得方式、教学方法在问题情境中的有效性、教师角色定位等一系列

---

① 樊晶:《高师学前教育专业实践课程体系建构的研究——以山西省为例》,硕士学位论文,山西师范大学,2016。

问题。因此，模拟教学是突破传统教师教育的有效途径，也是对实践教学的探索。

2. 认识论基础：人本主义教育理论

人本主义代表人物罗杰斯（Rogers）提出的"以人为中心"的非指导性原则对于模拟教学来说无疑在认知上给予了有力的支撑。

第一，教育关注的是人的整体发展，尤其要关注人的情感、精神和价值观的发展，而不是一个偶然的分数或一次行为表现。模拟教学中的教学行为不是一次偶然的教学尝试，需要教师全情投入，认真解决教育情境中发生的各种问题。模拟教学中的教师不仅构建了理论，而且提升了理解能力和问题解决能力。

第二，人本主义在极力批判机械式学习的基础上，提出了有意义学习。有意义学习不是以掌握事实性知识为主要目的的，而是指那种"自主"的学习，是学习者全身心地投入并对其自身产生深远影响的行为和态度，是学习过程本身。模拟教学中的学习就是一种有意义学习。首先，学习时不仅需要个人认知的参与，还需要职前教师个人情感的投入；其次，在外在动力的刺激和推动下，模拟教学中的学习是一种自觉主动地挖掘自我、改造自我、构建自我的过程；最后，模拟教学中的教学评价主要来自自我评价，因为有意义学习是对个体而言的，也只有自己才最清楚当下的学习能否满足自己的需求，是否有助于自己未来的发展。

第三，在有意义的学习的基础上，人本主义对"教"也提出了理论观点。罗杰斯认为，传统教育夸大了"教"的作用，有时教育好像有效果，但其实往往是有害的，因为学生不再信任自己获得的经验。教比学难，因为教学只有允许学习。模拟教学正是构建出未来的工作现场，将学生置于真实的问题情境中，鼓励学生自由探索，使其在教与学之间相互转换，使学习成为具有内在价值和实际意义的个体活动。

3. 目的论基础：反思性实践者

美国心理学家迈克尔·波斯纳（Michael Posner）认为教师应成为反思型的实践者，教师的成长一定是经验与反思的螺旋式递进。经验不等于学习，经验也不是成长。没有反思的经验是狭隘的经验，最多是肤浅的知识。目的既基于一定的价值原则，又展示了一定的价值取向。《中共中央国务院关于全面深化新时代教师队伍建设改革的意见》明确提出，新时期教师队伍建设的目标是"高素质专业化创新型教师队伍"。只有实现教师的专业化和创新发展，才能实现高素质教师队伍的建设。创新发展是教师专业化的必然途径。创新型教师需要具备反思能力与问题意识，主动打破思维的牢笼。教师绝不能固有地将理论知识、学科知识或教学技能直接告诉学生，而应该在一种工作现场中完成理论向实践的转化，而且这种转化需要实践者主动地通过在行动中反思来解决真实情境中的问题，成为一名反思性实践者。模拟教学中的实践个体不是由技术与原理武装的"忠实执行者"，而是在实践活动中不断建构和反思自身经验的"反思性实践者"。他们在实践中反思，在反思中实践，不断发展自己的创新思维，提高专业化水平。

4. 主体论基础：以学生为中心

建构主义"以学生为中心"的学生观既强调学生主动参与教学活动，又注重区别对待学生。因此,在学前教育实践教学评价中,既要使学生作为评价的主体,听取学生的评价意见,还要对学生进行分层、分类评价,切不可按照统一标准对所有学生展开评价。

5. 方法论基础:体验性学习

大卫·库伯(David Kolb)是美国凯斯西楚大学知名教授,是美国社会心理学家、教育家,也是一名体验式学习大师。1984 年,大卫·库伯在他的著作《体验学习:体验——学习发展的源泉》一书中提出了颇具影响的体验学习概念。他把体验学习阐释为一个体验循环过程:具体的体验—对体验的反思—形成抽象的概念—行动实验—具体的体验。如此循环,形成一个连贯的学习经历。学生自动完成反馈与调整,经历一个学习过程,在体验中认知。模拟教学重视评价和反思环节,模拟教学后的评议包括教学自评、教学他评和教师评价。及时评议能有效培养学生的教育反思能力,提高学生的专业素养。

(二)国内教育家的研究引领

1. 方法引领:"教学做合一"

陶行知提出的"教学做合一"是"生活即教育"在教学方法上的具体呈现。它改变了注入式教学法。相比于注入式教学法以教师和书本为中心,"教学做合一"按照学生的能力需要,指导学生享受环境之所有;教服从学,教和学又服从生活需要。① 模拟教学借鉴陶行知先生的生活教育理论,在教学中渗透"教学做合一"的方法。教师服从学生的学,选择学生需要且感兴趣的内容进行教学。教师的教和学生的学是为今后的工作打基础的,均服从工作的需要,即"做"的需求。创设切近生活的问题情境,引导学生通过做的方式完成学习的提升,具有非常重要的价值。

2. 理念引领:活教育思想

陈鹤琴提出了"活教育"理论,重视科学实验;主张中国儿童教育的发展要适合国情,符合儿童身心发展规律;呼吁建立儿童教育师资培训体系。"活教育"理论包括目的论、课程论和教学论。"活教育"课程论可以被概括为一句话:大自然、大社会都是活教材。即让儿童在与自然、社会的直接接触中,在亲身观察中获取经验和知识。"活教育"理论在教学方式上的呈现主要是"做中教,做中学,做中求进步"。陈鹤琴认为"做"是学生学习的基础,强调儿童在学习过程中的主体地位和在活动中直接经验的获取。

陈鹤琴根据儿童心理学和教育学的原理,提出了"17 条的教学原则":凡是儿童自己能够做的,应当让他自己做;凡是儿童自己能够想的,应当让他自己想;你要儿童怎样做,就应当教儿童怎样学;鼓励儿童去发现他自己的世界;积极的鼓励胜于消极的制裁;大自然、大社会是我们的活教材;比较教学法;用比赛的方法来提高学习效率;积极的暗示胜于消极的命令;替代教学法;注意环境,利用环境;分

---

① 《陶行知全集》第二卷,289 页,成都,四川教育出版社,2005。

组学习，共同研究；教学游戏化；教学故事化；教师教教师；儿童教儿童；精密观察。[①]

　　模拟教学在实施过程中借鉴了"活教育"的相关教学原则，如分组学习，共同研究。学生有个别差异，新教育反对班级教学，主张分别学习，以适应个别差异。分别学习必须分组研究、共同讨论。因为和别人讨论就有刺激，有刺激就有反应。刺激越多反应越多。从刺激—反应的中间可以研究出真理。分组研究、共同讨论的方式就是集体学习，是"活教育"教学原则的一种方式。各人都发表意见，彼此都有不同的思想。模拟教学贯彻了"活教育"思想的理论实质，吸纳其中对学前教育专业学生综合能力发展具有重要意义的内容；同时将陈鹤琴先生的"活教育"思想教给学生，引导学生渗透到今后的学习和工作中去。

第三节　以课题研究为抓手的理论积淀

一、三级课题成果为模拟教学研究奠基

（一）新入职教师实践能力不能无缝对接岗位需求

　　2011 年，我国学前教育迎来了发展的春天。《国务院关于当前发展学前教育的若干意见》等重大文件下发，全国学前教育研究与发展如火如荼。本人申报太原市、山西省、国家三级课题，研究学前教育质量提升策略。一是太原市教育科学规划办重大招标课题《太原市农村学前教育质量的现状研究》（太原市教育科学规划课题，课题批准号：ZB—201113）获批，获得支持经费三万元，以优秀课题结题；二是申报了省级课题《太原市学前教育质量评估体系研究》（山西省教育科学规划课题，课题批准号：GH—11163），以省级优秀课题结题；三是为扩大成果推介范围，申报了国家级课题《学前教育质量评价指标体系的实践研究——基于太原市学前教育现状》（全国教育科学规划课题，课题批准号 FHB—150488），已结题。

　　研究发现，教师专业水平是影响教育教学质量的关键因素。对新手幼儿教师的从教能力的调查研究结果表明，新手教师的专业实践能力普遍较低，主要表现在以下六个方面。一是预测课堂情况能力差。有很多幼儿教师在备课中不重视幼儿的个性和学习特征，在目标确定、内容选择、活动安排等方面与熟手教师差异较大。比如，在内容选择方面，有三年左右教龄的教师一般选择的教育内容单一，材料主观选择性较强，不能对应、覆盖教学目标，不符合幼儿的经验和认识水平，不注重内容的文化多元性；幼儿不能从中做到举一反三，不能体验和认识同类事物。二是新手教师更强调在设计活动中的主导作用，忽视幼儿的主体性，不注重层次性、递进性与合理性，不能使活动流程环环相扣。他们重视课程的策划以及课程的呈现方式，不太注重课前的充分准备。三是幼儿教师的监控能力和教龄有关，教龄越低，监控能力越低。在活动过程中不注重观察幼儿的整体和个别变化，对幼儿以表扬为主，

---

　　① 《陈鹤琴全集》第五卷，76 页，南京，江苏教育出版社，2008。

但不够科学灵活，表扬效果不佳。四是在激发和维持幼儿的学习动机方面方法单一。在开始时和活动中，语言较少，不能很好地调动幼儿的主动性。集体教学中，教师的教学行为可分为教授行为(讲授知识、直观说明/演示、对有关知识的提问等)、引导实践行为(鼓励幼儿继续或再次实践)和评价反馈行为(一般性表扬与否定、具体肯定或否定)，这些对新手教师都是具有一定挑战性的。他们不能根据幼儿的年龄特点和差异进行教学行为的调整。比如，对于科学类的探索活动，他们不能持有"做中学"的理念来引导幼儿进行各种知识的自主学习，他们注重的是自己在课堂中的主导作用；对于知识的表征方式不是采取看、摸、闻、尝、做等使知识可操作化的方式，不能用各种表情、眼神以及手势等体态语感染幼儿，语气平淡，语言笼统和抽象；对于幼儿在活动中的表现，不注重多样式的评价方法，不具有针对性的、积极的评价，评价方法相对单一。五是处理不好预设与生成的关系。师幼互动性不强，课程衔接不流畅。六是不善于反思。教学反思是专业成长的重要方法，年轻教师没有良好的反思习惯，总结时主要针对自身发挥情况和课程内容，不注重学生的表现以及教师自身的各种行为，不注意整体与具体情况；多反思活动中中立的行为，忽视积极和消极的行为；没有对自己的教学方法、行为、效果进行反思的习惯。

（二）影响新入职幼儿教师职业能力提高的根本原因与解决策略

1. 宏观角度

影响新入职幼儿教师职业能力提高的根本原因是任务繁重，入正式编制难，社会地位和经济待遇低。这里从宏观角度提出提高幼儿教师职业能力的建议：一是加大宣传力度，增强幼儿教师职业的吸引力；二是稳定队伍，提高素质，合理解决编制问题。

2. 中观角度

中观的原因是培训经费不足，培训缺乏针对性；教师工作任务重，学习机会少，交流研讨时间少，教研效果不强，研究缺乏引领。这里从中观角度提出提高幼儿教师职业能力的建议。一是开展行动研究。以幼儿教育情境中的实际问题为研究主题，与专家、学者或其他相关人员协作，边研究边反思，以解决问题。二是开展师徒制活动。通过观察、选择、借鉴和模仿，吸收大量的外部知识和蕴含于资深教师教学行动中的缄默知识，"看中学""做中学"，在实践中提高自己的教学技能，逐渐拥有教学知识和智慧。三是参加教师培训活动。积极参加各级各类培训活动，提高理论素养和实践操作能力。四是提高反思能力。幼儿教师的反思主要以实践反思为主。实践反思就是在活动前、活动中、活动后根据自己的问题进行反思，通过"实践—积累—反思—再实践再积累—再反思……"不断循环的过程，提高专业水平，成长为专家型教师。

3. 微观角度

从微观角度来说，影响幼儿教师职业能力提高的主要原因是职前入学门槛低，文化素养低，幼儿教师教育课程不完整，实训机会少；入职后的理论与实践职业能力低，不能符合幼儿园教学的实际需求。这里从微观角度提出提高幼儿教师职业能力的建议：一是开展教师教育课程改革，实现课、证、赛专业认证和就业、接本一体化；二是加强幼儿园教学实训，开展实习实训模拟教学研究，制定体系与模式。

二、模拟教学课题理论研究取得的成果

本人于 2015 年申报主持的幼儿教师职业技能职前培养研究省级课题：《模拟教学在学前教育专业课程中的实践研究》(山西省教育科学"十二五"课题，课题批准号GH—14071)已顺利结题。

（一）构建师范院校模拟教学模式

《师范院校模拟教学模式构建——以学前教育专业为例》系山西省教育科学"十二五"规划课题《模拟教学在学前教育专业课程中的实践研究》(课题编号：GH—14071)的阶段性研究成果。该研究提出的主要观点有：从师范院校课堂教学的现状和效果看，以传授知识和口笔练习为主的传统教学方法已经不能承担学生综合职业能力培养的重任，与职后教学工作岗位的要求也渐行渐远。问题表现有：教学中讲授过多，实践过少；实训环境上软硬件均不达标，学生的知识技能无法被运用且呈现碎片化状态。提出的解决策略有：以学前教育专业模拟教学为例，以实现学生获得幼儿教育教学实践能力为目的；学生在教师指导下，分别扮演幼儿教师、幼儿、督导评估者等角色，模拟幼儿园某一教育教学活动的情境，结合幼儿教师职业岗位的要求，进行有针对性的技能模拟训练。

学前教育专业模拟教学模式将幼儿园微缩到课堂，可以有效地促进学生实践能力的提高。经过多年来的大胆尝试、不断探索，太原幼儿师范高等专科学校以学生发展为根本，秉持"学生主体，教师主导，先学后教，先试后导"的核心理念，构建出了学前教育专业模拟教学"一体两翼"的教学模式。"一体"指"一条主线"，即"做—研—点—做"，体现模拟教学"教—学—做"的合一性；两翼指"教学""科研"，旨在强化实施效果，最终实现"实践—反思—再实践—再反思"的良性循环。

构建学前教育专业模拟教学的实施路径：一是充分了解学情；二是创设真实的模拟环境；三是确保科学的活动过程，教学组织要严密，教学过程要严谨；四是准确、灵活地进行教师的角色换位，明确执教学生的角色定位。

（二）国考背景下师范院校"课与证""知与能"关系的深度思考

《国考背景下师范院校"课"与"证"的博弈——以学前教育专业课程改革为例》是与太原幼儿师范高等专科学校范永丽校长合作，在发现幼儿教师资格证考试与培养目标存在衔接、融合的问题的背景下，提出课、证、赛、专业认证、就业创业衔接融合的策略的研究。文章发表在《教育理论与实践》2018 年第 14 期。主要观点有：当前，师范院校的学前教育专业简单地将教师资格证的考试内容加在原有课程体系中，出现了"课＋证"的困境。本研究试图引用经济学中的博弈论，对学前教育专业课程的改革进行博弈分析，从而保证学前教育专业课程与教师资格证考试的有效融合。

博弈论是指不同主体基于自身利益在行为发生时所采取的决策之间的平衡问题。博弈问题的显著特征是策略依存性。博弈分析的基本假定是"理性人"。利益主体为实现自身利益的最优化，利用充分获得的信息，分析不同策略可能产生的利益，从

而做出考量和选择，获得相应的收益。学前教育专业课程改革主要涉及的利益主体包括社会、学校、教师和学生等，多方利益主体为了自身利益进行权衡判断。从这个角度而言，课程改革正是利益相关者不断进行博弈的结果。

博弈论最经典的分析是"囚徒困境"。该模型描述了两名囚徒被单独关押后遇到的困境：如果两名囚徒都不招认自己的犯罪事实，也不揭发对方，那么由于证据不足，各判处 1 年；如果两名囚徒都招认自己的犯罪事实，那么会因为证据确凿，各判处 5 年；如果其中一名招认，另一名不招认，那么招认方因为协助破案立即获释，另一名则会被判处 10 年。在此假设下，他们会做什么样的选择呢？显然，两名囚徒的选择是相互影响的。两名囚徒需要充分判断对方可能做出的选择，做出决策，从而展开利益博弈。在此困境中，两名囚徒互相不信任对方，在选择上倾向于互相揭发，因为这对双方来说是获得刑期最少且相对稳定的均衡结果。均衡指的是相对稳定的博弈结果。这样的博弈均衡符合个体理性的最优解，却不符合集体理性的最优解。两名囚徒基于个体理性形成的博弈均衡被称为"纳什均衡"。"纳什均衡"是博弈主体基于自身利益和所获取的信息做出的策略选择在结果上表现的均衡状态，其实质是各方利益的暂时性均衡。"纳什均衡"的达成需要不同主体降低或者损失部分利益，使得每一个理性人都有单独改变策略的冲动。集体理性的最优解被称为"帕累托最优"，即克服个体理性和集体理性的矛盾，增加整体利益。

学前教育专业课程改革的博弈分析：学前教育专业课程出现"课＋证"现象，课程改革各主体间的利益尚未实现，学前教育专业课程改革处于"囚徒困境"。

实现学前教育专业课程改革的"帕累托最优"的策略如下。一是寻求实施"课证融合"的理念认同，提高各博弈方的理性认识水平。二是优化学前教育专业课程结构，协调各博弈方的利益关系；以模块化课程理念为依据，按照资格证考试的具体要求，将授课、练习、实习和考核进行归纳汇总，组成特定的独立单元（模块），再将模块有针对性地细化为课程，并明确课程的性质（必修课或选修课、专业课或公共课等）、教学目标、教学内容、教学形式、课时分配和学生自学时间，然后根据不同的教学对象进一步细化调整，形成真正的"课证融合"。这种"课证融合"的课程体系在建立之初，要以岗位和准入考试的要求为导向；在实施过程中，要重视学生的实践能力培养，要在学校的模拟教学、实习、实训、实践活动中实现岗位对接，随着社会学前教育机构、幼儿园对学生的要求的变化而及时更新重构。三是建构"课证融合"选择性激励机制，实现各博弈方利益均衡。

第二章

模拟教学的操作流程

第一节　学前教育专业模拟教学的模式建构

一、学前教育专业模拟教学的内涵

（一）学前教育专业模拟教学的概念

学前教育专业模拟教学是按照幼儿教师职业岗位要求，发挥"双主体"的作用，在教师积极引导下，通过学生自主扮演幼儿教师、幼儿、督导评估者等角色，模拟幼儿园教育教学活动或情境，促进学生教育教学实践能力提升的教学模式。

（二）学前教育专业模拟教学的特点

学前教育专业模拟教学的特点主要表现在以下四个方面。

第一，主体性与自主性。学生在模拟前的准备、模拟中的角色把握、模拟后的反馈反思都体现了其主体性和自主性。

第二，实践性与应用性。模拟教学将幼儿园微缩到课堂中，为学生提供了极大的模拟实践平台。这也从侧面反映了杜威先生"学校即社会"的教育思想。

第三，真实性与体验性。模拟教学的实施依托创设的情境，学生在模拟情境中实施幼儿园的教育教学活动，因此环境创设的真实程度会直接影响模拟教学的质量。

第四，开放性与研讨性。模拟教学的进行是学生、同伴、教师、学生甚至是社会、家庭共同参与的过程。

《幼儿园教师专业标准（试行）》对幼儿教师的"教育活动的计划与实施"提出了明确的要求，如如何与幼儿互动，是否体现了以幼儿为主体的理念等。进入工作岗位后能否又快又好地适应角色，对即将成为幼儿教师的学前教育专业的学生的发展有重要影响。为了培养符合幼儿、幼儿园、家长、社会的需要的幼儿教师，学前教育专业的学生必须具备过强的实践能力，具体而言就是教育活动的计划与实施能力。模拟教学将幼儿园微缩到课堂，可以有效促进学生实践能力的发展。

（三）学前教育专业模拟教学的基本要求

1. 目标的引领性

学前教育专业模拟教学的总目标是帮助学生获得幼儿教育教学实践能力，提升专业素养。学前教育专业模拟教学的具体目标是每一次尝试教学要达到的目标。不论是学生还是教师，都应时刻把握好学前教育专业模拟教学的目标，以具体目标为基础，从而达到总目标。

2. 全员的参与性

学前教育专业模拟教学不是某个学生扮演幼儿教师教学的独角戏，需要调动全班学生和教师进行参与。在模拟教学中，学生可以扮演幼儿教师、配课教师、幼儿等多种角色，没有参与角色扮演的学生也需要担当教学评价者、监督者等角色。教师是模拟教学活动的组织者、指导者、评价者。参与性原则贯穿于模拟教学的始终。

3. 环境的逼真性

逼真的环境有利于角色的转换和实践质量的提高。学前教育专业模拟教学需要学生进行教具和环境的准备。准备的程度和期望值一般成正比。环境要逼真，尽量接近实际。学生对环境越熟悉，模拟效果越好。

4. 过程的严谨性

过程的严谨性要求模拟方案的设计符合幼儿的特点，由浅入深，由近及远，环环相扣，层层递进，有预设和生成，围绕目标，首尾呼应。

5. 材料的多用性

学前教育专业模拟教学的进行离不开玩教具的制作。我们应该本着经济性原则循环使用，可以把制作的教具收集整理在一起。学生可以从已有教具中挑选教学中需要的教具，避免重复制作。

二、构建学前教育专业模拟教学的模式

（一）学前教育专业模拟教学的要素

通过研究国内外相关资料，结合教学实践，本书总结出学前教育专业模拟教学模式主要包括的要素有：教学理念、专业教师、学生、课程、教学组织形式、教学方法、教学环境、教学评价与反思。

学前教育模拟教学模式的主要教学理念为建构主义学习理论、杜威的实用主义教学思想以及经验主义学习理论。给我们的启示为：充分尊重学生的自主学习，以学生为主体，以教师为主导，结合职后真实工作场景，创设问题情境，"先学后教，先试后导"，在发现问题、解决问题的过程中提升实践技能。

在模拟教学模式中教师和学生构成重要的"双主体"。教师依据教学理念和学生实际情况设置相应课程，创设教学环境，合理安排教学组织形式，选择恰当教学方法，组织学生进行模拟教学的相关活动并进行教学评价反思。

（二）学前教育专业模拟教学的目标

学前教育专业模拟教学的目标是培养职前幼儿教师过硬的教育教学本领，使其

成为合格的幼儿教师。模拟教学在学前教育专业课程中的实施是学前教育专业人才培养模式的创新与改革。高素质的教师队伍是教育事业的第一资源，把提高质量作为教育改革发展的核心任务是提高教育质量的根本保证。进一步提高课堂教学效率，激发学生学习热情，加强专业实践训练，培养学生综合职业能力，改革传统的教学方式是行之有效的方法。

《幼儿园教师专业标准(试行)》提出"能力为重"的理念，对幼儿园教师必须具备的教育教学能力提出了明确的要求，强调幼儿园教师要能以"专业"的意识与行为开展保教工作，遵循幼儿成长规律。这要求学前教育专业人才的培养要紧密结合教学实践活动进行。将模拟教学引入课程实践是学前教育专业人才培养的不二选择。

学前教育专业模拟教学能在短期内综合训练学生的各项课堂教学技能。学生在模拟实践中学习如何设计教育教学活动、如何组织教育教学活动、如何与"幼儿"沟通交流、如何创设环境、如何处理活动中的随机事件，在试教的过程中积累了经验，提升了能力。有了这样的前期实践积累，学生进入幼儿园后才能够顺利适应幼儿园的需求，尽快投身工作。

1. 引领学生积极参与

在以往教学模式中，教师始终处于主体地位，迫使学生被动接受教师所讲的内容；学生不能积极主动地学习，甚至出现厌学情绪。模拟教学课堂模式是在课堂教学仿真环境下，崇尚学生体验的学习模式。

模拟教学模式主张"以学习者为核心"，打破了传统的教学思维和教学模式，有利于正确处理教与学的关系，培养学生自主学习、自行获取知识的能力。课堂上教师与学生处于平等的地位，主要让学生自主探索。整个重点不在教师教学生，而在学生教学生。教学中学生站在教师的角度设计教学，尝试分析解决各种问题，在自己准备的活动中自然习得不少知识，再通过讲授与同学间的互动交流，使知识点的理解更加深刻；同时在组织参与活动中，锻炼了动手操作能力，更重要的是培养了学习能力，获得了成就感，体验到了学习的快乐。

2. 训练学生沟通合作能力

新课改理念认为，有效的学习活动不能简单依赖模仿与记忆，动手实践、自主探索与合作交流是学生学习的重要方式。学会与他人合作并能与他人交流思想，被当作课程标准的总目标之一。

模拟课堂的每一环节都可以在学生与学生合作、教师与学生合作展开中。例如，在第一环节的片段练习中，教师布置下次上课的练习内容，可以将班级分组进行模拟练习，相同的内容可以通过竞赛的形式进行练习。这些练习必须通过学生的团结合作来完成。模拟教学合作形式分为小组合作和组间合作。小组合作是教师将学习任务分配给小组内每个学生来完成，根据具体情况，把全班分成6～8个组，每组保证有5～6名成员，自行推选组长。每次教学活动的设计组织和实施都由小组内讨论决定、合作解决问题，包括环境创设、玩教具的制作、设计方案、人员分工等。这种分组练习主要为了训练学生之间沟通协作的能力。在具体实施过程中应设计听课记录打分表。通过相互间的记录点评，学生能够发现彼此间的优势与不足。组间合作是教师将本节课的学习任务分给各个小组，学生根据小组讨论情况，对自己组的学习任务进行讨论、分析等，充分发挥小组的集体智慧，结合其他小组的研究情况，对自己组没能展现的学习任务进行巩固练习，使同一个问题在不同的小组内有不同的答案，找出解决同一问题的多种方案和措施；也使同一个问题在全班有不同层次、不同角度的思考与交流，实现"发散思维"和"集中思维"的有机结合。

3. 激发学习内驱动力

在教学活动中，教师必须注重学生的学习兴趣和学习能力的培养，可以尝试各种教学方法，以达到理想的模拟教学效果，如运用幼儿园活动观摩、小片段讲解、观看优质教学视频、师生研讨等灵活的教学方法来激发学生的兴趣，让学生更好地领悟学前教育专业教育活动的组织与实施的理念。

幼儿教师要真正将理论联系实际，树立长期学习和探索的决心。任何教学技能的掌握都需要长期训练的过程。这个过程可能有反复，出现"高原现象"。在教师引导下，学生应树立克服困难的信心；教师应扮演好学生模拟课堂教学的引导者、支持者的角色，帮助学生仔细推敲每个知识点及其逻辑关系，研究采用何种教学方法和教学手段，包括幼儿教师的教态、课堂语言的组织、各环节的过渡与衔接、教具的制作等方面，做到统筹兼顾，为学生设计构造出理想的操作性教学活动提供积极有效的支持。

4. 增强学生实践能力

模拟教学的课堂呼吁突出实践性，要求在课堂中做到精讲多练。实践的内容包括：观摩视频课、尝试片段教学等。为了提高学生实践能力，每堂课中学生模拟教学的实践不少于15分钟。模拟教学练习的方式可以采取以下三种："一课三研"的练习方式，由任课教师和学生根据同一主题内容，制订共同的教学活动计划，然后由不同学生进行实践展示，交叉进行研讨的练习方式；"同题异构"的练习方式，由任课教师和学生根据不同的模拟教学方案，制订共同的教学活动计划，然后由不同学生来实践展示；"异题同构"的练习方式，基于"同题异构"的练习方式，进一步提升教学能力，并稳定教学风格。

在模拟教学实施过程中，教师应注意由易到难，使学生教学实践能力阶梯式提升。首先是活动片段模拟练习。利用课前5分钟进行分享活动。一"课"一"分享"，学生轮流进行"讲故事""手指游戏""音乐游戏""活动导入"等简单的教学片段模拟。学生在感受模拟教学乐趣的同时，从短小、简单的教学片段入手。其次是活动实录模拟教学。这一阶段是通过整体练习来进行模拟教学的。在片段模拟练习的基础上，教师向学生提供优秀的幼儿园教学活动实录，学生模仿视频中的幼儿教师，学习活动实录中教师组织教学的技巧。最后是活动设计模拟教学。学生根据教师给的命题，自主设计并模拟实施幼儿园教学活动。对于同样一个主题，不同学生设计的方案是不同的。教师需要采用模拟实践法让学生进行小组合作学习。学生对小组命题进行讨论，发挥集体智慧，以取得最佳结果。

5. 搭建成长多元平台

活动是促进学生专业成长的重要方式，也是平衡理论与实践、教与学的方法。引导学生在研究、解决问题的过程中重塑教育观，使学生将教育观转化成自然的教育行为，是教研的最终目标。模拟教学模式中的"研"分为课堂内的教研和课堂外的教研。

教师作为课堂教研的组织者，在开展教研前，应关注教研的适宜性。只有找准适宜的问题、适宜的内容、适宜的目标，做好充分的思考与准备，才能谈及教研的有效性。为了避免教学研究的盲目性、随意性，教师在组织活动前要通过充分的观察、分析设计教研活动的内容、形式，进程中的有效参与，困惑处的点拨、引领，同伴互动时的总结提升，从而让参与教研的每个人通过交流、沟通有所思、有所悟，实现对学生的专业引领。在教研过程中，为引导学生不偏离教研切入点和主题，教师应通过一些参与和预设引导学生进行深入的研讨和交流，如围绕"健康领域教学中存在的问题"开展"一课三研"活动，引导学生在一次观课提出问题、寻找方法，二次观课验证方法、进一步调整，三次观课总结经验的过程中围绕核心问题的解决开展研讨。

为了保障实践教学的效果，课堂外教师团队要进行研讨，深入研究每一堂课训练的内容、训练的重点、采取的组织形式等问题，审视问题背后的起因，反思各种教育现象背后折射出的学生在专业发展中的不足，加强学法研究。在模拟教学中，正确处理教学和研究的关系要做到以下两点。一是充分认识有效教学是提高课堂效率的关键。教学是模拟教学顺利开展的前提和基础。在学习五大领域教学相关理论的基础上，我们实施"做—研—点—做"的教学模式，保证在短时间内将课程的关键知识传递给学生。为了保证教学能够保质保量地完成，提高课堂效率，我们在研究的过程中，发现了一种行之有效的办法：集体备课。将教师以学科分组，安排有经验的教师做组长，引导组员进行集体备课，团队合作共同完成教学任务。在一周课程结束之后，再由小组成员对上课情况进行反馈、评价、讨论，对下一阶段的课程的安排进行适时的调整和改进，以确保"一体两翼"课程模式开展的高效性。二是充分认识科研是教学的"源头活水"。教而不研则浅，研而不教则空。好的教学是建立在不断研究的基础之上的。除了常规教学之外，教师还必须进行与教学相关的课题研究，以提高自己的思辨能力，更好地为教学服务。问题是科学研究的起源。教师可以将教学中遇到的共性问题转化为科学研究的课题，以专业的眼光和方法对问题进行深入的探讨和研究，通过现象看本质，最终获得解决问题的真知。在课题研究的过程中，调查和观察是常用的方法。教师可以通过去幼儿园或幼儿教育机构进行实地考察，观摩教育教学活动，和一线幼儿园教师面对面交流，以加深自己对教育理论的理解与感悟，为模拟教学提供最直接的感性经验和实践指导。

三、幼儿教师专业能力构成

幼儿教师教育对象的特点决定了其工作性质的特殊性，决定了其需具有与其他类型教师不同的能力结构。幼儿教师的教育对象是幼儿，是一群幼小的、发育不完善的、具有积极主动性的、活生生的个体，这决定了幼儿教师必须承担多重社会角色：幼儿身体健康的护理者，认知发展的促进者，适宜环境的营造者，游戏的参谋和同伴，社会化的指导者，健康人格的塑造者，具有不断探究与创新意识的幼儿教育研究者。幼儿教师是履行幼儿园教育工作职责的专业人员，需要经过严格的培养和培训，具有良好的职业道德，掌握系统的专业知识和专业技能，以便更有效地开展保教活动。《幼儿园教师专业标准（试行）》的基本理念包括师德为先、幼儿为本、能力为重和终身学习。能力为重方面强调幼儿教师要将学前教育理论与保教实践相结合，突出保教实践能力；研究幼儿，遵循幼儿成长规律，提升保教工作专业化水平；坚持实践、反思、再实践、再反思，不断提高专业能力。学前教育专业实践能力的构成是幼儿教师做好保教工作、幼儿获得适切的关爱与指导的重要基石。幼儿教师的职业性质及多重角色期待决定了幼儿教师必须具备多元职业能力。

（一）学科实践能力

幼儿教师不仅要掌握丰富的学科知识，具有较高的教育理论素养，还要具备开展幼儿教育的职业技能和艺术表现能力，以满足幼儿教育的特殊要求。学前教育专业开设技能教育课程（艺术教育课程），既是由幼儿教育的任务决定的，又是提升幼儿教师素质的基本要求，旨在使学生获得对幼儿进行艺术教育的基础知识和技能。技能教育课程主要包括乐理与试唱、键盘、唱歌、舞蹈、美术、玩教具制作等。艺术教育在幼儿教育中具有重要的意义。它是重要的教育内容和有效的教育手段，能丰富幼儿的生活，营造活泼愉快的气氛，给幼儿良好的艺术熏陶。所以，学前教育专业的学生应该通过这类课程的学习，获得一定的弹（琴）、唱（歌）、跳（舞）、画（画）、做（泥工、纸工、玩教具）、说（普通话）、演（表演）等艺术表达能力。具体要求如下。

第一，美术：掌握素描、装饰线描、蜡笔画、油画棒画、水粉画、水墨画、简笔画等多种绘画能力，能较好地运用形象、色彩与构图等要素进行简单的绘画创作，具有一定的欣赏作品的能力。

第二，音乐：熟练掌握基础乐理知识，能够弹奏 C、G、F、D 等调式的即兴伴奏，并能自弹自唱；歌唱时能够做到旋律、节奏准确，表情丰富，表演动作到位。

第三，舞蹈：能够掌握基础舞蹈理论，并具有较好的身体柔韧度和协调性；具有自编自演的能力；舞蹈节奏明确，动作优美，表情丰富。

第四，运动：有良好的身体素质，掌握基本项目的运动技能，能对幼儿的健康运动有良好的影响。

第五，语言表达：普通话达标，能连贯、流畅、自如地进行表达，清晰、准确、富有逻辑性地进行朗诵、演讲等活动，较好地进行故事讲述和表演等活动。

第六，玩教具制作：能根据不同材料的特点和教学需要，掌握一定的玩教具设计和制作技能，并能熟练地运用到教学工作中去。

第七，现代教育技术：能够运用计算机进行文字和文件处理，运用网络进行幼儿园和班级网站建设，搭建家园交流平台，掌握多媒体课件的设计与制作方法、多媒体素材的准备与采集方法、简单的动画设计方法等。

（二）专业实践能力

伴随幼儿教育改革的深入进行，幼儿教师的素质问题日益突出。幼儿教育改革对幼儿教师提出了新的挑战，"技能技巧型"教师逐渐意识到教育素养和教育技能的重要性。根据《幼儿园教师专业标准（试行）》《幼儿园教育指导纲要（试行）》及《3—6岁幼儿学习与发展指南》，幼儿教师的教学实践能力应包括以下几个方面。

1. 幼儿保育与指导幼儿生活的能力

掌握幼儿生理和心理卫生、健康评价、营养、疾病预防、急救与护理技术等方面的基本技能，包括幼儿基本的饮食、睡眠、盥洗等生活照料技能。能设计和组织相应的活动，运用适当的方法指导幼儿的生活，促进幼儿健康成长。合理安排和组织一日活动的各个环节，将教育灵活地渗透到一日活动中。科学照料幼儿的日常生活，指导和协助保育员做好班级常规保育和卫生工作。有效保护幼儿，及时处理幼儿事故，有危险情况及时救护幼儿。

2. 全面正确了解幼儿发展的能力

能平等对待幼儿，会运用观察、记录、访谈等方法研究幼儿。只有具备一定的教育学、心理学的知识，把握幼儿心理发展动向和发育成长的特点、规律，才能采取个别化的指导方式与幼儿良好互动。尊重幼儿人格，维护幼儿合法权益，平等对待每一名幼儿，信任幼儿，尊重个体差异，主动了解和满足幼儿的不同需求。了解和掌握关于幼儿生存、发展和保护的有关策略和方法。

3. 选择、设计和组织教学活动的能力

能根据幼儿年龄特征和各年龄段发展目标选取教育内容，设计活动计划，并有效地组织教学活动。有良好的师幼互动，掌握科学的方式方法，有灵活的现场调控能力。充分利用各种教育契机，对幼儿进行随机教育。制订阶段性的教育活动计划和具体活动方案，在教育活动中观察幼儿，根据幼儿的表现和需要调整活动，给予适宜的指导。在活动的设计与实施中注重趣味性、综合性和生活化，灵活运用各种组织形式和适宜的教育方式。提供更多的操作、探索、交流、合作、表达的机会，支持和促进幼儿主动学习。

4. 设计和指导幼儿游戏的能力

游戏是幼儿的基本活动，具备三大特点：一是幼儿喜欢，二是对幼儿发展有价值，三是在幼儿成长过程中出现频率较高。幼儿教师必须充分认识游戏对幼儿发展的价值，明确支持者、合作者、指导者的角色定位，增强游戏指导能力，能够根据幼儿年龄特点和需要自行设计或选编游戏，科学指导幼儿游戏；能够提供符合幼儿兴趣需要、年龄特点和发展目标的游戏条件，充分利用与合理设计游戏活动空间，提供丰富、适宜的游戏材料，支持、引发和促进幼儿开展游戏，鼓励幼儿自主选择游戏内容、伙伴和材料，支持幼儿积极主动、创造性地开展游戏，引导幼儿在游戏活动中全面、和谐发展。

5. 创设支持性环境的能力

了解幼儿园环境创设的特殊要求，能根据需要为幼儿提供幼儿化、教育化的户外环境，并有利用环境进行教育的自觉意识，创设有助于促进幼儿成长、学习、游戏的教育环境，让环境作为隐性课程融入幼儿教育。建立班级秩序和规则，营造良好的班级氛围，让幼儿感到安全、舒适。帮助幼儿建立良好的同伴关系，让幼儿感到温暖、愉悦。充分利用环境资源，为幼儿提供和制作合适的玩教具和学习材料，引发和支持幼儿的主动活动。

6. 家园沟通的能力

具备与家长沟通联系的能力，并善于利用家园联系栏、家长会、家长开放日、入园和离园接待等与家长进行有效的沟通，协助幼儿园与社区建立合作互助的良好关系，使家园形成教育的合力，共同促进幼儿健康发展。与家长配合，根据幼儿的需要建立科学的生活常规，与家长进行有效的沟通、合作，共同促进幼儿发展。

7. 终身学习的能力

幼儿教师的专业发展是个长期的过程，每个人都应该具有这种专业学习的自觉意识和能力，不断在幼儿教育实践中吸取专业发展的营养，使自己尽快从新手教师成长为专家型教师。学习先进学前教育理论，了解国内外学前教育改革与发展的经验。优化知识结构，提高文化素养。具有终身学习与持续发展的意识和能力，做终身学习的典范。

8. 领导和组织的能力

一位幼儿教师要面对一个班级几十名幼儿，所以领导管理班级的能力是必需的。幼儿教师应该掌握班级管理的基本方法和技能，针对幼儿的特点实施有效的管理。

9. 教育研究的能力

幼儿教师要掌握基本的教科研方法，并将其运用到自己的教育实践中。科研能力的提高不仅有利于教师自身素质的提高，而且有利于幼儿园保教活动质量的提高。

因为幼儿教师的工作是富有创造性的工作，所以创新能力是现代幼儿教师能力结构中不可缺少的一部分。只有富有创新能力的教师才会教育出富有创造性的幼儿。幼儿的特殊性对保教工作提出了特殊要求。他们天真稚嫩，活泼好动，缺乏基本生活自理能力。对他们的教育工作应以保育为首，保教并重；形式应灵活多变，既没有固定和统一的教育技术，也不存在简单的机械重复和程式化的教育技能。教师需要具备适应特定情境性和个别差异性的教育机智。因此，学前教育工作有其特殊性，幼儿教师应有别于一般意义上的"技术型、应用型"的专门人才，要强化幼儿教育的特点，引导学生既要学习基本的保教技能，包括幼儿基本的饮食、睡眠、盥洗等生活照料技能以及弹、唱、画、跳、说、写、做、玩、教等教育活动技能，以基本的保教技能为核心去领悟和扩展不同情境、不同个性差异中的技能技巧，突出教育技能的学习和教育机智的领悟，还需要从根本上通过教育实践活动强化学生的幼儿观和教育观。

总之，时代的发展和教育改革的逐步深入，对幼儿教师的素养和职业能力的要求会越来越高。学前教育专业的学生只有在今后的教育实践中不断丰富和调整自己的知识结构，发展自己的专业水平，才能促进幼儿健康、和谐发展。

四、学前教育专业模拟教学模式

通过对国内外模拟教学理论与实践的研究，我们发现模拟教学不再是直接告知"可以怎样做"的传统教师教育课堂，而是用一种实践性的整合方式终结了"理论"与"实践"的二元争论。学前教育专业课程模拟教学体系以"先学后教，先试后导"为核心理念，充分尊重学生主体地位，结合近些年的教师教育实践研究，构建出"做—研—点—做"

的学前教育专业幼儿园集体教学活动模拟教学模式。它始于学习者的实践，经历"研""点"的提升，不断进入新一轮的实践活动，衍生出"赛—研—点—赛""学—研—点—学""说—研—点—说""评—研—点—评""思—研—点—思"的模拟教学模式。

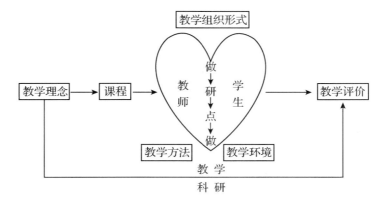

图 2-1　模拟教学实践模式构建

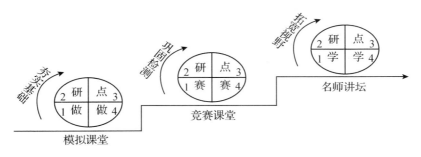

图 2-2　模拟教学的"三阶四段式"

（一）做——分层练习，模拟教学的起始环节

基于学情，将学生划分为若干个工作小组，每组包含 9～12 人。其中，1 人为教师，按照事先设计好的教案组织教育教学活动；6～7 人为听课学生，模拟学生学习状态，体会学生的认知过程与情绪变化；3～4 人为观课议课教师，观察教师的教学情况和学生的学习状态，同时填写观课议课笔记，为教学研讨做好充足的准备。在一轮教学活动结束后，学生分别转换现场角色，使每一名小组成员都有机会体会三种角色。

（二）研——教学研讨，模拟教学的关键环节

在学生尝试完成一轮教学现场后，工作小组成员共同开展教学研讨，组员分别从三种角色研讨这节课的优点和不足，将具体问题情境以"显微镜"的形式放大并细化到每一个环节，运用理论知识挖掘问题背后的深层次原因，从小组成员的认识角度提出解决问题的方法和策略。在教学研讨中，不断丰富和调整学生对教学对象、教学设计、教学过程以及教学评价的理解，从教师工作的特点来观察、反思，建构出清晰、完整的认知结构，这成为反思性实践者最重要的一个环节。

（三）点——多元点评，模拟教学的提升环节

在小组成员分别完成教师角色、学生角色以及听课角色的扮演后，指导教师进

入模拟现场，引导小组成员采取多元评价的方式，即"自评—他评—师评—再自评"，深入分析各个环节出现的问题。尤其对于自评和他评解决不了的教学问题，指导教师并不会直接告知学生正确的做法和解决问题的途径，避免他们走入"技术性反思"，而是引导学生寻找可以解释、支撑其教学行为的教学理论或教学方法，使其在教学过程中有意识地思考自己的教学活动，并不断反思自己的教学行为，由此形成一个不断研究、不断提升、良性循环的实践教学过程。

（四）做——整合实践，模拟教学的复始环节

在完成前三个阶段的模拟教学实践活动后，每个小组选择适宜的方式，如口述、现场演示、情景再现、辩论赛等方式对整个教学实践过程中的不足之处进行深度反思和反复练习。这一环节的目的不在于统一正确的标准答案，而在于解释自己的不合理性。学生通过此阶段的整合实践过程，将个体外在的理论知识和教学技能内化为自身的实践性经验。

多年来的实践形成的模拟教学"做—研—点—做"的行进路径图式如图 2-3 所示。

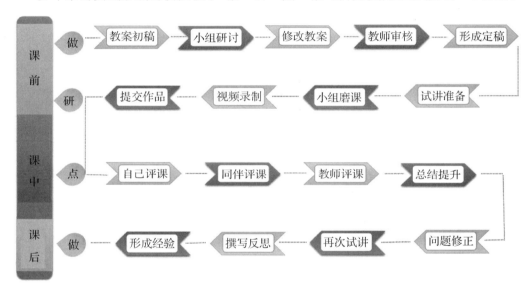

图 2-3　模拟教学"做—研—点—做"行进路径

【以例释疑】模拟教学课堂实录

保教知识材料题讲解——基于"做—研—点—做"模式的应用

授课时间：2020.3.18 上午 8：30～9：15

授课教师：李艳菊(太原幼儿师范高等专科学校课题组核心成员)

授课对象：学前教育系 2018 级大专全体学生

授课形式：钉钉网络授课

教学基本过程：

一、检查学生们的做

师：同学们，现在我们来看看材料分析题大家做的怎样？

生：我是 18—12 班程亚丽。我是这样做的。

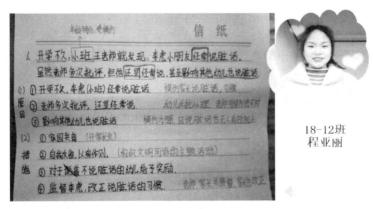

开学不久，小班王老师就发现：李虎小朋友经常说脏话。虽然老师多次批评，但他还是经常说，甚至影响其他幼儿也说脏话。

问题：

(1)请分析李虎及其他幼儿说脏话的可能原因。

(2)王老师可以采取哪些有效的干预措施？

第一问：请分析李虎及其他幼儿说脏话的可能原因。"可能"，我们可以进行大胆猜测，首先在材料中找关键词"小班"，小班的年龄特点是爱模仿，推测出其他幼儿说脏话的原因。

"虽然老师多次批评，但他还是经常说。"可能老师越批评，李虎的反抗心理就越强；也可能是李虎已经养成说脏话的习惯，不好纠正。

"开学不久，王老师就发现：李虎经常说脏话。"李虎接触的环境有家庭、幼儿园和社会，可能模仿家人或者其他人说脏话。

18-12班
程业丽

再来听听其他同学的做法。

二、激发同学间的研

18-07
张瑞芳

我是18—07班张瑞芳。我认为解题的关键是思路要清。我做题的方法是先看问题，再看材料，从问题中找到问的是什么，再去材料中寻找可能需要的答案的关键词。比如，第一个问题问的是李虎说脏话的原因，还有其他小朋友说脏话的原因。回归到材料中，材料开头说道"开学不久"。我觉得第一个词就是我找到的关键词，"开学不久"意味着李虎从家里来到学校时间不长，在家里的这段时间学到了脏话，来到幼儿园他就脏话不断，所以我分析出第一个因素可能是来自家庭。

同时除了家庭，我还能想到假期在家他接触的人、事、物，也就是社会环境因素。手机、电视还有周围的人可能影响他说脏话，这就是我想到的第二点。

第三点是"老师多次批评"，我觉得也有可能是老师批评不当，批评的同时有粗暴的口气，不好的语言示范，影响到了小朋友们，让小朋友们学到了这一点，这是我分析出的第三点。

第四点是其他小朋友说脏话的原因是李虎在幼儿园经常说脏话，老师的多次批评没有效果，他仍然说脏话，就会给他身边的小朋友造成不好的影响，所以他身边的小朋友也学到了这一点。

同学李补充：我认为张同学的思路好，但材料中还有一点我觉得比较关键，就是李虎说脏话的同时甚至影响到其他小朋友说脏话，这个"甚至"也是一个关键词。

师（激发引导）：举例说明这个材料题中的一个关键词，说说它给我们提供了什么有价值的信息。

生：首先"开学不久"，结合"小班"这个词，意味着李虎是刚来幼儿园，也就是说幼儿园的一些教育和环境对于李虎说脏话来说应该不是主要原因，主要原因来自家庭。

"小班"这个关键词告诉我们背后的信息是什么呢？除了刚才提到的和根据"开学不久"探讨出的家庭因素外，是不是会发现每道材料题背后都会给出年龄信息，为什么？因为年龄信息背后隐藏着不同阶段幼儿的发展特点。小班幼儿最大的特点是什么？刚刚看答案的时候也提示大家了，"爱模仿"这个特点是李虎和其他小朋友说脏话的最直接的原因。

接下来看这个关键词"经常"，这两个"经常"代表了什么意思呢？说明李虎说脏话不是偶然的行为，已经成了一种习惯。我们再进一步延伸，既然是习惯，又刚来不久，那么可以判断应该是家庭的原因。

接着我们看到两位同学提到了"多次批评"，"多次批评"意味着什么呢？教师的教育方式可能出现了问题，对于幼儿的这种错误的行为给予负强化。负强化对于幼儿改正缺点是正确的做法吗？给予思考，所以这也可能是说脏话的一个原因。

最后提到"影响其他幼儿"，说明其他幼儿说脏话最直接的原因来自李虎。

材料分析的步骤

家庭因素占比更大　家庭因素/年龄特征　习惯——家庭因素　　教师教育方式

开学不久，小班王老师就发现：李虎小朋友经常说脏话。虽然老师多次批评，

直接原因

但他还是经常说，甚至影响其他幼儿也说脏话。

问题：

(1)请分析李虎及其他幼儿说脏话的可能原因。（10分）

(2)王老师可以采取哪些有效的干预措施？（10分）

师：非常好！还有哪位同学有好观点分享给大家，让我们一起提高解题效率。

生：我和几位同学在课下进行了研讨，觉得反复读题会帮助答题。反复读题能知道答题分几层。这道题原因答几个层次呢？一个层次是李虎说脏话的可能原因，另一个层次是其他小朋友说脏话的原因。我们其中一位同学第一点就提出小班幼儿爱模仿的原因。

材料分析的步骤

第一步：读问题——答题分层次

答：李虎说脏话的原因可能是：

①

②

③

其他幼儿说脏话的原因可能是：

生：但是这个理论包含了刚才问题的两问：一个是李虎爱模仿，另一个是其他小朋友爱模仿。也就是把两层内容糅在了一起，这种答法不容易被判卷老师捕捉到。

如果这样答，是不是感觉好一点：先列一个标题，李虎说脏话的原因可能是什么，答1、2、3；接着答其他幼儿说脏话的原因可能是什么，答1、2、3。这样是不是就非常清晰了呢？

....

三、教师的关键点拨

大家在问题和方法方面的交锋，说明同学们在课下进行了深入的思考。授人以鱼，不如授人以渔。在材料分析题解题方面，我认为还应注意以下几点。

1. 论点联论据

材料分析的步骤

第一步：读问题——答题分层次

第二步：看材料——勾画关键词

第三步：建联系——论点联论据

从材料中找到关键词，分析背后的理论原因。我记得第一次上课的时候做了一个问卷调查，同学们答主观题的时候是不是常常担心有些点没想到，或者漏掉了？所以想办法让我们的思考角度再周全一些。因此，我们的下一步首先是从认知结构这个系统中找一个理论观点支撑这道题，然后将刚才的材料题和关键词建立一种联系，也就是将论点和论据联系在一起。

（1）论点分析

依据皮亚杰的认识论我们知道：人的知识就是一种不断丰富的图式，你的认知结构有多丰富，思路就有多丰富，那么你的答案也会有多丰富。所以一提到原因，我们首先会想到什么？怎么把它区分呢？是不是可以分为内因和外因？

内因主要是从幼儿身心发展的角度分析的，包括身体的发展和心理的发展。心理的发展主要包括认知、情感意志、社会性和个性发展；外因主要包括环境和教育的因素，对于幼儿来说外因不外乎幼儿园、家庭和社会这三个。建立这种认知结构后，利用草稿纸，我们再次梳理思路，将理论点对应刚刚找到的每一个关键词，现在就来展示一下思考的过程。

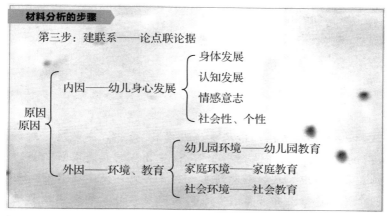

（2）论点联论据

首先，身体和李虎说脏话有关系吗？如果没有，那就去掉。再看看认知有没有关系。大家想想认知包括哪些，和这段材料有什么关系。

认知包括注意、感知、记忆、想象、思维。我们想一下，幼儿的注意以无意注意为主，大家想想脏话是不是和一般语言不同，一旦有人说脏话，一下子就能吸引幼儿的无意注意，所以脏话和幼儿的注意有关。

那和幼儿的思维和理解能力有没有关系？幼儿的思维和理解能力是有限的，他根本不知道说脏话的危害。幼儿的言语也没有得到充分发展，说脏话可能成为学习的一个内容，或者慢慢成为口头禅。

那刚刚所说的认知的所有的点是不是都需要写下来呢？不需要。我们只需要概括性地把"小班幼儿的认知能力有限""不能辨别说脏话是一种不良的行为"写出来，这就是这道题的一个论点。那么刚看到的论据是什么？是不是小班幼儿的年龄特点呢？对。

情感意志有没有关系？重点看情感有没有关系。大家还记得心理学讲情感的时候把高级情感分为道德感、理智感和美感。说脏话是不是直接和道德感有关系？道德感是在哪个年龄段产生的呢？是在中班，小班还没有发展出道德感，因此这个理论点可以说出小班还未发展出道德感，这两个是不是很像，而且关键词、论据都在"小班"这里，所以能不能把它合在一起说。我现在做一个示范，看看怎么样表述。

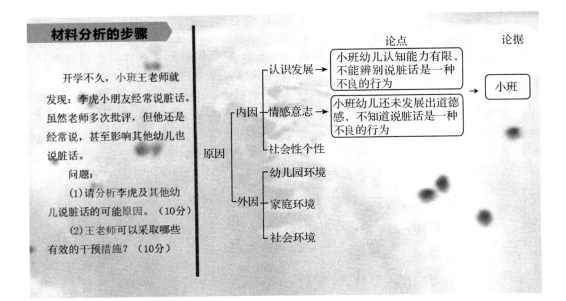

我们把"认知发展水平有限和道德感还未发展"结合在一起，这两个特点说明幼儿还"不能辨别说脏话是一种不良的行为"。说完论点紧接着要加论据，论据有非常典型的一个词：在材料中。我们刚看到在材料中关键词是不是只有"小班"？如果只答"小班"这两个字，是不是肯定不行？我们需要结合日常的知识经验进行阐述，我是这样写的："李虎是刚离开家庭进入幼儿园的小班幼儿，注意力、思维、言语和道德感发展水平有限，不知道说脏话是一种不良的行为。"

材料分析的步骤

答：李虎说脏话的原因可能是：　　　　　　　　　　　　论点

①小班幼儿认知发展水平有限，道德感还未出现，不能辨别说脏话是一种不良的行为。

小班

在材料中，李虎是刚离开家庭进入幼儿园的小班幼儿，注意力、思维、言语和道德

感发展水平有限，不知道说脏话是一种不良的行为。

②······

③······

接下来分析社会性和个性与他说脏话有什么关系。我们知道小班幼儿开始从家庭走进幼儿园最大的一个特点是开始和同伴交往了，他们的很多行为都会受到同伴的影响；而且小班的特点是爱模仿，小班幼儿爱模仿的特点和同伴之间的影响应该是哪个层次的原因，是不是其他幼儿说脏话的原因，这个论点和论据怎样阐述？请同学们自己琢磨补充，这是今天的作业。

接着和这道题直接相关的幼儿园环境包括很多内容，最直接的因素是什么？是不是就是教师的教育行为？我们看到教师多次批评，这种负强化的教育造成李虎不能及时改正说脏话。论据是"多次批评"，怎样阐述，也是自己完成。

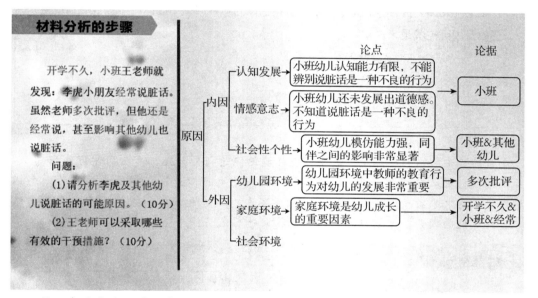

接下来是家庭环境，我们找到了家庭环境，而且这是同学们最容易想到的一个原因，论点是不是可以这样写："家庭环境是幼儿成长的重要因素。"和这个论点有关系的有三个关键词：开学不久、小班和经常。如何表述，这就需要将三则论据材料的内容糅在一起，我们做个示范。

首先第一句是总领句，说到家庭环境，这个论点比较大，要把具体的要点——家长的言行与幼儿关联起来，"家长的言行成了幼儿学习模仿的重要内容"。理论阐述之后，该论据了。论据的典型词汇是"材料中指出"，我把三个关键词写在一起："开学不久，小班的李虎有经常说脏话的现象，这说明李虎小朋友在上幼儿园之前，也就是在家中说脏话已成为一种习惯。因此，李虎说脏话最重要的原因可能就是来自家庭。"我把这三个关键词写在一起，而且重新组织了语言，所以大家在掌握方法后还是需要多练、多写、多思考。

材料分析的步骤

　　答：李虎说脏话的原因可能是：

　　①……

　　②……　　总领句（理论观点）　　具体要点+关联=理论阐述

　　③家庭环境是幼儿成长的重要因素。家长的言行是幼儿学习模仿的重要内容。材料中指出，开学不久，小班的李虎有经常说脏话的现象，这说明李虎小朋友在上幼儿园之前，也就是在家中说脏话已成为一种习惯。因此，李虎说脏话最重要的原因可能就是来自家庭。

　　其他幼儿说脏话的原因可能是：

　　……

　　最后我们来看社会环境。关于社会环境你能想到什么呢？有些同学可能想到了，反应很快。那么在社会环境中，媒体的不当引导也可能是造成李虎说脏话的一个环境因素，这也来源于这几个关键词：开学不久、小班和经常。组织语言时要考虑媒体社会环境的因素。大家自己想想，把答案补充完整。

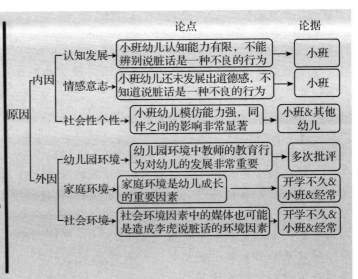

材料分析的步骤

开学不久，小班王老师就发现：李虎小朋友经常说脏话。虽然老师多次批评，但他还是经常说，甚至影响其他幼儿也说脏话。

问题：

(1)请分析李虎及其他幼儿说脏话的可能原因。（10分）

(2)王老师可以采取哪些有效的干预措施？（10分）

		论点	论据
原因 — 内因 — 认知发展		小班幼儿认知能力有限，不能辨别说脏话是一种不良的行为	小班
情感意志		小班幼儿还未发展出道德感，不知道说脏话是一种不良的行为	小班
社会性个性		小班幼儿模仿能力强，同伴之间的影响非常显著	小班&其他幼儿
外因 — 幼儿园环境		幼儿园环境中教师的教育行为对幼儿的发展非常重要	多次批评
家庭环境		家庭环境是幼儿成长的重要因素	开学不久&小班&经常
社会环境		社会环境因素中的媒体也可能是造成李虎说脏话的环境因素	开学不久&小班&经常

　　这道题还有一个问题就是关于教师的教育对策，这里不做讲解，因为找到原因后，相应地找到对策就可以了，请大家自己完善这道题的答案。

2. 方式与方法

第四步是巧书写。巧书写是把论点和论据都找到后，在答卷上书写时，需要讲究一定的方式和方法。

材料分析的步骤

第一步：读问题——答题分层次

第二步：看材料——勾画关键词

第三步：建联系——论点联论据

第四步：巧书写——方式与方法

四、点拨后再做

趁热打铁，练习之后互相交流。

典型引路：18—11班杨书淇。

材料分析的步骤

4岁的石头在班上朋友不多，一次，他看见琳琳一个人在玩，就冲上去紧紧地抱住琳琳。琳琳感到不舒服，一把推开石头。石头跺脚大喊："我是想和你做朋友啊！"

问题：

(1)请分析石头在班里朋友不多的原因。（10分）

(2)教师应如何帮助石头改善朋友不多的现状?(10分)

一做一研：

这是一道材料题，材料题由材料和问题构成。对于材料题，我们先看材料还是问题？为了在考场上更快速地答题，我们应该先看问题，从问题中得出一些重要的内容。

先来看第一问：请分析石头在班里朋友不多的原因。从题面上可以知道这个材料大概是一个幼儿遇到了同伴交往方面的问题；还可以知道这道题问的是原因，也就是为什么。了解题意后，带着问题分析材料。先看第一句："4岁的石头在班上朋友不多。"找关键词，第一个"4岁"，4岁反映出石头处于中班阶段，我们可以联想中班幼儿的特点：爱玩儿，会玩儿，活泼好动，思维具体形象，开始接受任务，开始自己组织游戏。题中说石头在班上朋友不多，从这个现象中看出石头的行为不符合中班幼儿所具备的特点。

我们再来看，"朋友不多"这个词反映了石头存在的问题。《3—6岁儿童学习与发展指南》中的社会目标为"目标一：幼儿愿意与同伴交往。目标二：能与同伴友好相处"。可见，石头没有达到这两个目标。

再看第二句，"一次，他看见琳琳一个人在玩，就冲上去紧紧地抱住琳琳。"很显然，"冲上去""紧紧地抱住"是关键词。这两个词反映出石头是一个冲动的孩子。我们联系到情绪情感的发展中情绪的特点，即情绪的易冲动性；又可以想到个性发展中幼儿气质的发展，气质类型中胆汁质的特点：好冲动，脾气急，易躁易怒。所以石头的这一举动符合胆汁质幼儿的特点。

"琳琳感到不舒服"，根据"不舒服"这个词可以看出什么呢？结合材料可知，石头在没有询问琳琳的情况下，直接抱住琳琳，让琳琳感到不舒服。我们可以看出，石头是个以自我为中心的幼儿，没有考虑对方的感受。

再来看琳琳"一把推开石头"，根据这个点可以联想到什么？从侧面分析，石头没有很多的玩伴，然后找琳琳，对琳琳的行为让琳琳感到不舒服，琳琳把他推开了，说明石头朋友不多这个现象没有引起老师的注意，老师没有给石头安排交往能力强的幼儿带动石头交往。

再来思考石头做出这些举动的原因还有可能是什么。从社会性发展来讲，可能是早期亲子交往经验，可能家里只有一个孩子，家长对石头很宠溺，导致石头在与同伴交往方面没有过多的经验，所以石头在交往技巧上出现了问题。

再来看最后一句，"石头跺脚大喊：'我是想和你做朋友啊！'"从跺脚大喊可以看出问题发生之后，石头是大喊，而不是想怎样更好地解决问题，所以从"大喊"这个词可以看出石头缺乏语言交往技巧。再想他说的这句话"我是想和你做朋友啊！"说明石头的内心也想有好朋友，但是他没有交往、沟通的技巧，不知道自己该怎么做。这就是对这道题的分析。

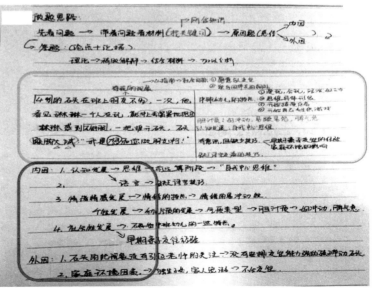

生1：我们觉得杨书淇同学的思路是非常清晰的，而且她借助了草稿纸，分别从内因和外因两个方面一一对应她找到的关键词，将它们建立了联系，防止遗漏。

生2：第一点直接说"石头朋友不多，但看到琳琳一个人的时候冲上去抱住琳琳"。这是什么呢？这是一开篇答题时直接写材料里的内容，但是刚才第一题解题示范中是先写理论，即论点，因此她第一次写的时候至少应该在材料之前先写一个论点，再用材料或论据进行补充，这是她的第一个问题。

生3：第二点的回答：石头自身特征……你发现这个好像有理论观点，但是恰恰与上一点完全相反，这一点只写了理论，没有结合材料进行论证。

第三点貌似有理论，先说早期游戏的经验，接着是材料里石头怎么样，好像有论点、有论据，但是我们看看她的论点的写法——"早期游戏的经验"，看到这一点是不是想追问：早期游戏的经验怎么了？所以论点一定要是完整的话，这是很多同学都会有的问题。

18-11班 杨书淇

第一稿

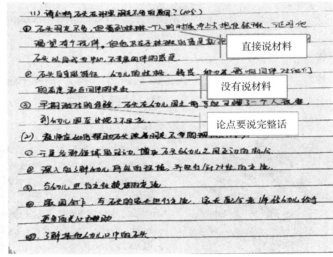

二做二研：

杨书淇：我找到了一个"以自我为中心"，说完"自我为中心"之后，后面补充了"材料中说，石头冲上去紧紧地抱住琳琳，让琳琳感到不舒服"，有论点、有论据。

生1：这四条每一条都有论点、有论据，说明她这一遍已经掌握了材料题基本的答题结构。

关于"石头以自我为中心"，她刚才分析得很清楚。但是"以自我为中心"这个词比较抽象。是不是我们表达抽象的理论的时候，后面应该加具体论点的阐述？例如，以自我为中心怎么了，以自我为中心的表现是什么。当有了适当的阐述之后，再加上材料中的论据，这样一结合，这道题才能说明白。

生2：第四条中关于石头的早期游戏经验要表达完整。

18-11班 杨书淇

第二稿

多做多研，不断循环，螺旋上升。

杨书淇：接着进行了第三稿、第四稿、第五稿、第六稿、第七稿、第八稿……

最后，这一版的答案共找出五点原因，我觉得每一条都非常好，有论点，这里有了一定的阐述，材料的论述说得非常简练完整。

18-11班 杨书淇

第N遍

五、"做—研—点—做"效果

杨书淇：这道材料题做了一个多星期了，从拿到这道题开始，到与同学们研讨争论，再到老师引导、点拨、指导，之后重复这个修改的过程。在老师第一次指导后，我对这道题的思路比较清晰了。对我而言比较难的是反复改稿的过程，因为我的词汇量不多，表达能力也不是很好，经常在崩溃的边缘。但是在老师一步一步的引导下，我慢慢找到了感觉，把答案逐步地完善。不管我们现在做什么，都是为了顺利拿到教师资格证，我觉得过程多么难没关系，只要结果是好的就是很值得的。

经历"做—研—点—做"的过程，最大的感受是最后看到经过一步步讨论、几个轮回修改出来的比较满意的答案时，我发现我也可以把答案写得很好，我也可以达到考试要求的水平。实践过程虽然很艰辛，但增强了应考能力，成功后的喜悦之情难以言表。人们都说所谓"生活的理想就是为了理想的生活"。每个"做—研—点—做"的过程都是一个进步的新台阶。有了满意的答案、满意的结果，不管过程有多么艰辛，我们都会相信：人间值得，未来可期！

李艳菊老师：杨书淇有一句话一直回响在我的耳边："生活的理想就是为了理想的生活。"我知道破茧成蝶终无悔背后的痛苦挣扎和辛苦付出。过程是痛苦的，收获是喜人的。希望我们再见面的时候，同学们不仅都能有扎实的教育理论知识，而且具有从容面对考试的应考能力和幼儿教育实践能力。

第二节　学前教育专业模拟教学所需技能及其培养

幼儿园活动较多，包括集体教学活动、区域活动、生活活动、游戏活动、户外活动等。本书以幼儿园五大领域集体教学活动模拟教学为例，研究学前教育专业学生职业能力培养。

模拟幼儿园集体教学活动的应备技能指学生在获得相关教育理论知识和学科实践技能的前提下，具有幼儿园集体教学活动的组织能力。这里把这种技能分为模拟教学的准备技能和过程技能。准备技能就是模拟组织教学活动前的技能，过程技能就是模拟组织教学过程中的技能。

一、准备技能的培养

在幼儿园五大领域集体教学活动的模拟教学中，准备技能包括教学活动设计技能和说教学活动（简称"说课"）技能。

（一）教学活动设计技能

1. 活动设计技能培养的意义

幼儿园教育活动的开展离不开精心设计的教育活动方案。完备详细、目标明确的教学活动方案对教育活动的组织和实施具有十分重要的指导意义。加强教学活动设计技能是准幼儿教师成为合格幼儿教师的基础。

活动设计技能指学生在先进的幼儿教育理念的指导下，在钻研教材、学情，确定目标、方法，设计活动方案时运用的操作方法。进行活动设计是组织好模拟教学活动的前提。活动设计技能是模拟教学的基础技能，不仅关系到模拟教学活动的质量，而且关系到教育对象的成长和发展。在新课程理念的指导下，培养活动设计技能的过程被视为幼儿教师再学习、再提高的过程。

对于幼儿教师来说，活动设计前期需要准备的工作包括了解、分析、预设、设计等。学前教育专业学生参与模拟教学活动需要掌握的基本职业技能准备包括确定活动方案的目标、内容、方法等，这些活动技能构成了整个模拟教学活动的基础。

2. 学生活动设计技能存在的问题

在幼儿师范院校，学生的活动设计存在的问题主要表现在以下三个方面。

第一，重照搬，轻思考。学生教学经验匮乏，对教材缺乏认真解读和研究；觉得有现成的活动设计，不必难为自己。一个结构完整、重点突出、流程严谨的活动设计能对学生起到示范、引领作用。但一味照抄照搬，不进行动手思考和研究设计，必然导致学生依赖别人，死记硬背，知其然而不知其所以然。幼儿园活动组织不是简单的记忆教案流程，而是强调在活动设计的过程中全面理解和分析教学对象，掌握幼儿的需求和特点，确定活动的教学目标、教学内容、教学方法和教学途径，在组织活动之前思考如何灵活设计教学活动支架的过程。不理解教学内容和设计意图，教学活动的效果可想而知。"流水账""断片""现场背诵活动"的现象都是机械记忆、缺乏思考带来的后果。

第二，重程序，轻目标。活动目标的设计是教育活动设计中重要的一环，是开展教育活动的出发点和归宿，规定了教育活动预期所要获得的某种效果，是教育活动内容选择、方法运用、效果评价的依据和准则，是整个活动的灵魂，具有引导和支配作用。因此，它的恰当与否将对整个活动设计有重要影响。

学前教育专业的学生在确定目标时往往难以下手，原因是把握不准各年龄段幼儿的身心发展特点。有的缺乏足够的目标意识，不理解目标与内容的关系，第一时间把目光聚焦在程序上，只重视对内容和活动流程的周密排序。

第三，重教法，轻学法。在模拟教学中，学生站在教师的角度思考如何进行教学，很少考虑幼儿怎样学习。学生对幼儿缺乏了解，在准备活动时不能对幼儿做出有效的行为预设和反馈。许多学生在准备活动方案时，会详细写下自己想说的每一句话，缺乏考虑每句话对幼儿活动的影响效果，把幼儿的思维牢牢控制在自己设计的"圈子"中，不允许有不同意见出现；即使"漏网之鱼"有不同意见，也会用使眼色、打断、批评等方式终结。

3. 活动设计技能培养的策略

在幼儿园教学活动中，教学目标决定着教学活动的基本价值取向和性质。幼儿教师正确理解、把握和达成教学活动目标是提高幼儿园教学活动质量的重要保证。要达成教学活动目标，深入理解幼儿园教学活动目标是前提，准确分解各年龄阶段目标是关键，科学表述教学活动目标是基点，有效融合外在形式与理性价值是核心，重视隐性目标是难点。

(1) 幼儿在前

幼儿是学习的主体，幼儿园的一切教育活动都应以幼儿的发展为前提。教育教学活动是师幼教学相长的过程。教师是幼儿活动的支持者、合作者、指导者，备课时应该把幼儿放在首位，关注他们的兴趣和需求，促进他们积极主动学习。模拟教学活动前，参与学生应利用更多的时间了解幼儿，掌握他们的年龄特点和发展需要，分析他们的经验和认知水平，确定"最近发展区"，设计适合幼儿发展的课程和教学方法，以达到活动目标。针对幼儿学情，需要了解幼儿的"已知""未知""能知""想知""怎么知"五个方面。综合分析这些方面是因材施教的基础。

第一，已知。

"已知"是指幼儿已经具备的、与本部分内容相关的知识经验和能力水平等，决定了教与学的起点。

第二，未知。

"未知"是与"已知"相对而言的，既包括通过学习应该达成的终极目标中所包含的知识与技能等，又包括实现终极目标之前的过程中所涉及的幼儿尚不具备的知识与技能等。

第三，能知。

"能知"就是通过本活动，幼儿能达到什么样的目标要求。它决定了学习终点（学习目标）的定位。

第四，想知。

"想知"是指除教学目标规定的要求外，幼儿还想知道目标以外的哪些东西。学习中，幼儿往往会通过提出疑问来体现"想知"。当然，幼儿的"想知"可能会超出教学目标或幼儿的认知水平。可不予以拓展，建议给幼儿一个提示性的交代或个别交代。

第五，怎么知。

"怎么知"反映幼儿的学习过程和方法，体现幼儿认知特点、习惯。教育的最终目的是促使每个幼儿都能在原有水平上得到最大限度的发展。所有幼儿都是独特的、独立的、正在成长的个体。活动设计前最重要的是充分了解面对的教育对象——全体幼儿，注意他们的个别差异，努力做到因材施教、有的放矢。

（2）设计同行

第一，课题。

学生在了解幼儿的同时，是思考教学活动的设计。名称要简洁明了，富有童趣，如"咕咚来啦""我的小袜子"等。有的课题能明显看出学习领域，如"认识消防车""快乐的小曲线"等。

第二，目标。

活动目标是教育活动的起点，也是教育活动的归宿，对教育活动起着导向、选择、调整、评价的作用。活动目标要经得起"四看"：一看知领域，二看明关键，三看解重点，四看有思路。学生应本着"情感为先，能力为重，积累经验"的目标理念，在制定目标时要遵守以下原则。一是适宜性原则。活动目标的制定必须充分考虑不同年龄段幼儿身心发展的特点和规律，遵循"最近发展区"的理论要求，使其既符合幼儿当前的发展水平，又具有一定的挑战性，从而促进幼儿德、智、体、美等方面全面发展。二是全面性原则。教育促进幼儿的发展应该是促进幼儿在德、智、体、美等方面全面发展。全面发展不是片面发展，尤其要转变过去的重知识传授、轻品德培养和能力发展的教育观。在制定活动目标时，应从情感、技能、知识等不同方面全面进行表述，即制定出"三维"目标。三是具体性原则。活动目标是整个活动的灵魂，活动内容和手段方法的选择、活动流程的安排、活动效果的评价都要紧紧围绕目标来进行。如果活动目标是宽泛的、笼统的、含混不清的，那么一切将失去衡量的依据。因此，活动目标的制定必须是具体的、可操作的、可测评的。四是一致性原则。现代儿童观倡导以"幼儿为本"，肯定幼儿在活动中的主体地位和主观能动性。因此在制定目标时，应以幼儿为主体，从幼儿角度进行表述，制定发展目标，以便在教学活动中充分发挥幼儿的主体性。发展目标是以幼儿的口吻表述幼儿通过该活动应该达到的发展指标，而且知识、技能、情感这三个维度的目标表述必须主语一致，都以幼儿的口吻表述，切忌主语混合使用。需要提醒的是，有专家、学者认为，在幼儿园教学活动中，知识与技能目标是能够在一次教学活动中基本达成的，情感目标是需要在日积月累、潜移默化中逐步实现的，一次教学活动很难使幼儿在情感、态度和价值观方面发生质的变化。因此，一次教学活动不一定需要制定出"三维"目标。

目标表述要符合"适宜、全面、具体、一致"的"八字"原则。学生按照"做—研—点—做"的模式，根据活动课题制定目标，然后进行小组研讨。教师进行点拨，形成具体标准，再进行新活动目标的制定。反复练习，直至达到模拟教学标准。以健康领域的实训成果为例。身心活动目标表述参考模式：三维目标包括认知（身体健康、生活卫生习惯、安全保健知识、体育动作等）、能力（生活自理、保护自己、协调、灵活等）、情感（情绪安定、愉快、喜欢等）。幼儿角度：学会……感受……喜欢……愿意……能够……身体锻炼活动目标的制定中，体育活动目标参考模式：认知——基本动作（掌握、能、练习……动作）走、跑、跳、钻爬、平衡、投掷、攀登、小球等；能力——身体素质（提高、巩固、发展……能力）速度、力量、耐力、平衡、灵敏、协调、柔韧等；情感——内心感受（体验、感受……）勇敢、坚持、合作、竞争等。目标制定过程中要考虑目标的可实施性，无论是认知目标、技能目标还是情感目标，都需要随时调整，以适应个别幼儿的需求。

第三，内容。

制定好活动目标后，要围绕活动目标选取适宜的活动内容。活动内容是实现活动目标的载体，服从并服务于活动目标。活动内容的选取除了要紧扣活动目标之外，还要巧妙，即符合幼儿兴趣和发展需要。兴趣是最好的老师。幼儿的注意以无意注意为主，有意注意正在发展。年龄越小，有意注意时间越短。要想激发幼儿兴趣，必须以幼儿为本，选取贴近幼儿生活和兴趣的内容，让幼儿乐于参与其中；同时，还要保证所选取的内容能够促进幼儿的发展。小班数学选取的"搭积木"活动是小班幼儿非常感兴趣的活动。做工精良、尺寸和比例标准的积木不仅能够发展幼儿的手眼协调能力和小肌肉动作，能让幼儿在操作、摆弄的过程中对数量概念有一定的认识，并通过感受积木的形状、大小、高矮、长短等特征受到几何启蒙，还能发展幼儿的想象力、创造力和空间知觉能力。搭积木是能够在多个方面满足幼儿发展需要的活动，幼儿在此活动中往往兴趣盎然、意犹未尽。

第四，重点。

师幼互动环节是教学过程设计的重点。幼儿围绕目标积极互动，是活动应把握的关键点。首先要确定重点，在熟悉活动内容后判断和分析过程中的要点。过程中需要把教材分析和幼儿分析有机地结合起来，一般要明确教材的基本概念和架构，尤其要结合幼儿的相关实际。其次要突破难点。幼儿不容易理解的、较抽象的活动部分就是整个活动的难点。之所以成为难点，一部分是因为幼儿的认知水平和经验储备不足；另一部分是因为方法和技能不易被掌握，需要幼儿教师重点示范或者单个辅导，运用编儿歌、画图谱、巧提问、做比较、设情境等多种方法巧妙开展教学。

第五，方法。

在解决了"教什么""学什么"的问题之后，即确定教学目的和教学内容之后，"如何教""怎么学"的教学方法就需要进一步被确定。教育方法应当根据幼儿的认知特点，考虑由浅到深、由近到远、由具体到抽象、由感性到理性，逐步地施以教育。如何突出重点、分散难点、抓住关键、巩固和复习课程，如何引发兴趣、加强动机、启发注意、鼓励创新，这些依赖灵活多样的"教法"和"学法"有机结合，形成最佳组合状态，让幼儿积极主动地学习。

第六，材料。

《幼儿园教育指导纲要（试行）》中要求："提供丰富的可操作的材料，为每个幼儿都能运用多种感官、多种方式进行探索提供活动的条件。"幼儿的学习是在对材料进行充分摆弄、操作、探索的基础上通过积累经验自主建构起来的。所以，幼儿园的教育教学活动必须为幼儿准备充分的材料。首先，材料必须为目标服务，能够实现目标，而不是想用什么就用什么，有什么就用什么；其次，材料必须是安全、环保的，对于幼儿来说，锋利的、尖锐的、有细菌的、太细小的材料都可能引发意外伤害事故；再次，材料必须是充分的，能够让每个幼儿都能充分摆弄、操作、探索，避免发生因材料短缺而造成的争抢行为、消极等待、只能看不能亲自动手尝试等一系列问题；最后，材料应有层次性，符合因材施教的特点；高低结构的材料要结合实际投放。

第七，结构。

活动过程是教学活动的中心环节，是开展模拟教学活动从开始到结束所经历的各个环节。活动过程设计是幼儿教师对教学活动进程的预想和规划。教师要细致考虑本次教学活动包括哪些环节，各环节如何展开及衔接，各环节采用的教学方法有哪些，各环节能否达成一个或几个活动目标，各环节中教师与幼儿的活动分别是什么，教师如何组织幼儿，活动材料如何运用，师幼如何互动等一系列问题。

活动过程通常包括开始部分、基本部分和结束部分。其中，开始部分是活动的导入和铺垫部分，是为了引出活动主题并激发幼儿参与活动的兴趣。导入应有趣、精炼、准确，不宜平淡、冗长、偏题甚至跑题。基本部分是整个活动过程的主体、核心和重点。结束部分是教师引导或帮助幼儿总结提升活动中获得的经验，起到水到渠成的作用。

幼儿园集体教学活动中最常采用的活动类型是递进式，即活动过程层层推进，前一环节是后一环节的基础和铺垫。幼儿只有在前一环节完成的基础上，才能更好地进行后一环节。这样循序渐进的活动过程符合幼儿由浅入深的认知特点和由具体到抽象的思维发展特点。活动过程中教师应该成为幼儿学习的支持者、引导者、合作者，尊重幼儿的主体地位，发挥幼儿的积极性和主动性，真正做到"以幼儿为本"，避免过度讲解或说教、灌输。此外，在活动过程中，教师应保证重、难点突破，把握好活动的主次，安排好各环节的时间，帮助幼儿精力充沛、兴趣浓厚地参与活动，愉快地完成活动目标。需要注意的是，教师虽然需要在活动中做到"心中有目标"，要落实活动设计，但并不是要求教师必须不折不扣地按照预先的设计按部就班地组织和实施教学活动。在活动过程中，教师可以根据幼儿的表现和回应适时做出调整。这就需要教师关注到每一个幼儿，认真思考、回应每一个幼儿的发言，让幼儿在轻松开放的氛围中自由探究、张扬个性。

第八，方案。

活动方案包括活动名称、活动目标、设计意图、活动准备、活动重难点、教法学法、活动过程、活动延伸、活动评价等。具体活动设计应注意层次分明，条理清晰；要有目标意识，围绕活动目标，为实现目标采用恰当方法；充分考虑如何突出重点，如何突破难点；设计好启发性提问，通过提问激发兴趣，充分调动幼儿学习的主体性。

活动方案的书写格式一般有两种：一是条目式，二是表格式。

条目式

课题名称：······

教学目标：

1.······

2.······

······

教学内容：

1.······

2.······

······

重点和难点：

1.······

2.······

······

课型：

······

教学方法：

······

教具：

······

教学时间：

······

教学过程：

1.……

2.……

3.……

……

表 2-1　表格式教案格式

班级：　　　　　　　　科目：　　　　　　　　时间：

课题名称		
教学目标		
材料准备		
课型		
教学内容	教学方法	
备注		

（3）准备紧随

活动设计不仅包括活动设计方案，而且包括活动实施准备。根据活动方案，进行物质准备、经验准备和心理准备是活动设计的重要组成部分，也是活动开展的保障。教学过程是幼儿在与教师、同伴、材料互动中主动发展的过程。因而对于任何一次教学活动，教师都必须根据目标要求、活动内容认真做准备。

第一，物质准备。

物质准备是对应每次教学活动所需要的教具、学具、操作材料、场地等的思考和准备，物质准备充分可以保证顺利达成教学活动目标。物质准备要改变常用的"人手一份"的方式，学习用具、操作材料等都应该适当多准备一些，让幼儿有所选择，满足不同水平幼儿的需要，同时也能让教师在教学过程中做到更加尊重每个幼儿的想法、经验和创造，使教学不拘泥于原有文本，从而更加生动。小班科学"蛋宝宝站起来了"的活动中，物质准备包括：多于幼儿人数的鹌鹑蛋、鸡蛋、鸭蛋、鹅蛋，沙包、布、瓶盖、积木、棉花、铁丝等，记录表一张。提供多于幼儿人数的物质材料，一方面，可让不同能力的幼儿选择不同难度的材料来支撑"蛋宝宝"；另一方面，在单元时间内不同能力的幼儿采用不同材料支撑"蛋宝宝"的个数也可不同。这样的材料准备在面向全体的基础上尊重了幼儿发展的差异性，从而真正体现了幼儿的主体性。

物质准备还要努力从便于幼儿活动、便于教师组织、便于幼儿整体发展等方面考虑。许多活动，如科学、音乐、体育等还要考虑到活动过程中物质材料、设备的摆放位置和调整。教师细致考虑和合理安排可以减少幼儿的等待时间，避免组织环节的混乱。

第二，经验准备。

教师要树立过程意识，即幼儿的学习、发展是一个连续的、渐进的、螺旋上升的过程。因此，教师在组织任何一次教学活动时都要反复"思前""顾后"，使每一次教学活动都成为幼儿发展的平台，实现教育的联系性和发展性的结合；做到前面的活动为后面的活动做好铺垫，后面活动是前面活动的发展、提高、升华。只有重视幼儿的经验准备，才能不断引导幼儿在原有基础上建构新的经验。中班散文《秋天的颜色》，经验准备为"带领幼儿到公园或野外秋游，引导幼儿观察各种植物的颜色"。教师在备课时，从幼儿认知规律出发，在"带领幼儿到公园或野外秋游，引导幼儿观察各种植物的颜色"的基础上引导幼儿学习散文，这样可以调动幼儿学习的积极性，更好地理解散文的意境、内容和情感。

第三，心理准备。

心理准备在实际教学中是被严重弱化的一个环节如果学生在课前如能对自己将要参与的学习过程有一个积极的心理预设，从意志、兴趣、知识、方法等方面提出恰当的目标要求，那将对提高课堂教学效率产生积极的意义。教师一方面要树立自信心，提前进入教师角色，做好应对突变的心理准备；另一方面要激发幼儿对新内容的兴趣，引导幼儿做好认真听课、认真互动的心理准备。

（二）说课技能

1. 说课技能培养的意义

说课即说解教学活动，是一种教学研究形式，使听众能够更好地理解教学的方式和原因，有利于加强教师的教学艺术，是优化教学设计和提高教师教学能力的有效途径。学前教育专业的学生的说课过程，就是这一专业的学生在准备和掌握活动对象、活动目标、活动内容以及活动方法后，用口语表达的方式来分析整个活动的目标、内容、过程和意图。说课充分表达教师的设计意图，使学前教育专业的学生不仅知道活动设计方案是什么，而且清楚为什么，厘清设计理念和思路。这是模拟教学高效开展的真正保障。

2. 学生说课技能存在的问题

（1）对象不明

说课对象不明是许多学前教育专业学生在说课活动中面对的问题。

学生较少接触说解教学活动，对内容及对象定位不清晰，出现了缺乏思考、复述教案的现象，只是滔滔不绝讲述活动的流程，说课对象就成了幼儿。说课的对象是同行教师以及专家，需要执教教师阐述思路轨迹，说解活动设计的依据及思考过程。

（2）说做不一

说课活动在一定程度上反映了学生的理论水平和思想水平，同时也反映了学生的问题。这些问题主要表现在两个方面：一是理论知识不够扎实，导致设计理念和意图不清，活动内容与设计效果差异较大，形成了说和做"两张皮"的现象；二是大多数学生认为固定的框架是一种永久的模式，强调活动过程而不是寻求创造性的改进。

（3）完成任务

学生没有足够的动机和兴趣，教师让怎样做就怎样做。他们经常站在那里严肃地表达自己、阅读文本，这是非常不自然的。

3．说课技能培养的指导策略

（1）明确说课和上课的不同

说课处于设计活动与组织活动之间，上课是组织活动，二者有很大的不同。一是要求不同。说课是通过分享设计意图、听取专家反馈来修改和完善教学活动方案，上课是通过教师和幼儿的双边互动实现教学目标。二是对象不同。说课面向教师和专业人员，上课面向幼儿。三是内容不同。说课的内容是了解活动、设计、方法、策略和教学组织的理论基础等，上课的内容是教师和学生共同开展的真正的双边活动。四是目的不同。说课主要是为了提高模拟教学活动的效率，上课的目的是在真正的教学活动中促进幼儿和教师的共同发展。

（2）明确说课的要点

说课一般包括说活动题目、活动目标、活动设计意图、活动准备、活动重难点、活动方法、活动过程、活动延伸、活动反思等。用"做—研—点—做"的技能训练模式，先让学生说自己的教学活动方案，然后进行小组研讨，教师点评，形成新的说活动文稿。不断练习，形成说活动技能。

学生说活动成果展示（见案例2—1，案例2—2）。

案例 2—1　大班诗歌教学活动"毕业诗"

一、说教材

下学期大班幼儿就要毕业了，这是他们人生中的第一个毕业季，是幼儿自我意识和独立性发展的重要阶段。根据此阶段幼儿的身心发展特点和需求，我将幼儿园主题活动"我要毕业了"预设分解为"我的幼儿园""我的本领""我长大了""我心中的小学"四个二级主题，意在构建一个多元立体的主题网络，为大班幼儿开展一系列丰富多彩的活动，让幼儿感受长大的自豪和自信，获得有益于他们身心发展的相关经验。根据二级主题"我长大了"，我采用诗歌素材，设计了三级子活动：大班语言活动——毕业诗。

二、说目标和重难点

维果茨基的"最近发展区"理论告诉我们，制定的目标既要符合幼儿的现有水平，又要有一定的挑战性。大班幼儿的词汇量迅速增加，已经能完整地讲述一件事情了。根据《3—6岁儿童学习与发展指南》中对5～6岁幼儿语言发展的目标要求，"能说出和表现幼儿文学作品的主要内容，并能结合情境理解一些表示因果等相对复杂的句子"，我预设了重难点。

1．理解诗歌的内容，感受诗歌依依惜别的意境。这是本次活动的重点。

2．能富有感情地朗诵和表演诗歌。这是本次活动的难点。

三、说活动准备

蒙台梭利认为，有准备的环境、适合幼儿年龄特点的环境是教育的关键。大班幼儿只有对小学有一定的了解，才能更好地开展本次活动，所以我从以下四个方面做了安排。

第一，通过多种途径了解小学校园和小学生活。

第二，收集幼儿刚入园时的照片、从小班到大班的幼儿园一日生活照片、集体照。

第三，师幼共同布置"我要毕业了"主题墙面。

第四，准备舒缓的背景音乐、欢快的歌曲、诗歌图片、红领巾、眼镜等。

四、说活动过程和教法学法

接下来，说活动过程。本次活动共分为五个环节。

（一）创设情境，谈话导入

幼儿是依靠事物的形象进行认知的。结合幼儿的知识经验让幼儿直观感知和体验，利用"我要毕业了"主题墙面引发幼儿真实的情感体验，激发他们主动参与活动的兴趣。

"现在的你和刚上小班时的你有什么不一样?""你在幼儿园里遇到过什么有趣的事情?""小朋友们就要上小学了，你有什么话想说吗?"

从回忆幼儿园美好时光切入谈话主题，引发幼儿体会毕业的离别之情，激发幼儿对老师、幼儿园、小朋友的感恩之情。让幼儿感同身受、身临其境，更快地融入教学活动之中，引出诗歌主题。

（二）听一听：欣赏诗歌，初步感受诗歌意境

"时间时间像飞鸟，嘀嗒嘀嗒向前跑，今天我们毕业了，明天就要上学校。"

运用直观教学法，声情并茂地示范朗诵《毕业诗》，旨在引领幼儿初步了解诗歌内容，感受诗歌中惜别的情感。

（三）说一说：观察图片，进一步理解诗歌内容

出示图片，引导幼儿仔细观察后，提出五个递进式的问题，帮助幼儿进一步理解诗歌内容，深入地感受诗歌的情感风格。

第一，你看到了什么，听到了什么，有什么感觉?

第二，时间像飞鸟，说的是幼儿园生活很快就过去了。还有一句也是说时间很快的，是哪句呢?

第三，小朋友在毕业前还说了什么?

第四，告别之后，老师、幼儿园又说了什么?

第五，红领巾是什么?

（四）练一练：游戏练习，有感情地朗诵诗歌

预设采用游戏练习的方法，增强幼儿朗诵诗歌的主动性和积极性。通过集体朗诵、分组朗诵、接龙合作朗诵、配乐朗诵等不同形式的练习，使幼儿尽快熟悉诗歌内容，能有感情地朗诵诗歌，体验诗歌的韵律美。

（五）演一演：分工合作，大胆地表演诗歌

依据陈鹤琴先生"做中教，做中学，做中求进步"的思想，在第五环节，我预设了幼儿分工合作，启发他们尝试运用各种形式表演诗歌。

投放红领巾、眼镜等相关道具，是我预设突破难点的策略。期望幼儿的自主学习能力、合作学习意识得到发展。

五、说活动延伸和反思

《幼儿园教育指导纲要（试行）》指出：幼儿园应与家庭、社区密切合作，综合利用各种教育资源，共同为幼儿的发展创设良好条件。因此，在本次活动结束后，我会做以下延伸：看望幼儿园中曾经教过自己的老师和为幼儿园服务的老师，带幼儿去同社区的小学进行参观。本次活动我从幼儿年龄特点和知识经验出发，目标定位明确，活动环节设计合理，符合幼儿思维发展的特点；在以"幼儿为本"理念的指引下，创设了有效的学习环境，使各环节体现了教、学、做合一的思想。此外，在活动的组织和实施过程中，我会根据实际情况灵活调整，注重个体差异性，注重活动的生成性以及教育的整合性。不适宜之处，希望在今后的实践中加以改正。

案例2-2　中班音乐教学活动"朋友越多越快乐"

各位老师好，今天我说课的题目是中班音乐活动——朋友越多越快乐。下面，我将从教材、活动目标、活动重难点、活动准备、教学方法、活动过程、活动延伸七个方面来阐述我对本次教学活动的理解和认识。

一、说教材

音乐是表现情绪、情感的较好方式。想让幼儿喜欢参加艺术活动，大胆表现自己的情感和体验，选择合适的歌曲是至关重要的。中班幼儿活泼好动，想象力丰富。他们喜欢唱歌，而且对音乐已有初步的概念及欣赏能力，能逼真形象地扮演其中的角色；能用夸张但适宜的语气、语调、动作、表情等表现角色；能有兴趣地听赏乐曲，感知不同的节奏，并会用点头、拍手、跺脚等动作来表示；能用语言和简单的身体动作表现与音乐相应的节奏。

《朋友越多越快乐》这首歌曲歌词简单，朗朗上口，生动诙谐，旋律欢快，节奏明确。并且，小鸟、小鸭、小羊是幼儿熟知的小动物，容易激发幼儿参与活动的积极性和兴趣。歌曲展现了小动物们朋友越多越快乐的愉快情景，体现了活泼欢快的情感。中班幼儿具有人际交往的强烈需求，但是又缺乏经验。这首歌符合中班幼儿的年龄特点和现实需要。

二、说活动目标及活动重难点

活动目标是教育活动的起点和归宿，对活动起着导向作用。结合中班幼儿的年龄特点和实际情况，以布鲁姆的教育目标分类学为依据，我确定了认知、技能、情感三个方面的目标。

认知目标：学习看图，有节奏地朗诵歌词，熟悉歌曲旋律，学会演唱歌曲。

技能目标：理解休止符，能用歌声表现愉快的情感体验。

情感目标：感受朋友多、快乐多的气氛，愿意与大家交朋友。

根据目标，我把活动重点定位于学习看图，有节奏地朗诵歌词，熟悉歌曲旋律，学会演唱歌曲；把难点定位于理解休止符，能用歌声表达愉快的情感体验。

三、说活动准备

为使活动呈现趣味性、综合性、活动性，寓教育于游戏之中，我做了如下活动准备。

经验准备：有过与好朋友一起玩的经历。

物质准备：《找朋友》《朋友越多越快乐》的音乐，与歌词相符的图谱，小鸟、小鸭、小羊的头饰。

空间准备：活动前幼儿站成半圆形，以利于幼儿进行表演。

四、说教学方法

《幼儿园教育指导纲要(试行)》指出："教师应成为幼儿学习活动的支持者、合作者、引导者。"活动中教师应开展合作探究式的师生互动、生生互动。因此，活动中除了以积极饱满的情绪影响幼儿外，我还精选了以下五种教学方法。

1. 视听唱法

这种教学方法主要是根据幼儿以具体形象思维为主的特点和幼儿语言发展的特点选取的。在活动中引导幼儿观察图片，加以示范动作，刺激幼儿的视觉，让其轻松地理解歌曲内容；让幼儿通过倾听歌曲和教师范唱，在体验音乐的同时有感情地进行演唱。

2. 情景教学法

通过图片和西瓜，给予幼儿直观事物形象，让幼儿自然地融入朋友多、欢乐多的氛围中。

3. 游戏法

游戏在幼儿学习中起着重要的推动作用。让幼儿在学中玩、玩中学，才不会使幼儿感到枯燥无味，同时让幼儿体验在集体活动中的乐趣。在幼儿园的各种活动中，游戏是幼儿最喜欢。教师要让幼儿在游戏中得到发展，有所收获。

4. 多种感官参与法

活动中，我将引导幼儿想一想、说一说、看一看、听一听、学一学、唱一唱、演一演，提高幼儿参与活动的积极性，使幼儿对学习音乐产生浓厚的兴趣。这也体现了以幼儿为本的理念。

5. 图谱教学法

从幼儿认识事物的特点和语言本身的特点来看，在幼儿园音乐教育中贯彻直观性原则非常重要。

五、说活动过程

活动过程是为实现教育目标而对教育方法的具体运用，是教育活动的核心环节。我的设计如下。

环节一：做游戏——"找朋友"，谈话活动。首先，我会带领幼儿一起来玩"找朋友"的游戏；然后，通过提问引导幼儿谈话，引出主题。

师：我们都找到了好朋友，说说你有哪些好朋友，和好朋友在一起有哪些快乐的事情，好朋友有了你之后的心情怎样。然后进行总结：朋友越多越快乐。

师：今天还来了一些动物朋友，它们是不是也认为朋友越多越快乐呢？

在这个环节，通过一个简单的"找朋友"游戏，创设一种轻松愉悦的氛围，进而引出"好朋友"的话题，让幼儿有话可说，有话想说。

环节二：学习歌曲。这首歌曲有三段歌词，我在活动中分成三个小环节来完成。首先是学习第一段歌曲。我会通过提问引导幼儿倾听音乐，并且拍节奏。师："它们还带来了一段好听的音乐，我们一起听着音乐把音乐的节奏拍出来。""换一种方式和你的朋友一起拍。"接着，出示图谱，引导幼儿理解歌词，尝试有节奏地朗诵歌词，注意引导幼儿把握休止符。师："你听清小动物唱的什么歌了吗？""是什么小动物？""在哪儿唱歌？""小鸟是怎样唱歌的？""小鸟唱的什么歌？"最后，幼儿表演，教师整体范唱。幼儿学唱第一段。

学会第一段歌曲有助于第二段和第三段的学习。这个时候，可以引导幼儿迁移第一段的学习经验，让幼儿主动地参与到歌曲的学习中来。师："除了小鸟，还有哪些动物朋友来了呢？"针对第二段歌词提问："还有哪些小动物来了呢？小鸭在哪里唱歌？小鸭怎么唱歌？小鸭在笑什么？"针对第三段歌词提问："小羊会在哪里玩？""小羊是怎样叫的？"探索歌词，"你们能把小羊唱到歌里吗？"引导幼儿自己尝试唱出第三段。

在这个环节，我利用了图谱教学法。中班幼儿仍然处于具体形象思维阶段。图谱具有形象化、简易化的特点，可以增加幼儿的学习兴趣，帮助幼儿理解歌词、掌握歌曲的四二拍节奏，有效提升幼儿的音乐素养。此外，学唱歌曲的环节，是从节奏、歌词、旋律等方面入手的，可以帮助幼儿更好地理解歌词，熟悉旋律。学唱过程贯彻了"多感知通道参与"的理念，让幼儿在听一听、动一动、说一说、看一看的多种方式下，更好地学会歌曲。这也会让幼儿有效地理解本次活动的重点。

环节三：幼儿加动作，跟着钢琴完整演唱歌曲。需要注意：一是学习休止符是难点，也是幼儿容易发生错误的地方，教师应当重点教唱；二是关注歌曲的情绪情感，引导幼儿进一步体会歌曲的风格，鼓励幼儿用欢快的歌声来表现歌曲的轻松愉快。这样就可以让幼儿有效地理解本节活动的难点。

环节四：表演游戏。教师提供头饰，让幼儿自由选择角色，引导幼儿想象小动物快乐的样子，用快乐的歌声唱歌。

这个环节重点采用的是游戏法。我认同"音乐教学游戏化"的理念，通过表演游戏的方式，让幼儿在轻松愉悦的氛围中加深对歌曲的理解，进一步感受音乐、表现音乐、创造音乐。

环节五：律动结束。提问"歌曲中的小动物为什么这么快乐？""朋友越多越快乐。让我们飞出教室，去找更多的好朋友吧。"让幼儿像一群快乐的小鸟一样唱着歌，快乐地"飞"出教室。

这个环节主要是通过谈话总结今天的主题——朋友越多越快乐。进而采用律动的方式，自然而然地结束今天的活动；让幼儿走出教室，寻找更多的好朋友。

六、说活动延伸

活动延伸是为了让幼儿再一次巩固所学的知识，并给每个幼儿表现的机会，让其感受到成功的喜悦，增强幼儿的自信心。在美工区，引导幼儿利用工具绘画"朋友树"，感受朋友越多越快乐。之后，可以将幼儿的绘画作品进行展示，互相欣赏。

以上就是我的全部说课内容，谢谢各位老师的聆听，我的说课完毕。

评价：

两份说课稿的作者是模拟教学活动的参与者。两份说课稿共同的特点是思路清晰，对教材及幼儿较为熟悉，对教材的分析透彻、明白，掌握了班级幼儿的年龄特点。教学目标明确，重、难点的分析准确，重、难点的突破有方法和措施。说课中能很好贯彻《幼儿园教育指导纲要（试行）》的理念和教学改革精神及一些教育教学理论和原则，能够结合幼儿的实际情况和教育教学理念。教法和学法切实可行，操作性强，符合幼儿的年龄特点和接受能力，可以让幼儿在"玩中学，学中玩"，为提高教学效果提供了好的方案。

二、过程技能的培养

以学定教的理念决定了学前教育专业模拟教学技能的特殊要求。面对幼儿，教师"一言堂"，不能展现教师与幼儿之间相互作用的过程。掌握模拟教学过程中的特定技能有利于学生真实再现教育现场，更好地了解幼儿，保证教师与幼儿的互动效果，完成模拟训练任务。

（一）角色技能

1. 角色技能的内涵

模拟教学的参与者有着多重身份，如教师、幼儿、观课者、议课者、指导者、反思者等。角色技能是指在模拟教学中，学生能明确不同身份的职责，科学认知和解读不同角色，并学习在模拟教学中认真扮演角色，完成角色互动，从而实现模拟教学活动目标的能力。

幼儿教师在模拟教学活动中承担模拟任务、表述模拟意图、实施模拟内容、呈现模拟过程及完成模拟训练的任务。幼儿是模拟教学的互动对象，是教学活动的承受者，其主体地位绝对不容忽视。对于承担幼儿角色的学生而言，年龄和心理大跨度的转换，给学生身份的转变带来挑战。学生需要明确幼儿的身心发展特点，了解幼儿的学习生活特点，熟悉幼儿的个体差异。只有用心、用情、用智、用德投入模拟教学，才能真正体会其中的情趣和意义。教师角色转换技能存在的问题一是角色意识不强，情境中常是学生身份；二是挑角色，不愿扮演幼儿；三是角色转换困难，意识不到自己现场的身份。

2. 角色技能的培养

（1）强化角色转换意识

教师在实施模拟教学的过程中，扮演着多种角色：在对学生进行引导和点拨时，教师是学前教育专业的教师；在为学生进行幼儿园五大领域活动的示范时，教师必须及时转变成幼儿园的教师；在学生进行模拟教学的过程中，教师扮演学生活动的观察者、合作者、支持者和引导者的多重角色。在学生进行活动方案的设计和选择时，教师应认真倾听和理解，鼓励学生进行大胆表达；在学生活动遇到困难时，教师应仔细观察，耐心引导，全力支持学生的学习和进步；在模拟教学活动结束之后，教师要引导观课学生从不同的角度客观评价，支持并鼓励不同观点的表达，同时引导执教学生勇于进行自我剖析和自我评价，在多元视角的评价中进一步总结和反思，提升自己的综合素养。

（2）执教学生的角色定位要明确

执教学生必须做到在学生和教师的角色之间自由切换，无缝对接。在模拟教学设计和实施的过程中，执教学生应将自己定位为一名合格的幼儿教师，言谈亲切，举止优雅，自信大方，时刻以教师的要求规范自己的言行，认真设计教学活动，反复演练实施过程，既要有实施课程的能力，也要有生成课程的机智，做到"心中有目标，眼中有幼儿"。

（3）配课学生的角色转换要适宜

在模拟教学实施的过程中，配课学生要扮演3～6岁的幼儿。虽是配课，但学生也要有一定的心理准备。过分夸大幼儿不成熟的特征，极不利于活动的正常进行；提出不符合幼儿实际的问题，也不利用增强模拟效果。配课学生要真正了解幼儿身心发展的特点和规律，根据执教教师的引导，做出适切的反应，保证模拟教学的实效性。

（二）观察技能

1. 观察技能的内涵

观察技能主要是指利用自己的感觉和必要的辅助工具（如观察表、录音录像设备等），在教学现场有针对性地观察幼儿的表情、语言、行为表现等，进行信息收集、判断、分析、调控活动，促进有效互动的行为。观察能使教师识别幼儿的情绪感情体验和心理活动，获得他们的经验点、兴趣点、成长点，进而预防突发事件，调整生成过程，提高教育效率。现场观察中"教师"一般存在不知观察什么、不知道怎么观察的问题。

2. 观察技能的培养

（1）强化对象意识

观察本身并不是目的，而是为了促进幼儿的发展。因此，学生要养成观察的意识和习惯。对幼儿的观察，重点放在行动和表情上。观察动作可以判断幼儿参与活动的自主性和有效性。例如，根据幼儿操作材料的速度，察觉幼儿的掌握情况。观察表情可看出幼儿参与活动的积极性和感情倾向性。例如，当幼儿紧绷眉头、紧闭双唇、神情焦虑、自言自语时，那是他有了困惑；当幼儿面色深沉、双眼微眯、默默不语或喃喃自语时，那是他在思考；当幼儿目光凝视、神情专注、嘴唇微张、身体前倾、昂首挺胸时，那是他在专心听讲；当幼儿目光游离、表情木然、眉头时开时合时，那是他心不在焉；当幼儿双眉紧锁、频吐烦言、左顾右盼、身体不自觉晃动、坐姿不正时，那是他不耐烦了。

（2）用好现场观察方法

扫视法适用于集体活动场合，主要了解集体动态及活动运行状态。活动开始时，3～5秒的扫视有利于组织课堂，集中注意力；提问后扫视，可获取关于幼儿理解程度的信息。巡视法适用于小组或个别活动场合，易掌握情况并进行指导，易发现异常并及时处理，可结合记录表进行操作。注视法适用于需要个体关注和指导的场合。盯视起到激励、提醒、警示作用，时间不宜过长。

现场观察要客观、准确，要在自然状态下观察，不影响幼儿的正常活动，切忌只看结果不看过程，不得只凭主观印象给幼儿盲目下结论。要综合考虑家庭情况、成长经历、个性心理等要素对幼儿成长的影响，全面分析，有针对性地指导。要做到集体观察与个别观察相结合，重点观察与一般观察相结合，捕捉共性反应的同时以点带面，着重观察活动的某些环节和重点对象。当然，选择好观察的位置和角度也很重要。一般情况下，观察时应尽量选择幼儿的侧面或对面。

（三）倾听技能

1. 倾听技能的含义

倾听技能是指为了促进师幼沟通质量的提高，教师对幼儿的语言能够用心倾听、领悟并给予理解、支持、帮助的行为方式。这是增强沟通效果、增进师幼情感、增强教学活动效果的有力手段。"教师"在倾听时常有的问题是心不在焉、听非所说、择其所需、据己所想。

2. 倾听技能的培养

（1）乐意倾听

幼儿的语言表达能力不强，有时候意思表达不明确或说话有所偏颇。教师不能轻易打断幼儿说话，也不能没听完就主观判断幼儿；应该耐心听幼儿讲完，根据自己的经验准确判断幼儿表达的意思，采取适宜策略。

（2）用心倾听

幼儿需要用心呵护。只有热爱幼儿，才能认真、努力去读懂幼儿。例如，学习"7"的分解组成时，教师说："当青蛙捕捉到害虫时，每人抓到 7 只害虫。可以怎么吃？"幼儿说："蒸、炸、红烧。"可见这样的回答违背了教师的初衷。对于幼儿的这种回答，教师应该意识到什么？自己提出的问题比较笼统，应怎样改进才能引领幼儿？倾听不是目的，而是了解的前提。只有了解、读懂幼儿，才能教育幼儿。

（四）提问技能

1. 提问技能的内涵

提问是促使教师与幼儿互动最直接、最广泛的方式；是指教师在教学活动中精心设计问题，以灵活多样的形式诱发教师与幼儿交流，促进幼儿发展的行为方式。

一般来说，在教学活动中，提问的目的和作用是运用经验讨论新的话题，激发活动参与兴趣，保持注意力。提问恰当的问题能了解幼儿情况，诊断幼儿学习困难，控制和调节幼儿行为，引导幼儿深入思考。"教师"提问存在的问题主要是问题的准确性、针对性、启发性不强，缺少方法指导。

2. 提问技能的培养

幼儿园教师提问最终要做到"六先六后"：先设问，后提问；先提问，后指名；先思考，后回答；先讨论，后结论；先幼儿，后教师；先激励，后指导。具体要求如下。

（1）增强针对性

提问是有目的的，要有针对性。围绕目标和主题，结合幼儿发展水平提问，引导幼儿参与活动是提问的前提。提问方式分为设问、问答、反问、互提、直问、追问等。根据答辩问题的不同要求，提问分为判断类问题、描写类问题、探索类问题、叙理类问题、分散类问题等。根据幼儿的思考方向，提问分为记叙性问题、分类性问题、假设性问题、比较性问题、选择性问题、反语问题等。

（2）注重层次性

提问应关注全体幼儿，满足不同层次幼儿的需求。所有幼儿都可以根据自己的生活经验想出不同的方法。具体判断"是什么""怎么样""为什么"代表了三种层次。内容指向要全面，既要有知识性的问题，又要有理解的问题和创造性的问题等。

（3）具有启发性

为了让幼儿积极思考，愉快地接受知识，问题必须具有启发性，富有童趣。"你能让大头针在吸板上跳舞吗?"与"磁铁能吸到木板上的大头针吗?"相比，哪个问题更能吸引幼儿不言而喻。趣味绝不意味着迎合和简单可笑。教师的提示、引导、启发，应有利于打开幼儿思路，引发活动兴趣。切忌为提问而提问，如"猜猜我今天给大家带来什么? 猜猜我今天带了什么样的礼物"。没有意义的问题是在浪费时间，弱化教学效果。

（4）提倡开放性

开放性问题的答案不是唯一的，具有多元性和发散性，能充分满足幼儿思维和心理活动的灵活性、变通性和创造性，促进幼儿的交流和个性化成长。在科学活动"有趣的报纸"中，为了让幼儿在了解报纸的基础上开展对旧报纸的科学探索，开展模拟教学，两位"教师"提出了两个问题。

"教师1"：小朋友，这是什么? 那是旧的还是新的? 以前也玩了很多报纸吧? 我们今天就用它比长短好不好啊? ……

"教师2"：老师这里有报纸，谁能很快地告诉我这是新报纸还是旧报纸? 你是怎么知道的? 旧报纸可以怎么玩儿? 今天我们比一比看谁能把报纸变得更长，这里给大家提供剪刀、胶水……

"教师1"表面上对幼儿提出了很多问题，但幼儿的回答是一个不需要思考的、唯一的答案。封闭性的问题封闭的是幼儿的思维，封闭的是幼儿的独创性，阻断了幼儿与同伴交流的途径，抑制了幼儿相互作用的意义和参与活动的欲望。"教师2"提出的相对开放的问题激活了幼儿的思维，可以让幼儿从不同角度思考问题，从不同渠道丰富对报纸的认知经验。幼儿体验独立自主地探索每一个问题，展示自己的想法，挑战解决每一个问题，在轻松的气氛中逐渐与同伴建立起共享关系。

好的提问具有以下几个特点。一是提问在关键处。在"有趣的报纸"活动中，幼儿不断地探究，寻找一种能让一张报纸变长的方法。教师在幼儿遇到困难时提出："你的纸条能让报纸的长连着宽而且不断掉吗?""你的纸条能做到长连长（宽连宽）而且不断掉吗?"在两个任务中引导幼儿探索。在分享和交流经验的过程中，每个幼儿都获得了方法指导，不断实现层级目标。二是提问在疑难处。当幼儿基本找到了报纸变长的方法后，新的疑难问题又出现了：即使都用长连着宽的方法进行裁剪，比较的结果仍然有长短区别。幼儿会感到困惑。此时，教师让幼儿把裁剪成果贴到黑板上，向幼儿提问："用同样的方法，为什么还会有的长，有的短，比一比，你有什么发现?"从而,幼儿知道了裁剪时纸条粗细与纸条长短的关系。三是提问在矛盾处。"谁的报纸条更长,谁才能获胜。"虽然很容易唤起幼儿的参与意识和热情,但是常常出现由两种不同的纸张哪个更长引发争议的现象。为了帮助幼儿更好地辨别长短,教师以"两个纸条怎么比才公平? 一头怎么样,另一头怎么样!"的问题引导幼儿找到科学比较长短的规则和办法,最终顺利地维持了活动现场的秩序,增强了互动的实效性。

(5)迎接挑战性

"跳起来摘桃子"是对"最近发展区"最好的诠释。维果茨基认为,"只有走在发展之前的教育才是良好的教育"。为幼儿设计的问题应该具有渐进性和挑战性,使幼儿都参与到问题的思考和解决中,在这个过程中得到答案,体验成功的喜悦。为此,教师需要打破思维定式,善于变换角度设计和提出具有较大创造空间的问题;要从幼儿的认识规律及教学结构入手,由具体到抽象,由浅到深;设计的内容要有倾斜度和启发性,使教与学相互联系,体现出发展性原则。我们来欣赏一下在科学活动"有趣的报纸"中,优秀教师是怎样用问题一步一步引导幼儿发展的。"老师这里有报纸,谁能很快地告诉我这是新报纸还是旧报纸? 你是怎么知道的?""旧报纸可以怎么玩儿? 今天我们比一比看谁能把报纸变得更长,这里给大家提供剪刀、胶水⋯⋯""你的纸能让报纸的长连着宽而且不断掉吗?""你的纸条能做到长连长(宽连宽)而且不断掉吗?""用同样的方法,为什么还会有的长,有的短,比一比,你有什么发现?""谁的报纸条更长,谁才能获胜。""两个纸条怎么比才公平?"

(五)回应技能

1.回应技能的基本内涵

《〈幼儿园教育指导纲要(试行)〉解读》指出:"在师幼互动中,如果教师对幼儿发起的互动行为没有任何反应,则对幼儿的影响和控制是最差的。因此,教师在与每一个幼儿接触时,都应学会转变角色,以积极的态度回应幼儿。"

回应技能指的是在模拟教学过程中,通过对"幼儿"现场的言行表现做出分析判断,及时给予应答反应、支持帮助、指导引领的一种行为方式。现场回应的过程也是师幼互动的过程,回应质量的高低反映互动效果的好坏。现场回应技能反映的是幼儿教师的综合素质,该技能的形成非一日之功。

2.学生回应技能存在的问题

在模拟教学过程中,我们发现学前教育专业的学生普遍存在无回应、回应不当、回应过当的现象。具体表现为:对课程敷衍应付,不够重视;对内容本末倒置,了解不深入,答非所问不对应,茫然无措不作为,着急下课不等待。因此,树立科学的应对理念,掌握一定的现场应对策略,对于提高现场互动质量具有重要意义。

3.回应技能培养策略

(1)给师幼思考空间

回应不是可有可无,不是越快越好,不是有回必应。仓促回应容易忽视问题的重点和关键点。学会等待、学会思考需要幼儿教师具备良好的心理素质和先进的教育理念。

（2）给幼儿表达的机会

有效回应的前提是认真观察活动过程中幼儿的反应和表现，并进行适当追问，明白幼儿的意图，准确回应。教师观察到一个幼儿在练习跑步时脚上的鞋子穿反了，于是她上前问道："你的左右鞋都是反穿的，你觉得舒服吗？"没想到幼儿直接回答："很舒服啊。"教师顿时觉得非常尴尬，接着又问幼儿："你为什么会觉得舒服呢？"幼儿回答："因为我的鞋子太大了，反过来穿鞋子就不会掉了。"事情的原委自然就浮现出来了。这也为科学回应提供了明确的信息。

（3）给幼儿方法支持

当幼儿缺乏经验、发生矛盾、出现错误、表述不清时，教师需要积极回应。只有抓住机遇，深入思考并做出合理回应，才能把握好教学活动的方向和节奏。

回应的方法有直接回应和间接回应，一般采取淡化、顺应两种策略。淡化的目的是转移、削弱和中止幼儿目前的反应；顺应旨在支持、发掘和适应幼儿的反应，引发高质量的师幼互动。具体做法有以下五种。

第一，负负为正。

在模拟教学过程中，当幼儿的反应与期望有差异甚至完全相反时，教师应学会面对和理解他们的想法，"将错就错"，根据他们的想法引发话题、剖析要点、解决问题。

读绘本《我爸爸》后，教师鼓励幼儿谈谈自己的爸爸。当大多数幼儿非常自豪地讲述他们的爸爸的优点时，有的却说："我爸爸的脚很臭！""我爸爸很胖，肚子也很大。"这些声音出现后一发不可收拾，引起很多幼儿的共鸣，越来越多的幼儿开始说爸爸的缺点。看到这种情况，教师没有回避，没有让幼儿停下来，而是接着幼儿的话题说："哦，原来你们的爸爸也会有缺点！老师可以看出你们都非常关心自己的爸爸呢，所以才能这样了解他。"然后，教师故意很疑惑地问："爸爸有缺点，那你还爱你的爸爸吗？"受这个话题的启发，幼儿纷纷表示："我爱爸爸！"教师随机询问原因，自然总结道："爸爸虽然有点胖，但他跑得很快。尽管爸爸的脚很臭，但他很讲卫生……孩子们，你们能用这样的句子说说自己的爸爸吗？"幼儿听后非常活跃地谈论着自己的爸爸，活动得以顺利进行。

第二，启发点拨。

合理的评价点拨有助于帮助幼儿梳理、总结，给幼儿知识体系的建构和完善搭建平台。

说说"最喜欢的水果"。"我喜欢酸酸甜甜的草莓""我喜欢大大的菠萝""我喜欢红红的苹果""我喜欢弯弯的香蕉"……听到幼儿的分享，为了帮助他们形成良好的语言表达习惯，建立清晰完整、具有概括性的知识，教师点拨："大家喜欢的水果可真多，有草莓、菠萝、苹果、香蕉……这些水果长得一样吗？颜色一样吗？味道一样吗？"

第三，态势鼓励。

教师在组织和调控活动的过程中经常会预测到幼儿下一步的行为，依据幼儿的反应做出正确判断，避免幼儿不良行为的发生。幼儿教师切勿高声大叫，应自然地走到幼儿面前，轻拍并注视，以引导幼儿集中注意力；也可在幼儿遇到困难、需要帮助时，尽量使用体态语言，避免影响其他幼儿活动。在制作头饰的手工体验活动中，班上年龄最小的暖暖小朋友第一次粘贴后就把它戴在头上。结果，头饰环太大掉到了她的脖子了。她焦急地向教师求助。教师没有立即站起来，而是微笑着向她点点头。暖暖受到鼓励决定再次尝试，但是它仍然太大掉了下来。看到周围的小朋友们基本都戴上了头饰，她再次看向教师。这次教师依然没有上前，而是用动作提示她将头饰圈裁剪后再粘贴。暖暖领会到教师的意思后，高高兴兴地开始了第三次制作，按教师的提示进行修改后果然成功了。她兴奋地看向教师，教师竖起了大拇指。暖暖高兴地乐开了花。

第四，教师"踢球"。

"把球踢给孩子"，既可缓和问题出现时由于教师措手不及导致的尴尬气氛，也可最大限度地开发幼儿和同伴的资源，有利于幼儿思维的开发，增强幼儿成功后的自信心。

对于同一个活动，不同教师表现出不同的反应、态度和策略。不同的态度导致不同的教师做出不同的回应判断，选择不同的回应策略。比比差异所在，这是幼儿园的夏老师正在为实习教师做活动示范，内容是诗歌《春雨的色彩》，教学对象是大班幼儿。此时窗外正好下起了小雨，幼儿不由自主地看向窗外。于是夏老师请幼儿一边念诗一边到窗前观赏绵绵细雨。突然一个幼儿大声喊道："快看，老师！玻璃上出'水痘'了！"实习教师甲说："胡说，玻璃是不会出'水痘'的，那是雨水。"实习教师乙说："让你念诗呢，快念诗吧！"

这时，夏老师开口了，她说："月月小朋友，你观察得很认真。小朋友们，你们知道玻璃上的'水痘'是怎么出现的吗？"小朋友们七嘴八舌地说："是雨水一滴一滴落到玻璃上形成的！"夏老师继续说："现在请小朋友们看看玻璃上的雨滴，你们看到春雨的颜色了吗？能编到诗歌里去吗？"活动顺利继续下去……

上面的案例中，当窗外的小雨引起幼儿注意的时候，夏老师持尊重和接纳的态度，并且准许幼儿到窗边边观察春雨边念诗。夏老师因为心中有幼儿，所以当幼儿提出疑问、抛出言语反应之时，能接过幼儿"抛过来的球"，选择采用把话题权抛给幼儿的方式，并且在解决问题之后以言语引导幼儿回到活动内容。而甲、乙两位实习教师因为担心幼儿观察春雨会使其注意力转移进而导致教学活动无法顺利进行，或采用"止"的方法，终止幼儿的思维和想象；或采用"扭"的方法，强行把幼儿拉回到预定的教学轨道上来，采用淡化转移的直接言语干预策略。可见，教师在回应的过程中需要有正确的理念指引，才能做出恰当的策略和判断。

第五，弹性生成。

当活动不能引起幼儿的兴趣、满足不了幼儿的需求时，教师就不能再固守原定计划了，需要采取弹性生成的方法。掌握这种方法，需要教师具备两个条件：始终以欣赏的态度看待幼儿；要有勇气打破思维定式，渴望变化创新。教师认为幼儿的反应与活动本身无关，或者所涉及的问题难以快速解决时，可以采用留疑、淡化、悬置的办法，鼓励幼儿以后解决或独立解决。

在小班户外活动中，教师根据幼儿喜欢老鼠和追逐游戏的特点，为幼儿提供了自制的教具——布老鼠。幼儿非常高兴，开始了追逐蓝色布老鼠的奔跑活动。跑得快的幼儿非常得意，抓住了老鼠的尾巴；跑得慢的幼儿每次只能插空摸到老鼠的尾巴。时间一长，他们逐渐停止并退出游戏，成了"观众"。这时候教师灵机一动，又拿出了一只红色的布老鼠，由两位教师各带一只布老鼠向着不同的方向奔跑。拖着蓝色布老鼠的教师跑得很慢，方向变化也很小；拖着红色布老鼠的教师跑得稍快些，方向变化多些。幼儿可以根据自己的情况选择不同的布老鼠来训练跑的动作。这样所有的幼儿都能积极地参与到活动中。

（六）游戏技能

1. 游戏技能的基本内涵

游戏是幼儿的基本活动。可以说，没有游戏就没有幼儿的发展。幼儿教师是推动幼儿发展的重要力量，幼儿教师对幼儿游戏的熟练把握是学前教育专业教师的"拿手好戏"和"看家本领"。教师充分认识游戏的价值，合理设计和组织开展幼儿游戏，引导幼儿在游戏中获得身体、认知、语言和社会性等多方面的发展，是其专业地位的重要体现。《幼儿园教师专业标准（试行）》中明确指出幼儿教师需要具备"游戏活动的支持与引导"的专业能力。因此，幼儿教师拥有良好的游戏技能是其专业化发展的必然要求。

游戏技能是指在模拟教学过程中，幼儿教师遵循幼儿游戏的特点，有目的、有计划地创设适宜的游戏环境，组织、指导与评价幼儿游戏的能力。具体包括：观察和记录游戏的技能、各活动区游戏环境创设的技能、游戏设计与组织的技能、游戏的指导技能以及游戏评析技能等。游戏技能是幼儿教师应具备的核心能力，既需要幼儿教师具备科学的游戏理念，又需要幼儿教师将其运用于实践。

2. 学生游戏技能存在的问题

游戏是离学生既近又远的话题，因为经历所以熟悉，又因为专业所以陌生。在模拟教学过程中，学前教育专业的学生对于幼儿游戏的重新审视缺乏全面认识，理念不清，方法不当。具体表现在：缺乏针对幼儿兴趣和年龄特点的游戏设计理念，缺乏利用与合理设计幼儿游戏的能力，缺乏支持、引导和促进幼儿开展游戏的能力，缺乏创造性地组织幼儿游戏的能力等。因此，在模拟教学中，游戏技能成为促进学生发展的必备技能训练，亟待提高。

3. 游戏技能培养策略

（1）树立科学的幼儿游戏观

技能的获得是外显行为，理念与思想是内在动力。在模拟教学中，学生只有拥有科学的幼儿游戏理念，结合《幼儿园教育指导纲要（试行）》与《3—6岁儿童学习与发展指南》，理论联系实际，才能真正掌握技能，获得发展。学生可以在模拟教学中通过类似说课的形式模拟"说"游戏活动，"说"游戏背后的设计思路，巩固和加强对幼儿游戏的理解和认识，以此深化游戏理念。

（2）加强幼儿游戏观察能力的培养

观察力是幼儿教师必备能力之一。游戏是幼儿自主的活动，幼儿在游戏中的种种表现真实地反映了幼儿的发展水平。幼儿教师善于观察幼儿的游戏行为，具备科学的观察方法，形成一定的观察能力，是提高幼儿游戏质量的关键。因此，在模拟教学活动中，学生可以通过现场模拟、案例分析、小组讨论等形式丰富模拟教学形式；可以运用多媒体手段、模拟仿真技术等开阔模拟教学的视野；可以通过一个个直观案例，在模拟教学中明确观察目的、观察指标以及观察方法，使观察技能得到提升。

表 2-2　模拟教学游戏观察记录表

观察者		观察时间	
游戏背景			
游戏过程纪实			
游戏观察分析			
合理化建议			
辅导教师评析			

（3）学会创设支持性的游戏环境

幼儿是游戏的主人，幼儿教师是幼儿游戏的支持者。创设适宜的游戏环境，关注幼儿在游戏中的表现，努力理解幼儿的想法和感受，敏锐地察觉幼儿的需要，鼓励幼儿大胆探索和表达，是幼儿教师支持性角色的重要体现。因此，在模拟教学活动中，学生需要结合大、中、小班幼儿的年龄特点，通过多种形式创设表现性活动区、探索性活动区、运动性活动区、欣赏性活动区等区域，充分发挥不同区域的功能。模拟教学中，第一是要侧重训练学生材料投放的科学性，采用小组讨论、实践探究等方式，增强学生的感性认识，注重开放性、非结构化材料的投放，创设更适合幼儿发展的环境；第二是要侧重学生在游戏中的情感支持，引导学生在模拟教学中创设良好的师幼互动氛围，以友善的态度、开放性的语言及非言语动作等支持幼儿游戏。

（4）灵活掌握游戏中的介入技巧

尽管没有教师介入游戏，幼儿也能在游戏中自我发展，但是有没有教师的介入和指导，幼儿的发展还是有区别的。教师的作用就是能够用教育的眼光来观察幼儿的游戏行为，在最适宜的时候出现在最适宜的地方。因此，在模拟教学中，学生合理介入游戏，成为游戏技能获得的关键所在。

第一，教师以自身为媒介介入游戏的技能。

教师以自身为媒介，能够以两种身份介入游戏：一是游戏者，二是旁观者。游戏者是教师以游戏伙伴的身份介入幼儿游戏，通过游戏的语言和行为来指导幼儿游戏。西西小朋友在玩橡皮泥，她在一大块橡皮泥上拽了一小块，将其放在手心里搓长条；搓了一会儿，长条断了。她又拽了一块，还是重复刚才的动作。不一会儿，西西开始东张西望，无所事事。模拟教学中可以再现这样的情境，学生分析问题，尝试在合适的时机介入游戏。在这个游戏中，"教师"可以手把手教西西如何玩橡皮泥；也可以以游戏者的身份坐在西西的旁边，和她一起玩，用示范的力量潜移默化地影响西西。很显然，第二种介入方式更为合理。

旁观者是指教师站在幼儿的游戏之外，以现实教师的身份干预幼儿的游戏。相对于游戏者身份的指导，这种介入方式更能明确地向幼儿传递教育意图，但是容易较多地体现教师意志。比如，几个幼儿在玩"超市"游戏，有的扮演顾客，有的扮演促销员，还有的扮演收银员。琪琪拿上巧克力，边走边吃。像这样的游戏行为是不符合生活常规的，这时教师该如何介入呢？是直接教育引导，还是提出问题，展开讨论，唤起幼儿的经验？很明显，引导提问更为合理。教师站在旁观者的角度观察游戏行为，引发幼儿对游戏中存在的问题进行思考，引导幼儿学会分享观点，培养幼儿积极解决问题的能力，将"超市"游戏引向更深层次。因此，在模拟教学中，学生可以有更多机会对游戏介入方式进行思考，从而不断提高指导游戏的技能。

第二，教师以同伴为媒介介入游戏的技能。

幼儿游戏中的师幼互动固然关键，但是幼幼互动也很重要。幼儿之间的交流是思想的碰撞、行为的示范，可以更有效地提升幼儿游戏的质量。在模拟教学活动中，学生需要注重同伴游戏交往的质量，讲究介入艺术，保证幼儿充分的游戏空间和时间，保障游戏的顺利开展。

第三，教师以材料为媒介。

教师除了以自身和同伴为媒介指导幼儿游戏之外，还可以通过提供材料的方法影响幼儿，支持和引导幼儿在游戏中学习与发展。例如，教师可以为幼儿提供需要多人合作的综合性玩具，促使幼儿自主选择游戏同伴，促进幼儿社会化的发展；或者提供可以一物多玩的材料，培养和发展幼儿的想象力与创造力。在模拟教学中，学生需要注重游戏材料的选择和运用，赋予幼儿更多的游戏发展空间，充分体现游戏的价值。

第三节 模拟教学的实践过程

学生经常会在模拟活动结束后对自己的模拟教学表现感到不满意，内心产生巨大落差。从职前专业课程的学习到职后工作的锻炼与经验积累，这一专业成长的过程是幼儿教师对这一职业的适应过程，更是幼儿教师专业意识觉醒、专业情意激发的关键时期。重视模拟实践过程，是减少适应困难的重要一步。经过多年的实践总结，本书提出"三梯次四阶段"模式，以期切实促进学生职业能力的提高。"三梯次螺旋式"模拟教学模式是指在学前教育专业模拟教学的过程中，通过课堂中的分段与整合模拟实践、幼儿园集体教学活动组织的"三尺讲台"比赛、各地优秀专家集体教学活动组织的引领学习三个梯次，在幼儿师范院校学生中实施"做—研—点—做"四阶段模拟训练，以提高幼儿教师职业能力的形式。

一、师生明确模拟教学的基本要求

实践前最重要的是学生要知道实践的基本要求。一是要根据年龄班来选择教学内容，确定教学的目标、任务、步骤、方法，设计教案，制作教具、课件，熟悉教案，最后试教。二是教学内容设计具有明确的教学目标，目标确立与《幼儿园教育指导纲要（试行）》精神一致，重点突出，难易适度，方法适宜，过程流畅，逻辑性强，符合规范，教学活动时间分配符合年龄班幼儿的特点。三是学生要用标准普通话，简洁生动，语速适中，抑扬顿挫；运用肢体与动作、表情、眼神辅助，增强感染力；可用夸张的动作。四是衣着整洁大方，头发扎起来或挽起来，不可浓妆艳抹，眼神自然目视对象，用眼神亲切交流，不出现与内容无关的动作表情。五是教具根据教学内容认真设计，积极收集或者制作相关教具，适时呈现教具。六是课堂管理要有较强的亲和力，应根据内容调整活动方案，灵活处理问题(扮演幼儿的学生故意出状况)，具有与幼儿互动的能力。七是不要过多强调幼儿模仿教师，要重视幼儿创新能力、自主学习能力的培养。八是评议试讲和反思时，教师需记录学生的试教过程，写评析，提建议；每位试讲者需写出试讲反思。

二、师生开展针对课例的观议活动

观议活动是指参与者相互提供教学信息，共同收集和感受活动中的信息，在充分拥有信息的基础上围绕共同关心的问题进行对话、研讨交流，以扬长避短，增强教学效果，提升教学质量，促进教师专业素养提高的一种教学研究形式。学生在观课议课中主要的问题一是对观课议课的价值认识不到位，二是对观课议课的关注点不明确；教师在观课议课中的主要问题一是对观课议课的组织要求不到位，二是对观课议课的质量把握不到位。

（一）观课议课策略

观课议课的参与者要共同关注三大要点：一是学生的兴趣，学生整体上表现出积极的学习状态；二是教学目标，学与教的过程中表现出准确、全面、具体的目标，目标符合学生实际；三是教学效果，学习效果良好，达标率高。

1. 学生观课策略

(1)有准备地观课

熟悉教育活动内容，了解教师设计和组织该教育活动的目标，弄清新旧知识技能的内在联系，熟悉教学内容的重、难点；针对该教育活动，自己在头脑中设计出该教育活动的初步方案，粗线条地勾勒出具体的活动框架，为议课提供一个参照体系；听课前要回忆自己是否组织过相似内容的教育活动，如果有，有什么困惑与问题；要仔细看教师在教育活动过程中是否精神饱满，着装是否雅致，仪态是否大方，教育活动环境的准备是否与教育活动目标和过程相匹配；观察师幼互动是否积极、有效，师幼是否平等、和谐地对话，是否营造出鲜活的教育活动气氛，注意幼儿是否专注于活动，是否积极开动脑筋等。

(2)有思考地观课

要听清楚教师在教育活动中是否讲在了关键点上，是否重点突出、层次分明、详略得当；要听教师的"导"，即在教育活动中指导幼儿接受知识的技能是否准确无误，是否能调动幼儿的主动性，使幼儿积极参与探索知识的过程，从中学会学习、学会探究。在听课的过程中，听者要始终处于积极的思维状态：想明白师幼在教育活动过程中这么做的理由；想明白教育活动过程中出现了什么闪光点，并且通过思考给闪光点找到理论依据，找到闪光之源；想明白教育活动过程中有哪些教育教学问题，问题的症结在哪里，并想出解决问题的策略；想明白在听课过程中自己受情境的启发有什么感悟，或引发了哪些联想。积极地想，就是要对本次教育活动情况做科学研究，对获得的信息进行加工、改造、分析、综合，从而抓住本质，找到教育教学活动的规律。

（3）有记录地观课

观课记录是重要的教育教学研讨交流资料，是听课者从别人的授课中学习成功经验、吸取失败教训的依据，是促进观课者自身专业成长的原始材料。

第一，听课者做到"九记"。

一记活动属于哪个领域，是否符合幼儿的兴趣和需要，活动主题来源于教师还是幼儿，是否能为幼儿提供有益的经验等。

二记新的活动如何导入，包括导入时引导幼儿参与了哪些活动，效果如何。

三记"幼儿教师"创设了怎样的教育活动情境，结合了哪些生活实际，是否有利于达成教育活动目标。

四记"幼儿教师"采用了哪些教学方法与教学手段。听课者要认真琢磨"教师"如何整合各种教育手段，发挥整体教育效应，整体效果如何。

五记"幼儿教师"设计了哪些教学步骤。听课者要记录整个教育教学活动的开展情况，还要再度思考"幼儿教师"为什么这样安排教育教学环节，怎样使各个环节为教育活动目标的达成服务，这些环节是否符合幼儿的发展需要，什么时候"幼儿教师"引导，什么时候幼儿自主探究，什么时候幼儿合作交流，什么时候幼儿练习展示，什么时候反馈评议，什么时候质疑讨论，什么时候归纳小结，是否做到了合理安排、科学调配，是否充分利用了每一分钟。

六记"幼儿教师"的提问设计是否符合幼儿的年龄特点，是否能帮助幼儿提升经验，能否引导幼儿发展，是否给幼儿提供了较大的思考和操作空间，是否能灵活地回应幼儿的不同表现。

七记"幼儿教师"如何帮助幼儿突破学习的重点和难点。

八记"幼儿教师"关注练习设计与知识技能的拓展。练习设计是否做到了有针对性、有层次性，是否达到了巩固新知识技能、培养能力态度的目的。同时，要关注活动中的练习形式是否多样，"幼儿教师"是否引导幼儿应用所学知识解决日常生活中的实际问题，以提高幼儿解决实际问题的能力。

九记"幼儿教师"如何在关注集体的同时，对不同层次的幼儿进行个性化引导。

第二，"幼儿"的"学"的活动记录。

主要记录"幼儿"是否在"教师"的引导下积极参与学习活动；学习活动中"幼儿"的情绪反应如何，原因是什么；"幼儿"的专注程度如何，他们是否经常积极主动地提出问题；"幼儿"的身心能力受到了哪些挑战，他们的知识技能是否得到了提升。

第三，教学内容记录的方式。

可以原句实录，如听课者听到"教师"言简意赅、生动有趣、富有感染力的词句时，可以原句记录下来。可以感悟散记，如听课者面对复杂多变的活动现场，或多或少地会产生一些联想和感悟，应该及时记下来；有时"教师"的提问方式欠妥，"幼儿"感觉茫然，这时听课者要记录下来。可以标注记录，用简单的文字或符号在旁边注明清楚。对于"教师"引导有方、随机应变的细节，更要及时记录。有时"教师"在"幼儿"回答问题后，常常不知道以什么样的语言回应；有时"幼儿"因语言贫乏而不能完整准确地表达出内心的意思，需要"教师"加以提炼和概括。听课者可在听课时要特别留意这样的情况，将"教师"机智应答的语言及动作及时记录，以便今后学习。可以图文摘录，听课时经常会看到"教师"出示图谱，生动、形象的图画为活跃课堂气氛、提高教学效率提供了极大的帮助。对于"教师"出示的图、表、符号等，听课者可以用相机拍下来，也可以临摹下来。如果现场临摹来不及，可以用简单的符号和文字加以记录，以便以后用到时可以为现场回放。

(4)有成效地观课

第一，观课者要整理好观课记录。教育活动结束后，观课者应及时进行综合分析，找出本次教育活动的特点和闪光处。内容要按先后顺序提纲挈领地记录下来。记录时间分配，即各环节所用时间——"教师教""幼儿学"用的时间；记录教学方法的选择与应用；记录情境的创设、过渡的语言、引导的技巧、激励的方法、组织活动的方式；记录教师挖掘与利用教育活动生成资源的情况；记录灵活处理偶发事件的情况；记录练习状况、练习内容、练习形式等。

第二，观课者要做好"课"后分析，总结出一些规律性的认识，明确能启发自己的、能学会的有哪几个方面，并针对该教育活动的实际情况提出一些建设性的意见与合理的修改建议，与"教师"进行交流切磋，以达到相互促进、共同提高的目的。听课中学到的方法、经验，只有运用到实践中，才能变成自己的，才能真正提高自己。

第三，观课者要以仿代练。观课后，最简单直接的学习方式就是模仿。对精品可以"全仿"，在模仿的过程中体会他人的设计思路、语言的巧妙运用、教具的合理选择等。对有个人想法的课可以"半仿"，将他人的精华与自己的理解融合起来，实践后再反思。模仿可以根据自己的需要，进行语言模仿、行为模仿、过程模仿、形式模仿等。例如，对于"幼儿"回答问题后不知道如何回应的情形，"教师"可以模仿他人肯定性的语言，但要注意肯定的范围要小，要有明确性、针对性，不能简单地用"你真棒"代替。模仿可以是迁移他人的方法，将其行之有效的教学方法、层次清晰的教学过程迁移到自己的活动设计中。

2.学生"议课"策略

一是要明确观好课是议好课的基础。就一个完整的活动而言，观课是收集有关教育活动及其相关因素的材料；议课是对这些材料进行研究，以获得理性认识。议课可以促进教师专业素质和幼儿园教育教学质量的提高。

二是要提高对议课的认识水平。议课是观课者在观课后对该教育活动效果的评价以及对构成教育活动过程的各要素(教师、幼儿、环境、材料、内容、方法等)和活动效果做出的分析和评价。议课不光看"幼儿教师"如何执教,还要看执教效果如何,其中最主要的是评价幼儿的学习方式和学习成效,看目标达成度的高低。掌握议课技能、学会议课是幼儿教师参与听课、评课的必备的一项基本技能,也是展现自身专业素质的必备技能。

三是要遵循议课原则。议课对于执教者、听课者、议课者来说都是相互学习、相互借鉴的机会,必须遵循实话实说、友好交流、突出重难点、因人而异等原则。

四是要把握议课的内容。从活动目标、活动内容、活动准备、活动过程、教师角色、幼儿主体性发挥、活动效果等方面评议讨论,看诸方面是否符合幼儿园教育教学要求。

(二)观课议课指导

专业教师在观课议课中不仅仅是行为的示范者、先进理念的解读者和践行者,还应该很好地发挥专业引领的作用,在活动中扮演好多种角色。

一是要扮演好研讨资源发掘者的角色。专业教师要能对蕴含在教学现场中的值得研讨的资源予以较准确且充分的发掘,对值得肯定和发扬的优点要能说到以鼓舞人,对需要解决的问题要能说透以启迪人。

二是要扮演好"幼儿教师"话语的倾听者的角色。教师教学现场指导不是简单地将该教学现场所存在的问题的答案或值得发扬的成功经验直接告诉"幼儿教师",而是要借研讨这一平台去了解"幼儿教师"对此问题的看法。因为通过他们对所研讨的问题发表的看法,可以间接地了解"幼儿教师"发现与分析问题的能力以及现有的观念水平等,并据此进行有的放矢的指导。这在客观上需要教师在指导之前就应扮演好教师话语的倾听者这一角色。这一角色有助于克服教师"话语霸权"的陋习。倾听既为教师提供了话语表达的空间,还为整个教研的民主氛围营造提供了保障,同时也有助于教师发现"幼儿教师"身上的闪光点,实现教学相长。

三是要扮演好"幼儿教师"积极思考的激发者的角色。教师在观课议课中应尽量避免将问题的答案直接告诉"幼儿教师",而是应该积极鼓励和引导他们运用新的教育观念去思考问题,并尽量将自己对问题的看法"外显化",及时唤醒"幼儿教师"的成功经验,让"幼儿教师"积极地将经验迁移到新的问题中来,启发他们设身处地地思考遇到此类问题应怎样处理、为什么要这样处理等。观课议课指导的最终目的就是让"幼儿教师"学会独立思考。教师在指导过程中不能代替"幼儿教师"思考,应启发"幼儿教师"独立思考,成为他们积极思考的激发者。

四是要扮演好"幼儿教师"视阈融合的催化者的角色。由于观课议课者的知识水平、社会阅历、专业实践经验等方面存在差异,因此他们看问题的视角是不一样的。教研过程中必然会伴随着不同观点的相互碰撞,加之"幼儿教师"的思维特点及"局内人"的局限,使得他们很难做到使自己的视阈与他人很好地融合起来。这就要求教师在观课议课中要能根据实际情况,从"局外人"的视角和更开阔的视野,通过适当的点评等方式为"幼儿教师"间相互碰撞的观点提供一个视阈融合途径,成为教师视阈融合的催化者。

五是要扮演好专业引领的回应者的角色。观课议课的指导过程其实就是专业人员以问题为中心与"幼儿教师"互动的过程。教师要保证这一互动的质量，就必须讲究一些必要的互动回应策略。比如，在"幼儿教师"缺乏发现内嵌在教学现场的核心问题的能力、发言的"议题"过于零散、无法做实质且深入的探讨时，教师应站在较高层面将散点式问题有机整合成线索鲜明的议题；遇到关键问题时，有必要对"幼儿教师"所说的某一观点、概念或做出的行为做进一步的追问；"幼儿教师"提问过于草率、随意或看法肤浅时，可以委婉提醒他们；对于"幼儿教师"的提问很有价值，但依靠一两次观课议课解决不了的，可适当加工提炼，以留疑的方式作为大家今后继续思考研究方向。

总结：

第一，师生共同了解、熟悉模拟教学中"幼儿教师"的活动实施方案；

第二，"幼儿"积极互动，教师与专家评议团认真观课，做好记录；

第三，活动结束后，参与人员开展"2＋2评议"，"一课三研"活动不断延续。

附：观课议课实例

"幼儿园绘画活动设计与评析"课堂实录

（执教人：太原幼儿师范高等专科学校封小娟　记录人：太原幼儿师范高等专科学校董玉媛）

教学时间：2020.3.7上午8：30～9：15

授课教师：封小娟（太原幼儿师范高等专科学校教师）

教学对象：2018级学前教育系大专全体学生

教学方式：钉钉网络授课

教学过程：

一、课前热身

师：下面我们来欣赏几幅作品，这是我女儿4岁时在幼儿园画的日记画，大家能看懂吗？有什么发现？

我提示一下，这是当时她们的幼儿教师根据真实的事件生成的一个绘画活动。可以看出，我们活动设计的出发点很多，一部分是根据素材生成的活动，就像我们的教师资格考试；还有一部分是抓住教育契机生成的活动。大家看到的这个日记画就是我们常说的连环画，画的是什么呢？讲述了一件什么样的事情呢？

我来给大家解读一下，当时孩子是一幅一幅给我讲的，我把它记录整理下来了。

"峰峰可坏了，他老打人、骂人，还咬人，班上所有小朋友都被他打过。"大家看到的第一幅图是他们班上的一个很厉害的小朋友。大家要问：那这些水滴是什么啊？是小朋友的泪水。

"今天，我们刚摆好积木楼房，就被他一把推倒了。"这是桌子，这些几何图形代表的是积木。

"接着刘老师来了，批评了他，说他这样做不对。这时候，老师让我们去洗手吃饭，一个小朋友就喊：打峰峰。我们所有的人就一起打他。我挤也挤不进去，就在旁边喊加油加油。"

这就出现泪滴了，是峰峰的。峰峰坐在地上哇哇大哭。

接着，谁来了？刘老师听见了，说"住手"。

"刘老师让三个男孩罚站，还说'以后他要是再打人就告诉老师，老师来教育他，不能你打我，我再打你'。"

最后一幅画是我家孩子。她说："我听懂了老师说的话，要做一个不打人、不骂人的好孩子。"

这就是这幅连环画的所有内容，不知道大家看了、听了后有什么感触。

当孩子还不善于用语言和文字表达记录事情的时候，我们可以通过绘画这种方式来记录孩子的所感、所想、所见。因为这幅日记画，我家孩子对这件事情一直记忆犹新。它不仅促进了幼儿审美能力的发展，而且促进了幼儿思维能力、观察方式和社会交往能力等多方面的进步。因此绘画活动在整个幼儿教育体系中具有其他教学活动无法替代的意义。

二、新课讲授

师：我们现在一起走进今天的课题：幼儿园绘画活动设计与评析。这个课题的选择是为了帮助幼儿切实掌握设计绘画活动的能力。这节课我们将通过思辨、练习与评析强化大家的绘画活动设计能力。这也是我们这节课的重点。

（一）回顾

回顾一下上节课的内容：设计一个完整的绘画活动方案。回想一下设计过程，根据活动目标，通过内容这个载体来选择合适的活动方法，将这些方法衔接和串联起来，形成一个完整的活动过程。根据汽车素材，制定了三个活动目标，选择了几种活动方法，生成了活动过程的模板，这就是上节课的内容。

设 计 过 程

1. 喜欢参与绘画活动，乐意与同伴分享自己设计的小汽车。	情境游戏法	（一）激发兴趣，导入主题。 1. 引导幼儿发现原有纸盒汽车的问题。 2. 创设游戏情境：汽车设计师。
	对话交流法	（二）观察分析，启发引导。
2. 能够大胆想象，画出有创意的小汽车。	分层指导法	1. 展示部分设计图，引导幼儿观察它们在造型、色彩和功能上的特点。 2. 讨论交流，如何让自己设计的汽车受到大家的喜爱。
	操作练习法	（三）操作练习，巡回指导。
3. 了解汽车有各式各样的造型，知道不同汽车的造型特点。	观察分析法	1. 分发绘画工具和材料，幼儿独立作画。 2. 教师巡回指导，给予个别幼儿帮助和支持。
	讲解演示法	（四）展示交流，总结评价。 1. 展示作品，请幼儿介绍自己设计的汽车。 2. 评选出"王牌汽车设计师"。

（二）做——学生分享（1818班杜金利）

我们的作业是请大家创造性地完成这篇绘画活动的设计方案。布置这个任务后，我与1818班的杜金利同学进行了一周的交流与互动。我们通过QQ、钉钉、微信三个平台反复练习与指导，真正实现了教学相长。我们来认识一下杜金利同学，应该说杜金利同学不仅是同学们的"小先生"，也是我的"小先生"，我们碰撞出了不少火花，在这里向杜老师表示最诚挚的感谢。现在我们一起听听她的学习体验和收获吧！

杜金利：同学们，大家好，我是学前教育系1818班的杜金利，今天我想和同学们分享一下我和封小娟老师在网上交流的体验和收获。首先我觉得封小娟老师是一位非常认真、非常敬业的老师。每次我有问题去问她，她总能给我一种一点就通的感觉。从写教案到录视频，我的收获真的有很多。从一开始自己练习写教案，到老师指导后深入思考修改完善，我写教案的能力和试讲的能力都提高了很多。因为是第一次试讲，没有什么经验，封小娟老师会告诉我关于我的优点和缺点。她会指导我，录像中的提问应该是启发性的、可操作性的、有针对性的，为了达到目标而服务。希望同学们也可以在底下多多练习，自己尝试去试讲，亲身体验才会收获很多。最后希望同学们能成为一个合格的幼儿园老师，加油！

（三）研点——深入评析和学习

1. 活动名称和目标

首先我们看到的是她设计的"我喜欢的小汽车"，前面部分的设计原稿包括活动名称和活动目标，现在请同学们分析一下她的活动名称和活动目标有什么优点、问题或者可以提出什么样的建议，请大家在互动面板上写出设计得怎么样，有什么感受。

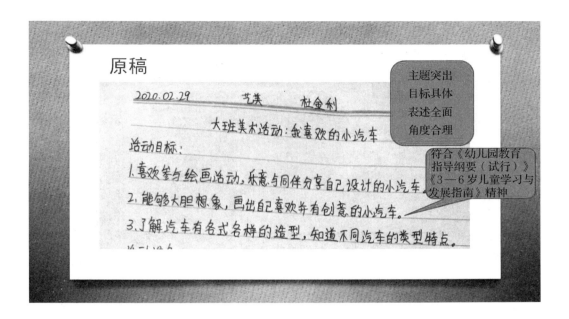

有同学说"名称不对，不够具体，格式不对"。我们说格式是要先把主题提炼出来，再写年龄班和领域，用括号、破折号都可以，实际上这样的活动名称的书写方式也是可以的。名称并没有一个严格规范的模式。我们只需把主题写出来，明确年龄班和领域就可以，至于格式并没有严格的要求。

我们再看看她的目标：三维目标都有，格式正确，第三点不够具体。你觉得应该怎样改更具体？大家提出了自己的观点和想法。

我们一起看看。活动名称必须有主题、年龄班和领域，这里都有了。目标呢，我们从第一节课就开始说活动目标如何表述、如何书写和制定。它得有三维角度，还需要具体、可操作，同时要从幼儿的角度去表述。我们可以看出还可以更好地修改这个活动目标，请大家积极地去反思。

不知道大家是否注意到，实际上这个模板和我们上节课设计的差不多，她加入了几个字"画出自己喜欢的"。金利同学很细致，这句话表达了自己的意愿和欲望，符合《幼儿园教育指导纲要(试行)》和《3—6岁儿童学习与发展指南》的精神，非常好。整体的设计主题比较突出，目标具体，表述全面，角度也比较合理。至于大家提到的第三个目标不够具体，希望大家下去进行深入的反思，看如何设计才能更好、更具体。

了解了这部分内容，可以看出，从第一讲开始讲目标一直到现在，大家对这个活动案例的活动目标有了比较深入的理解，我觉得这个部分基本过关了。

2. 活动准备

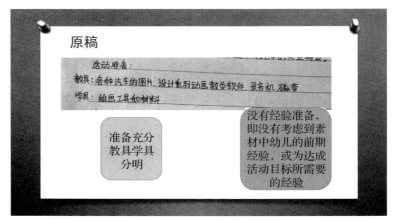

请 2 班和 3 班的 6 号同学在互动面板上对她的活动准备这一部分的原稿进行分析，这个活动准备设计得怎么样？我们看到设计了教具和学具，设计得完整吗？应该包括物质准备和经验准备。准备还是比较充分的，教具和学具分明，但是缺少经验准备，也就是未考虑到素材中幼儿的经验，或为达到活动目标所需要的经验。素材中提到了幼儿已经制作了纸盒汽车，这就是幼儿的经验，所以经验准备应该有所涉及。金利同学进行了修订，把它叫作物质准备，又补充了经验准备：幼儿制作纸盒汽车的经验。这样就比较完善了。

3. 活动过程

（1）开始部分的设计

她设计的是导入活动、引起兴趣。下面分"律动——我是汽车小司机"入场和"欣赏动画片——《马路上的汽车》"两部分，大家觉得设计得怎么样？

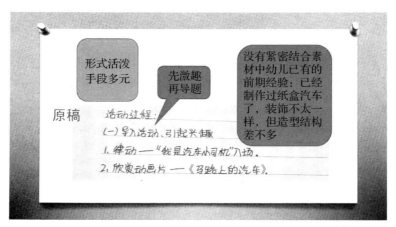

"不够具体，导入的方式没有说；格式不对；没有写清楚手段，用什么方法引导"。大家各抒己见。

我们来分析一下，首先关于格式，我们说必须层次分明，习惯上使用汉字"一"，然后是阿拉伯数字"1""2""3"……大家从网络上可以发现只要序号清楚就可以了。我们说括号汉字"一"也是可以的，二级标题设计成阿拉伯数字，这个大家从网络上看到层次分明就可以。

关键是我们看看她的形式，应该说她的形式比较活泼，手段多元。第一个是"律动——'我是汽车小司机'入场"，第二个"欣赏动画片——《马路上的汽车》"。值得肯定的是形式和手段多元。但是像大家提到的方法不够具体，到底如何做，我们要达到什么目的。尤其大家要考虑，我们说经验是幼儿已经制作过纸盒小汽车了，同样的今天还要画汽车，教师必须找到激发幼儿参与兴趣的价值和点，否则幼儿会说"我们都做过了，为什么还要画汽车啊？"我们应该激发幼儿绘画创作的内驱力，我们为什么要欣赏动画片，有什么意义呢？所以我们要进行改进。这里的表述也有问题，应该把兴趣放在前面，先激发兴趣，再导入主题。具体来说，没有紧密结合素材中幼儿的经验，即已经制作过纸盒汽车了：装饰不太一样，但造型结构差不多，怎么样激发啊？

我们看看金利的修订稿，这是第一次修订。

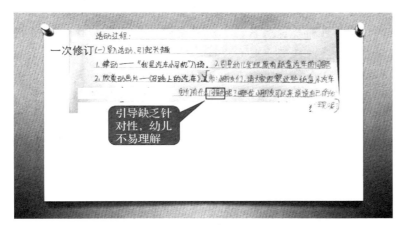

相对来说，这次修订具体了一些，但是有什么问题呢？大家看看"问题"两个字，如果指着幼儿的纸盒汽车说"大家看有什么问题啊"，这几个字难以让幼儿理解，所以"问题"这两个字缺乏针对性，不易于被幼儿理解。那应该如何引导呢？

我们看看第二次修订稿加入了什么。

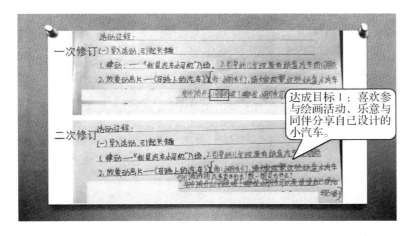

大家看她是不是在创设一种游戏情境啊？"你们以前制作的汽车被老师拿去卖了，但是卖不出去，想一想是为什么呢。"这样的设计就有意思了。我们说通过看动画片也好，制作汽车也好，幼儿会想为什么卖不出去。"显然我们看到的汽车造型和颜色都是多样的，但是自己制作的汽车没有创新，所以别人不想买。"如果幼儿还是发现不了，可以请一位代班教师配合扮演买家角色。比如，我是买家，我说"我经常拉货，你们制作的车厢不适合我拉货"的要求。想想为什么，"因为车厢不够大，没有封闭起来，所以我们设计的汽车如果想拉货，车厢要大大的"。"我想买一辆比较省油的汽车"，那设计的时候可以买充电汽车或者太阳能接收板汽车。还有幼儿说可以插上螺旋桨，插上翅膀。在游戏情境的激发下，幼儿是不是愿意参加这样的绘画活动呢？

大家的回复很好："这样的题幼儿理解不了。不够具体，没有操作性，没有激发幼儿的参与欲望是最关键的问题。"所以在游戏情境的激发下，我们通过这一部分的导入设计就会达成活动目标第一条的前半部分：喜欢参与绘画活动。可见，我们每个环节的设计都要与目标紧密联系，不能为达到活动目标而哗众取宠，不能为了形式活泼热闹而设计活动，我们一定要紧扣目标。

通过两次修订，导入部分就趋于完善了。

这时候解释一个问题，书写的时候有的使用"师"这几个字，有的是第三人称描述，到底用什么呢？实际上用第一人称或第三人称表述提问或是指导语、引导语都是可以的，但是忌出现幼儿的回答。某些网络和杂志上出现了师幼互动，大多为即时性的活动过程，即已经开展组织过的活动的记录。我们现在设计的活动是没有开展过的，如果预设了幼儿的回答，那么就等于限制了幼儿的思维和想象，所以不赞成在活动设计的时候出现幼儿的回答。

（2）观察分析和启发引导

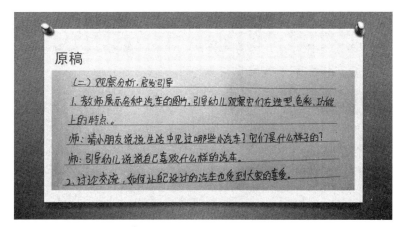

我们看看第二部分的设计有什么优点和问题。大家觉得第二部分设计得怎么样？我们听听1822班纪雨欣同学的看法和认识。

纪雨欣：大家好，通过对第二环节的思考，我发现她的优点是很明显的，那就是教师出示了各种各样的汽车图片。我觉得这样不仅会引起幼儿的兴趣，也可以帮助他们认识各种各样的汽车造型，同时也为他们下一步的创作做好了准备。再说一点建议就是教师在幼儿讨论交流如何让自己设计的汽车受大家喜爱后，可以选择不同小组的幼儿上台发言，让他们互相交流、分享和补充，从而更好地激发幼儿的想象力和创造力。在活动中，教师要对幼儿的信息做出及时的反馈，给予适当的回应。相信通过我们慢慢的整改，教案一定会越写越好的，加油！

大家如果仔细听雨欣的点评，就会发现她抓住了两点：第一点她比较赞成教师出示各种汽车的图片，为下一步创作做准备，帮助幼儿提高认识表象的能力；第二点她说要分小组讨论，还要请个别幼儿上台发言交流，互相分享他们的想象和创造，老师还要给予适当的指导。可见，每个同学的设计都有自己的想法和特色。我们常说教要有法，教无定法，贵在得法。所以只要你紧扣目标，设计活动是有效的，就值得大家鼓励。

我们看看大家的回答：幼儿的主体性比较明显，能够出示图片吸引幼儿的兴趣。所以我们看出这部分的设计有她的优点，也有她的问题。大家如果能够认真分析《3—6岁儿童学习与发展指南》，就可以知道能用多种工具、材料或不同的表现手法表达自己的感受和想象，是5~6岁幼儿美术的发展目标，也是大班幼儿表现与创造的活动目标；但前提一定是感受与欣赏，因为没有视觉形象的表象积累，就没有构思，更谈不上表象和创造。因此大家一定注意，这一部分一定是保证幼儿下一步创作的重点和关键，否则幼儿下一步的创作就无从下手了。

我们看看金利同学是如何修订的。这一部分是重点，也是难点。

她的优点是有观察、有发现、有讨论、有交流。看看她的问题，具体来说她突出重点的方法和突破难点的策略不够突出。大家仔细看一下，为什么我做出"提问无针对性"的判断，既然出示了各种汽车的图片，我们下一级要针对上一级的标题做出针对性的启发引导，但是她提出的问题和观察图片没有太大的关系，所以我们的提问引导语一定要有针对性，这一点应该更加具体一些；再来看第二部分，"如何让自己的汽车受到喜爱"，指导没有操作性，就像大家说的，怎么让自己设计的汽车受到大家的喜爱呢？应该有具体的方法。所以我们要结合观察有针对性地、由浅入深地设计提问，为达成目标服务。

经过一系列的反思，看看第一次修订稿。

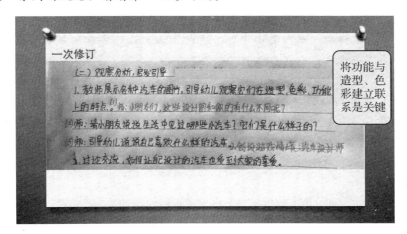

　　加了一句话，看看有什么？"师：小朋友们，这些设计图和你的有什么不同呢？"大家看，这里就把经验联系起来了。第二点加了一个"创设游戏情境：汽车设计师"。针对原稿，她有了一些具体化的设计。还是比较模糊，怎么做呢？"将功能与造型、色彩建立联系是关键。"大家时刻要牢记我们美术的核心要素是构思、造型、设色和色彩。到底以前的设计有什么问题，我们应该怎么改进，我们观察到的和我们设计的图又有什么不同呢？

　　我们看看第二次的修订稿，这次的修改变动是比较大的。

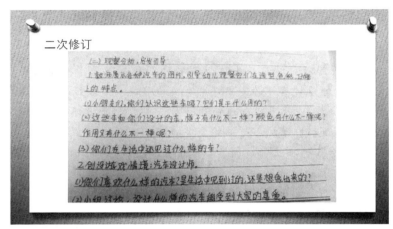

　　我关注到了金利同学非常关键的几个问题的设计，首先让幼儿比较图片上的车和自己看到的车有什么不一样；其次是关注到了她几个词的设计，"你们喜欢什么样的车，是生活中见到过的，还是想象出来的"。大家通过学习心理学可以知道，想象是一种特殊的思维方式，也是人脑对已储存过的表象进行加工和改造，形成新想象的心理过程。我们常说艺术来源于生活，这实际上给了幼儿引导：可以画生活中见到的各式各样的汽车，也可以画想象出来的汽车。所以我觉得第二次修订给了幼儿更明确的方向，启发幼儿创作出各种各样的自己喜欢的、大家也非常喜欢的汽车。通过一次次的修订，我们的教案也越来越能紧扣目标了。

　　第一部分，观察这些图片，引导幼儿发现它们的不同，达成目标3，了解汽车有各式各样的造型，知道不同汽车的造型特点。第二部分，你喜欢什么样的汽车……小组讨论设计什么样的汽车，集体构思，达成了活动目标2前面部分的内容，即能够大胆想象，为下一步画出有创意的小汽车做了准备。

　　角色互动、图形拼摆、教师适时介入等都是很有效的，如教师可以扮演买家和卖家，让幼儿了解购车需求；可以拼摆图形，用几何图形设计汽车的各个部分；可以拼合、变化、重组、改造来形成各式各样的结构；还可以进行适当地介入，就像刚刚说的，"老师想要会飞的汽车，你能设计出来吗？"引发幼儿的想象，为汽车安上翅膀、装上热气球或者按上螺旋桨都是可以的。但是要注意这个部分的设计一定要与科学活动相区分。

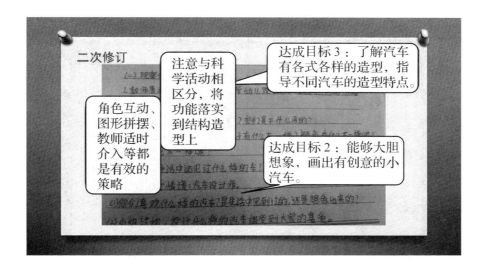

4. 操作练习，巡回指导；展示交流，总结评价；活动结束和活动延伸

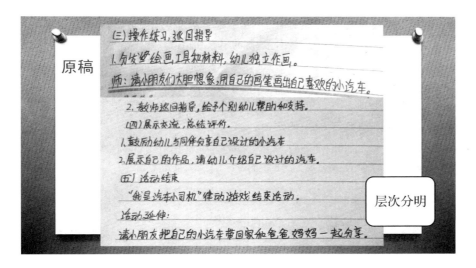

　　大家看看这个部分的设计，觉得她的优点和问题在哪里？请大家思考一下。

　　这个部分的设计还是比较完整的，看看她的优点是什么：层次比较分明，与前一部分启发、引导和观察相比，这部分较为次要。但是我们要注意的是，操作练习这一部分应该留给幼儿充分表现与创造的空间和时间。这一部分注意教师个体化的指导非常重要，也是要见功力的。但是鉴于没有真正的教育对象，这种经验需要大家步入工作岗位后慢慢积累。同时展示交流时要进行全员展示，个别讲解和前后呼应这一部分达成了活动目标 2 的后半部分：画出有创意的小汽车。这一部分在展示交流时，达成了活动目标 1 后半部分的设计：乐于与同伴分享自己设计的小汽车。最后强调的是我们要注意全员展示，个别讲评，并进行前后呼应。

我们看看金利同学的修改和完善。

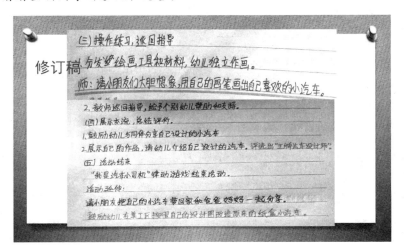

这个部分加了评选出"王牌汽车设计师",这是她的想法。我们可以进行互评,也可以投票,请小朋友选出自己认为最好的设计作品。最后的活动延伸也修改了:鼓励幼儿在美工区按照自己的设计图改造原来的纸盒小汽车。所以我们可以看到她进行了前后呼应,把经验和幼儿设计出来的作品进行了对比和设计,还进行了延伸,非常好。

(三)做——研点提升效果总结

至此,三条活动目标在我们的活动设计过程中基本都达成了,所以设计是有效的,这篇教案也基本达到了较高的水准。

现在我们看看金利同学的学习成果,活动名称和目标的原稿和修订稿几乎没有变动,这说明前面的学习效果还是比较好的。

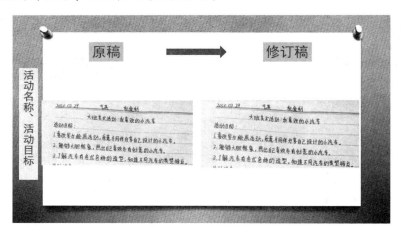

这是活动准备的原稿和修订稿,加入了经验的准备。

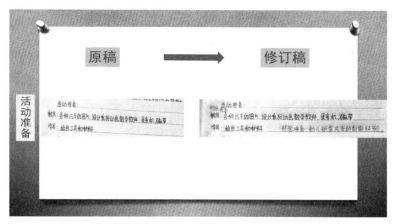

这是活动过程的开始部分，进行了一次修订和二次修订，越来越具有启发性。

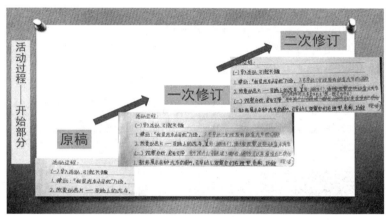

这是活动过程——基本部分的原稿、一次修订和二次修订，这个部分是重点，大家可以看到这个部分的改动是最大的。

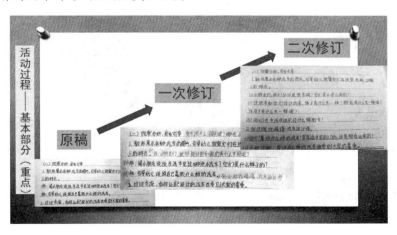

这是活动过程——基本部分和结束部分的原稿和修订稿。

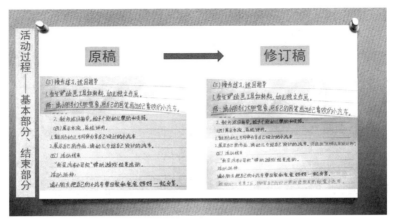

三、总结升华

通过对比，大家可以看到杜金利同学从第一次做、第二次做到第三次做经历了一个低难度、缓坡度的不断循环往复的上升过程。她的成长和进步是非常明显的，这样的学习进程也是我们学前教育倡导的"做—研—点—做"的教与学的理念和模式。首先是幼儿自己设计与练习；然后在练习的基础上小组研讨，同伴互助，也可以自己研究，积极反思，上网学习；接着教师进行专业指导和引导；最后，行为跟进，再次设计练习，把理论与实践紧密结合，循环交替，促进职业素养和职业技能不断提高。

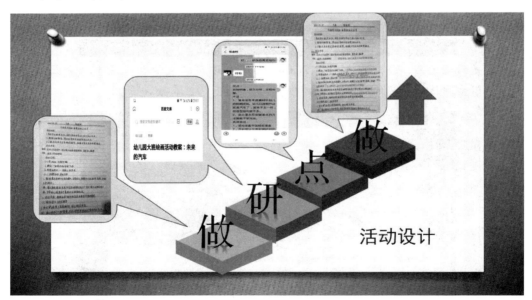

通过这样的学习实践探索，杜金利已经为我们精心打造出一节模拟活动课，等试讲的时候给大家播放。

四、课后作业

今天的作业改编自 2016 年下半年的真题，请大家设计大班美术绘画活动的方案。

　　这就是我们这节课的核心要素，请大家把这几个要素牢记心间。

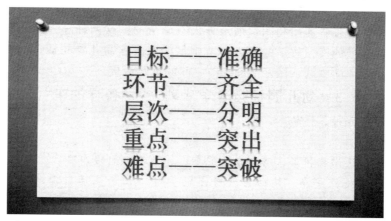

　　信念：最后把习总书记的话送给大家，也送给我自己：不忘初心，方得始终。我们都要牢记目标和使命，为了自己的幼教情怀和幼教理想，美人美己，为师为范。

三、课堂"三段"模拟流程

　　师生在明确模拟教学要求、观议优秀课例的基础上，实现由观议好的活动到设计好的活动，需要进行低难度、缓坡度的模仿实践，需要从知道是什么、为什么到怎么做的实践过程。

（一）课堂"三段"模拟练习

　　1. 第一段：开始部分

　　开始部分也称导入部分，是课堂教学过程的首个环节，也是教学组织的重要环节之一。通过导入环节的组织与实施，教师可以调动幼儿的经验，激发幼儿参与活动的兴趣，引出本次活动的主题。导入环节组织实施的效果，对幼儿参与活动的兴趣、注意力的集中程度以及幼儿经验的调动效果有着重要的影响。活动开始，教师要在短时间内集中幼儿的注意力，在现有知识和新知识之间建立关键联系，引发幼儿的兴趣和思考。第一要求语言表达正确流畅，生动形象，富有童趣，服装、表情、手势、身姿适切。第二要求方式多样，体现创新。学前专业的学生应掌握通用的方法和操作要点，以不同的方式进行相同的活动并保持新鲜感，使幼儿在有限的时间内保持专注，积极地参与活动。第三要求对象明确，突出主体。活动方式多种多样，但应结合幼儿的年龄特点、经验水平、个性特点。年龄越小，导入方式就越适合游戏风格、情境风格和文学风格。随着年龄的增长，导入应关注幼儿的内在动机、经验水平，注意指导和刺激。第四要求靶向导入，衔接自然。根据活动目标、活动内容，把握要点，简洁明快，一开始就将幼儿带入特定的情境，并与活动的基本部分自然衔接。

　　由于导入方式不同。因此教学过程的导入环节的设计也是多种多样的。在幼儿园社会教学活动"各种各样的车"的模拟教学的导入环节(见案例2—3)，教师给定同一目标，不同学生采用不同的导入方式进行设计。师生共同研讨。在此基础上，教师画龙点睛地点拨，达成第一层次的目标。如果完成还需修改，就进行第二层次的"做一研一点一做"，直到达到最后要求。在"各种各样的车"目标制定中，两组学生分别运用听声音游戏导入教学活动和图片展示导入教学活动。这两种导入活动的方式虽然不同，但是在学生的模拟教学的导入环节中都能够激起幼儿参与活动的兴趣，引出本次教学活动的活动主题，做好活动环节之间的有效衔接。

案例 2—3 幼儿园社会教学活动"各种各样的车"（片段）

活动名称：各种各样的车

年龄班：中班

活动目标：认识救护车、消防车和警车，并知道它们的作用。

教师播放有关救护车、消防车和警车的声音，让幼儿通过游戏听声音，辨别车辆。

——A 学生的教学活动导入设计

教师依次出示三种车辆的挂图，在出示挂图的同时以卡通人物"奇奇"的口吻介绍车辆。

——B 学生的教学活动导入设计

在日常的幼儿园教育教学活动中，依据导入设计选用的媒介不同，教学活动的导入主要包括语言导入、材料导入和动作导入三种。

（1）语言导入

语言导入是指在导入环节设计中，教师通过讲故事、谈话、谜语、儿歌等方式，运用语言表达和内容讲述，吸引幼儿注意力，激发幼儿参与活动的兴趣，进而引出本次教学活动的主题。教育教学活动的有效实施离不开教师语言的有效运用。语言的有效运用可以增进师幼之间的情感，吸引幼儿的高度注意，使幼儿有效地投入活动中。对于幼儿来说，不管是故事、儿歌还是谜语，教师有效运用语言，对幼儿有着很强的吸引力，能够激发并维持幼儿参与活动的兴趣，同时锻炼幼儿的思维力、想象力和语言表达能力。

在幼儿园健康教育活动"小牙齿，大作用"模拟教学活动中，"教师"通过运用有关牙齿的谜语导入教学活动，有助于激发"幼儿"参与活动的兴趣，调动"幼儿"的认知经验，发挥"幼儿"的想象，增强"幼儿"对牙齿的认识，进而引出活动主题。

（2）材料导入

材料导入指的是在导入环节的设计中，教师以幼儿的经验和活动目标为基础，借助一定的物质材料，如图片、手偶、模型、实物等，通过物体直观形象的呈现导入教学活动。

在幼儿园科学教育活动"沉与浮"模拟教学活动中，"教师"出示一系列能够沉下去和浮起来的实物操作材料，主要包括能够沉下去的钥匙、盘子、石头和能够浮起来的带盖子的小瓶、泡沫板、橡皮泥。"幼儿"看着眼前的一系列实物材料，参与活动的兴趣高涨。在情境创设的引领下，"幼儿"积极地投入"沉与浮"的活动探索中。由于幼儿的思维具有具体形象的特点，因此，在幼儿园的教育教学活动中，教师经常采用物质呈现的方式导入教学活动，可以有效调动幼儿学习经验，为后续探索活动的开展奠定基础。

（3）动作导入

动作导入指的是在幼儿园教育教学活动中，教师借助动作，如手指操、游戏互动等，通过与幼儿进行互动，激发幼儿参与活动兴趣的同时，引出本次教学活动的出题。由于幼儿具有好动不好静的特点，因此，动作互动也是幼儿园教育教学活动中经常用到的方式，有利于幼儿参与互动，感受教学主题。

爱玩儿是幼儿的天性，游戏是幼儿的基本活动。在幼儿园音乐教学活动"何家公鸡何家猜"模拟教学活动片段中（见案例2—4），"教师"在谈话的基础上，调动"幼儿"的日常生活经验，进而通过猜拳游戏（剪刀、石头、布），激发"幼儿"参与本次音乐教学活动的兴趣，让"幼儿"感受音乐教学的内容，初步感知歌曲。

案例 2—4　幼儿园音乐教学活动"何家公鸡何家猜"（片段）

师：大家玩过猜拳游戏吗？

幼：玩过剪刀石头布的游戏。（幼儿争先恐后地说）

师：那让我们一起来玩吧。（一起玩几次剪刀石头布的猜拳游戏）

师：是的，我们平时是这样玩猜拳游戏的。但是，今天老师有一种新的玩法。请小朋友们看我是怎么玩的。（教师只做动作玩一次）

师：咦，我是怎么玩的呢？

幼：老师玩儿的时候不是说"剪刀石头布"，而是其他的一些话。真好玩！

师：是的，说明小朋友看得很仔细。那我在什么时候出拳呢？老师再来玩一次，仔细看好。（教师边念歌词边做动作玩一次）

幼：在说完"咕咕咕"的时候才要出拳。

师：真棒！那就让我们一起来玩这个新的猜拳游戏吧！

——幼儿园音乐教学活动"何家公鸡何家猜"导入实录

表 2-3　开始部分方法列表

种类	方法	措施	操作	实例
语言为中介	文学引入	讲故事、猜谜、儿童诗歌等	选择的文学形式应适合幼儿年龄和经历	可以用"妈妈在哪里"的故事方式来介绍科学活动，即青蛙的生活
	悬念引入	设置问题或悬念，可以问自己，也可以请学生和教师回答	1. 问题的设置应符合幼儿的认知水平 2. 问题应令人振奋、有趣且分层 3. 问题很明确，指向某些问题	教师组织"食物去哪"的科学活动时，这样提问：我们每天必须吃一些食物，食物去了哪里？这样一个简短的问题引起了幼儿强烈的好奇心

续表

种类	方法	措施	操作	实例
语言为中介	回忆引入	可以回顾过去，引出相关主题	1. 可以通过多种方式来回忆经历，如提问、提示、打手势等 2. 运用多种渠道丰富经验	在活动之前，教师首先问曾经玩过这种游戏吗。开放式的问题鼓励幼儿积极回答，教师在幼儿回答的基础上引出主题
	直接引入	直接开始	1. 注意营造良好的情感氛围，避免单调 2. 目标和内容的制定要适当	今天，老师要讲一个故事，听听故事中的小女孩发生了什么"可怕"的事情
材料为中介	工具引入	显示图片、物体、模型、样本等	1. 适当选择材料并考虑尺寸和数量 2. 优先考虑视觉效果 3. 介绍材料，注意语言表达	教师展示神秘的小镜子，激发幼儿自我反省，以找到自己的五种感官
	情境引入	使用图片、音乐、故事表演等来创建适当的场景	1. 这种情况应接近幼儿的生活 2. 注意时间安排 3. 情境设计要联系幼儿的生活场景。活动的内容要有真实性，而不是牵强的	在教歌曲《失落的小花鸭》之前，教师用木偶来表现这只小花鸭走失后的焦虑。小花鸭的出现引起了幼儿的情绪共鸣
动作为中介	演示引入	示范实验、辅助教学、示范表演、多媒体播放	1. 正确处理材料 2. 演示目标的内容 3. 不要花太长时间 4. 结合示范和解释	在中班"磁铁具有魔力"的科学活动，教师使用魔术的方式来导入磁铁。教师向幼儿展示了一个木偶："我能让这个小矮人独自在桌子上跳舞，你们相信吗?"（教师在桌子下面操作磁铁，让小矮人来回移动)在幼儿的好奇心的驱使下，教师展示了磁铁，揭示了奥秘并介绍了主题
	游戏引入	语言游戏情境、音乐游戏情境、表演游戏情境等	注意引发幼儿的兴趣	伴随着音乐，教师带领幼儿"开火车"进入，钻钻山洞(蹲走)、爬爬大坡(踮脚尖走)、跨跨大桥(跨步走)、快开疾行(小跑步)、进站停车(站立)，完成健康活动的初步导入和热身

2．第二段：基本部分

基本部分是幼儿园教育教学过程的主体部分，也是完成活动目标的重点部分；主要是教师通过一定的教学组织形式、手段，组织幼儿在活动中主动学习、获取知识经验；也是教师突出重点、突破难点、完成教学目标的关键环节。基本部分的设计与组织实施的效果直接关系到整个教学活动的成败。因此，组织学生进行基本部分的模拟实践非常关键，一般采用展示和演示活动。要使活动发挥丰富幼儿的感性经验和激发幼儿的思考能力的作用很难。学前教育专业的学生必须具有科学的认知能力和有效的内容呈现策略。

（1）围绕目标，突出重点

文学活动"老鼠娶亲"中，为了让幼儿理解并熟悉故事的内容和角色的关系，教师选择运用图片讲故事、使用课件梳理角色、典型句子我问你答等环节呈现内容，运用了图片、多媒体、扮演角色、设疑对话、情景再现等形式，使幼儿了解故事的过程和线索，学习到"你是不是最强的新郎？我能……我当然是最强的新郎"的典型对话。如何突破理解和体验传统民俗的难点呢？教师选择情景再现和角色扮演的方式，让幼儿在"抬轿拜堂"游戏中巧妙地结合音乐，在儿歌诵读轻松的节奏中创造性地再现故事情节，实现了目标。

（2）循序渐进，环环相扣

内容呈现应符合幼儿心理认知特点，由浅入深，层层递进。小班社会活动"抱抱太阳"的核心目标是"能适应冬天的天气，愿意将温暖传递给好朋友"。活动内容首先是通过第一环节"晒晒太阳"让幼儿感受温暖；其次是通过第二环节"感受温暖"让幼儿互动，感受温暖的传递；最后通过第三环节"传递温暖"让幼儿为更多的人传递温暖。在这个过程中，幼儿的游戏兴趣不断被激发，教师充分实现了内容的有序递进、自然衔接。

幼儿园教育教学活动环节的过渡设计是一门艺术。如何设计和组织实施好过渡环节，需要综合考虑以下几点。首先是要考虑活动环节的设计、组织与教育教学活动目标之间的关系。从活动目标出发，某一环节主要实现哪一目标。其次是要考虑教学活动环节之间的关系，环节与环节之间如何设计才能在围绕活动目标的基础上具有层次性，起到承上启下的作用。最后是要考虑环节设计是否具有逻辑性，是否符合幼儿的认知特点；活动环节的设计是否能够激发幼儿积极主动参与活动，使幼儿获取知识和经验，达成活动目标。

比如，教师创设"我最喜欢的动物"的讨论情境，同时以幼儿的角色参与幼儿之间的讨论，引出下一活动环节"听听小动物的悄悄话"的活动主题，激发幼儿参与活动的兴趣。教师通过设计环节之间过渡语言，创设对最喜欢的小动物的讨论情境，将幼儿很自然地引入"说悄悄话"的情境中，既尊重了幼儿思维具体形象的特点，又注重了幼儿学习发展的"最近发展区"，注重幼儿思维的连贯性。

又如，在"想想怎样玩得好"这个活动中，教师在活动前先做好活动环境的创设，在活动场地的中间摆放好几个拱形门，引导幼儿随着背景音乐自由地玩"钻山洞"游戏。待音乐结束后，教师组织幼儿谈一谈自己玩"钻山洞"这个游戏的感受。当幼儿谈到玩游戏秩序很乱，有小朋友插队、推挤等情况时，教师及时引出游戏中规则的重要性，顺利过渡到下一环节"我给游戏定规则"。通过游戏的方式引导幼儿先自由玩游戏，在玩游戏过程中发现问题，进而引导幼儿解决问题，运用纠错策略进入活动的下一环节。

（3）增强吸引力，不断探究

如果幼儿对呈现的内容只是被动跟随、不思考的话，那么活动本身也就失去了意义。比如，大班科学探究活动"奇妙的手影"，教师通过引导幼儿猜手影，使幼儿感受到了影子的多样性，探索了影子形成的条件。在此基础上教师引发幼儿思考为什么会有这么多不同的影子，在幼儿讨论思考后再做小结。接下来通过放手影录像丰富了幼儿的手影经验，新的挑战接踵而至：怎样让影子变戏法？幼儿在反复猜测、试验、验证的过程中感知到了不同角度、距离的光照产生的影子的不同变化规律，最后联合应用演皮影戏。幼儿因不断被开启"最近发展区"而兴致盎然。

在学前教育专业学生的模拟教学实践活动过程中，学生会通过提问、创设游戏情境等方法设计模拟教学活动，可以看出学生已经有了与幼儿进行互动的意识；但是从模拟教学的组织与实施的过程来看，学生的模拟教学活动存在效果欠佳的现象。究其原因，一是提问过于封闭，不具有开放性，在很大程度上限制了幼儿思维，导致活动受限。例如，"这样做好不好？""这样做对不对？"二是教师对幼儿的回应单一，缺乏灵活性。大部分学生在模拟教学中，对幼儿的回应用"真棒""对""你说得真好"等简单的话语一带而过。从互动的表面来看，师幼关系和谐；但是深层次分析时就会发现，这样的师幼互动缺乏有效的支撑，教师对幼儿的表扬不具体、很宽泛。三是不会创设活动情境，对幼儿管控过高。这种做法导致在幼儿参与游戏时虚假成分多，缺乏真正意义上的互动。例如，在幼儿园美术教育活动"多彩的面具"的模拟教学实践中，教师给幼儿提供人手一个纸盘、各种各样的废旧材料。教师先是通过展示自己制作的面具，介绍面具制作材料之后，简单地对幼儿提出制作面具的操作要求，便以"看谁做得不一样"这样一个简单的问题情境引导幼儿制作。

基于此，在模拟教学实践练习中，教师应该引导学生将活动的关注点从关注教师对活动的组织，逐步转移到关注幼儿参与活动的情况。一是切合幼儿原有水平，达到"最近发展区"。《幼儿园教育指导纲要（试行）》指出，幼儿园教学内容的选择应该遵循"既适合幼儿的现有水平，又有一定的挑战性；既贴近幼儿的生活来选择幼儿感兴趣的事物和问题，又有助于拓展幼儿的经验和视野"的原则。二是教师应该更多地关注幼儿的反应，要能够及时从幼儿的反馈及表现中灵活调整教学活动，进而反思自己的教育行为。在师幼互动过程中，当幼儿的答案出现了更有价值的关注点时，教师应该给予鼓励和表扬；当幼儿的回答不正确或欠缺时，教师应该及时进行改变提问方式或者进行追问，帮助幼儿在理解问题的基础上再次思考、回答。三是注重幼儿主体，激发师幼有效对话。在幼儿园音乐教学活动"小蝌蚪找妈妈"的模拟教学中（见案例2—5），教师过于注重自己教学流程是否完整，为教学而教学，对于幼儿的回答与感受视而不见，没有立足幼儿的需求进行提问，也没有对教学活动的组织进行随机应变，导致幼儿参与活动的兴趣渐无，由刚开始充满好奇心、热情高涨到表情茫然再到毫无兴趣，使得师幼互动低效甚至无效。

案例2－5　幼儿园音乐教学活动"小蝌蚪找妈妈"（片段）

（教师出示小青蛙头饰）

师："看，现在我戴上小青蛙的头饰了，大家觉得老师是谁？"

幼："小青蛙。"

师："不对！不对！比小青蛙还要大的是什么？"

（幼儿一脸茫然，默默地看着老师）

师："其实我是青蛙妈妈。"（幼儿一脸无所谓的表情，平淡无奇）

（青蛙妈妈带领一群小青蛙随音乐做青蛙跳的动作进入活动室的座位）

师："老师今天还请来一只蝌蚪到咱们班做客，大家觉得它会是什么样子的呢？"

幼："黑黑的、水里游的"……

师："不对，认真听我弹琴，一会儿会告诉你。"

（教师边说边转身，坐在钢琴前弹奏音乐开场旋律）

师："歌曲弹完了，大家听到它是什么样的蝌蚪了吗？"

（幼儿不出声，个别幼儿重复着刚才自己的回答）

师："小蝌蚪长大以后会变成什么？"

幼："青蛙。"（个别幼儿用很小的声音回答）

师："所以这是一只找妈妈的蝌蚪。"

（4）要直观形象，方法多样

内容呈现的方式可以是画面的、实物的、实验的、动作的、情景的、问题的、多媒体的等，应根据活动目标灵活运用。上面"手影"的例子就分别体现了实物（手电筒）呈现、问题呈现、多媒体呈现、再次实物呈现并让幼儿成为内容呈现的主人，提前带着问题完成内容呈现，方式灵活多变且直观适切。

（5）关注全体，照顾个别

教师如果能关注和尊重幼儿发展的差异，就会丰富内容呈现的方式。例如，在"跳过一定高度"的体育活动中，运用不同高度的牛奶罐、奶粉罐、薯片罐的捆扎材料设置三道障碍的方式，巧妙细致，满足了幼儿的全面发展与个性发展的需要，践行了因材施教的教育原则。

3. 第三段：结束部分

好的教学活动必然有三个特点："虎头""猪肚""豹尾"。"虎头"指开始栩栩如生、生动吸引；"猪肚"指过程的容量大；"豹尾"指结尾部分画龙点睛。良好的结尾既是完整活动的有机组成部分，也是对新活动的巩固归纳或迁移延伸。

第一要根据类型定方法。把握结束活动的方法与活动类型的一般联系，如美术活动常以作品展示方式结束，音乐和语言活动常以情境表演方式结束，科学活动常以游戏、操作练习法结束。第二要不为结束而结束，充分思考自然连贯、动静交替、延伸整合的操作方式。例如，大班科学活动"有趣的报纸"，考虑到主体部分已经体现了操作、演示法，结束时教师可以将活动场地延展到户外，通过"怎样让胸前的报纸不掉落"的悬疑设计，自然导入轻松的户外游戏，起到梳理建构、强化总结的作用。注意结束环节设计具有开放性和启发性，注意活动延伸的适度性和可行性。例如，幼儿园社会教育活动"我长大了"，对于小班幼儿来说可以将活动延伸至家庭，要求小班幼儿回到家中帮助爸爸妈妈做家务；对于大班幼儿来说可以延伸到谈话活动，谈一谈未来的自己。中班幼儿以"玩锁"为主题，先后进行了"认识锁——尝试开锁——了解特殊用途的锁"的环节组织。考虑到前一环节是通过录像及图片的方式呈现的，结束时安排"畅想发明新锁"，问题开放，与前面的环节自然衔接。

（二）课堂"三段"实践方式

1. 模仿：观与摩，议与模，模与学

学前教育专业模拟教学活动的实践是在学前教育专业学生对学前教育专业理论课程学习基础之上开展的。对于没有幼儿园一线经验的学前教育专业学生来说，在进行模拟教学活动之前，对幼儿园真实的教学活动案例的整体感知就显得非常重要和必要了。幼儿园优秀课例观摩活动对于学生来说是获取间接经验的最直接的途径；同时在对优秀课例观摩学习的过程中，在同学之间、师生之间进行相互学习、共同交流的过程中，可以很大程度上提升学生的教育活动的设计与组织能力。"观"从字面意思来看就是看，"摩"有研究和切磋的意思。因此，幼儿园优秀课例观摩不是简单地观看和模仿练习，而是通过教师组织学生观看幼儿园优秀课例，通过观课议课，带领学生进行深层次的思考，领会教师教学设计意图，边观摩边梳理教育教学活动的组织与实施思路，在整体掌握活动设计结构的基础上进行活动的重构，提出自己的活动重构方案，然后进行模拟教学实践的过程。

学生通过前期对学前教育专业理论知识的学习与对幼儿园优秀教学案例的观摩、评议，达到理论知识与教育教学实践技能双重学习的目的。在学前教育专业学生的模拟教学活动中，在完成每次相关教学理论知识的教学之后，教师应及时组织学生观摩幼儿园优秀课例，加以研讨与实践。在观摩中，学生感受幼儿园优秀教师在活动组织与实施中的语言、形态，归纳、领悟教师的活动组织方式以及在活动过程中运用的教学技巧。在优秀课例观摩学习结束后，教师应组织学生尝试模仿优秀课例教学。

此外，组织学生有目的、有计划地观摩幼儿园优秀教学课例，也有助于学生发散性思维的形成，引导学生进行同课异构。即针对同一个主题，在观摩优秀教师的教学设计、教学组织与实施之后，思考如果换作由自己来设计所观摩的活动，又将会怎样去设计；在幼儿园优秀课例中，教师所选用的教学方法是否可以运用到其他相关的教育教学活动中。通过对幼儿园优秀教师素质的综合分析，提炼成为一名优秀幼儿教师应具备的素质与能力，以此为标准来反思自己的活动设计、组织与实施，通过对比发现自己教育教学活动过程中的不足，并加以改正。观看优秀幼儿园课例作为学生直观的学习途径之一，除了教师在课堂上有目的、有计划地组织学生观摩学习之外，学生也可以利用课余时间自发地、有选择地进行观摩学习。因此，学前教育专业理论知识的学习与幼儿园优秀课例观摩活动相结合是提升学生教育教学能力的有效途径。

案例2-6　幼儿园美术教学活动"小手的梦想"

（执教人：太原煤气化一幼王海霞；评析人：太原市教研科研中心杜冰）

【活动缘起】

《3-6岁儿童学习与发展指南》提出：幼儿的艺术感受是被周围环境或生活中美好的事物或艺术作品吸引，从感知出发，以想象为主要形式，以情感的激发为主要特征的一种艺术能力。这就要求幼儿教师在艺术活动中，将幼儿自身和与其紧密联系的事物作为载体，挖掘幼儿审美感受与艺术创造的价值。大班幼儿的思维能力迅速发展，好奇心、求知欲增强，且掌握了一定的美术基础知识和技能。他们特别喜欢也有能力进行一些创作活动。美术活动"小手的梦想"就是以幼儿非常熟悉的小手为媒介进行想象创作的，符合大班幼儿的年龄特点。

【活动目标】

能够根据简单图像进行联想，大胆创作想象画。

【活动准备】

1. 手的创意图片欣赏PPT。

2. 手影大师视频。

3. 各种彩色圆形底纸若干（为不同需求的幼儿提供不同的材料）。

4. 勾线笔、水彩笔、刮棒、晶晶笔。

5. 手电筒。

6. 各种图片。

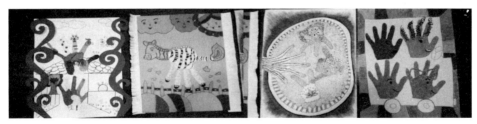

7. 大背景图一张。

【活动过程】

一、欣赏作品，互动交流，引出主题

1. 播放音乐《我和你》，引导幼儿跟随教师做手部动作，进入活动场地。

2. 出示图片，引导幼儿发现"小手作品画"。

小手变成大海、斑马等事物，让幼儿想象。

（设计意图：通过创设拟人的情景，结合范例作品，激发幼儿进入想象创造的世界）

二、创设情境，师幼互动，深化主题

（一）观看视频，发散创作思维

（二）创设情境，尝试手影游戏

1. 将手电筒打到贴在黑板上的白纸上，创设手影情景。

2. 请一名幼儿用手摆出一个造型，另一名幼儿将他的手影在白纸上描画出来。

3. 请幼儿大胆猜想每组幼儿表现的形象。

（三）师幼互动，深化活动主题

1. 请两名幼儿上来玩手影游戏，把他们创造的手影描画出来。

2. 教师添画，深化作品主题。

教师可以在幼儿的作品上添画几笔，扩展幼儿的思路，让整幅作品显得更加完整、美观。师幼共同创作出一幅完整的画面。

【小结】

看来我们的手还真灵巧，可以创造出这么多有趣和美妙的图画。

（设计意图：通过鲜活有趣的手影视频，在幼儿积累丰富感知经验的基础上，引导幼儿通过亲身操作，发散想象思维，为下一步作画提供有效的经验）

三、幼儿想象作画，教师巡回指导

（一）提供作画材料，激发幼儿的作画兴趣

让幼儿用各种笔画手影，帮他们实现更多的梦想。

（二）创设音乐情绪，提出作画要求

创作之前，提出规则：当音乐停止时请把笔帽盖好，并把自己的作品快速粘贴在这张背景图上，我们大家一起来欣赏作品。

（三）幼儿大胆想象，听着音乐作画

1. 教师重点指导不会画的和不敢动手画的幼儿，鼓励幼儿大胆作画。大屏幕上滚动播放范画，激发幼儿的想象。

2. 创作过程中，即兴欣赏1~2名幼儿的作品，扩宽幼儿的想象空间。

（设计意图：以音乐为背景，为幼儿的绘画创作插上想象的翅膀。因材施教地指导，可以增强课堂的效果，保证幼儿作品的质量）

四、展示幼儿作品

（一）幼儿自评

最喜欢自己作品的哪一部分？

（二）他评

幼儿互评，说出喜欢的部分。

（三）师评

教师从构图、线条和想象力上给幼儿以鼓励评价，并提出改进方向。

（设计意图：多元的评价能有效提高幼儿对艺术的审美和鉴赏能力）

评析：

教学活动亮点很多，主要表现在：一是活动中提供的视频和材料符合大班幼儿的特点，抓住了幼儿的心理，激活了幼儿的思维，引发了幼儿的想象；二是教师注意了活动中的留白，有充分的创作时间与空间，使幼儿能创作出各美其美、富有新意的作品。

首先，在活动开始时，紫光手影和手影大师的专业表演极具美感和创意，使幼儿在活动一开始就被吸引，产生创造的欲望。其次，范例多样化，启发了幼儿的创作思路，不仅提供了几十张PPT，还在教室中张贴了简单的范例，供能力稍弱的幼儿参考，体现了因材施教。最后，范例提供恰当，能引导幼儿适当模仿。为防止幼儿机械模仿，范例提供仅供欣赏，教师不进行任何讲解和说明。PPT和纸质范例只是作为一种背景呈现，为还没有思路的幼儿提供参考。如何关注幼儿差异，使每名幼儿都能保持注意和兴趣，动手创作自己满意的作品，达到自己的"最近发展区"，这个问题仍然值得认真推敲。

案例2－7　幼儿园数学教学活动"夹夹子"

（本活动方案由杏花岭区第一幼儿园教师张俊丽设计，

山西省特级教师王晓梅提供）

【活动缘起】《3－6岁儿童学习与发展指南》提出："要让幼儿在生活中感知数学的有用和有趣；利用生活和游戏中的实际情境，引导幼儿理解数概念。"它强调在活动中通过直接感知、亲身体验和实际操作理解数的抽象关系，逐步发展逻辑思维。小班幼儿好动、好奇、好问，形象思维决定了他们的认识很大程度上要依赖行动。他们的身体和手的动作逐渐灵活，愿意尝试各种精细动作，大脑调节控制能力也在增强。针对小班幼儿的年龄特点，开展本次活动。

【活动目标】

1. 感知6以内的数，理解数字6的实际意义。

2. 在游戏中练习按数取物。

3. 在夹夹子的过程中体验数学的重要性和趣味。

【活动准备】

1. 经验准备：幼儿对5以内的数有初步感知。

2. 物质准备：PPT、夹子若干、动物图片若干、自制房子（上面写有数字）。

观摩实录

【活动过程】

一、讨论夹子的用途，激发幼儿的活动兴趣

教师出示塑料夹子："夹子可以用来做什么？"

幼1："夹子可以夹衣服。"

幼2："夹妈妈的头发。"

幼 3："爸爸在家用夹子夹书。"

幼 4："还可以夹我们画的画。"

师："原来夹子的本领这么大，请大家在小椅子的下面取出小夹子，今天我们就来和小夹子做游戏。"

（设计意图：开门见山，调动幼儿的经验，增强幼儿对夹子的兴趣）

二、游戏"听音乐夹夹子"，巩固感知 5 以内的数

（一）教师介绍游戏玩法。

师："音乐开始，请小朋友在自己身上夹夹子，一边夹一边数，音乐停时我们就停下来。"

（二）幼儿游戏，感知 5 以内的数。

教师放 PPT 中《熊出没》主题曲，幼儿开始夹夹子。教师请个别幼儿上台，带领全体幼儿一起数夹子数量。

师："×××，你们把小夹子夹在什么地方了？"

幼："夹在衣服上了。"

师："好漂亮啊！我们一起来数数×××小朋友身上夹了几个小夹子。"

师幼："1——2——3——4，夹了 4 个小夹子。"

师："×××小朋友，你来说一说你夹了几个夹子。"

幼："3 个"。

师："小朋友们，大家看看他把夹子夹在什么地方了？"

幼："衣服领子上。"

师："大家看看×××小朋友把夹子夹在哪里了？"

幼："裤子上。"

幼："老师，我的夹子夹在鞋上了。"

幼："我把夹子夹在头发上了。"

幼："老师，我的小夹子夹在了口袋上了。"

师："大家一起来数数×××小朋友的裤子上夹了几个夹子。"

师幼："1——2——3——4——5，一共夹了 5 个夹子。"

师："你夹了几个夹子呢？我们一起用手指点着数数吧！"

幼："1——2——3——4，1——2——3……"

师："夹夹子的游戏真好玩，接下来音乐响起时，我们要把夹子送回家，送一个，数一个。"

（设计意图：《熊出没》是幼儿喜欢的音乐，游戏中伴随音乐，能营造出欢快的氛围，提升幼儿的兴趣，从而进一步在游戏中提高幼儿数数的能力）

三、感知 6 以内的数，练习按数取物

（一）练习 6 以内的按数取物

播放 PPT，出示数字。幼儿根据教师课件上的数字依次在自己的衣服上夹相应数量的夹子。

师："夹子游戏真有趣，猜一猜还有谁会和小夹子做游戏呢？"

师："数字宝宝也来了，请小朋友伸出手指，一起说'数字宝宝变变变'，变出谁来了？"

幼："5。"

师："请你来夹5个夹子，一边夹一边数。请夹好的幼儿点数验证。"

师："我们再来一次，看看这回变出几。"

师幼："数字宝宝变变变。"

幼："老师，这次变出了4。"

师："那这次我们要夹几个夹子呢？"

幼："4个。"

师："数字宝宝变变变，看看谁来了，应该夹几个夹子？"

师："我们再来一次，看看这回变出几。"

(二)6以内的数量匹配

师："除了数字宝宝，还有一些小动物也来了，你们猜猜会是谁呢？"

教师播放课件中的声音："是谁来了？"

幼："小鸡。"

师："数数有几只小鸡？"

幼："有4只小鸡。"

师："请你把数字宝宝4找出来。"

幼儿上前触到白板上的数字"4"，数字4逐渐放大。

师："你真能干！"

师："接着会是谁呢？"

幼："是小蝴蝶。"

幼："5只小蝴蝶。"(幼儿还做出蝴蝶飞的样子)

幼："是6只。"

师："那我们请一名小朋友上前数一数。"

幼儿上前点数，并找出对应的数字。

(设计意图：动态动物的出现吸引了幼儿的眼球。请幼儿说出动物的数量并上前点击相应的数字。点击正确后，数字由下至上，并突出显示。在这里，多媒体教学以静化动，使幼儿产生了新奇感，有效激发了幼儿的学习兴趣)

(三)理解数字6的实际意义

师："还有两种小动物也来了。小朋友自己数一数，有几条小鱼，几只小乌龟。"

幼："有6条小鱼。"

幼："有6只小乌龟。"

幼："它们都是6个。"

师："它们可以用数字几来表示呢？"

幼："6。"

师："原来6条小鱼、6只小乌龟都可以用6表示，请小朋友想一想6还可以表示什么。"

幼："6个苹果。"

幼："6个小朋友。"

幼："6棵大树。"

幼："6座房子。"

师："原来所有数量是6的物品都可以用6来表示。"

（设计意图：本环节从按数取物，到数物对应，再到理解数的实际意义，设计环环相扣，结合多媒体技术的应用，使幼儿感知到了数学活动的有趣）

四、游戏"给小动物夹夹子"，幼儿操作巩固

幼儿自选小动物，按照数字在小动物身上夹相应数量的夹子。

师："这里还有许多小动物，这是谁？（出示长颈鹿的图片，长颈鹿的腿是用夹子来替代的）小夹子可以给它做什么？"

幼："做长颈鹿的腿。"

师："小朋友说得非常好！（教师出示小刺猬和狮子）小夹子可以给它们做什么？"

幼："小刺猬身上的刺。"

幼："狮子头上的毛。"

师："请小朋友到后面的桌子上选择自己喜欢的动物，看到它身上的数字是数字几，就给它夹几个夹子。"

（设计意图：幼儿选择自己喜欢的小动物，利用夹子给小动物夹出腿、翅膀等，根据动物身上的数字夹相应数量的夹子，用感兴趣的方式巩固了6以内的数字）

五、活动延伸——"送小动物回家"

请幼儿根据所夹夹子的数量将小动物送回相应数字的家里。

小椅子上粘贴好房子的图片，6座房子上分别写有1~6六个数字。

师："小动物要回家了，我们找找它们的家在哪里，请大家把小动物送回家。"

师幼共同验证小动物是否回对了家。

"幼儿教师"自评：本次活动的材料夹子非常普通，是幼儿在生活中常见的物品，可操作性强。幼儿也非常喜欢玩夹子。活动中我根据小班幼儿的年龄特点，在游戏情境中运用多种方法开展活动，引导幼儿从生活和游戏中感受事物的数量关系，体验数学的作用和趣味，达到了预期的目标。但也出现了一些不足，如语言不够精练，回应幼儿和面对突发事件的处理技巧还有待进一步加强。

师："喜欢此次活动吗？说说理由。"

"幼儿"："喜欢。"

A组"幼儿"：材料生活化，过程趣味化。

《3—6岁儿童学习与发展指南》指出要最大限度地满足幼儿通过直接感知、实际操作和亲身体验获取经验的需要。夹子是生活中常见的物品，可操作性强，幼儿非常喜欢玩。本次活动根据小班幼儿的年龄特点，利用夹夹子的操作活动，引导幼儿对6以内的数进行感知。第一次是在轻松的音乐氛围中夹夹子。第二次是按数取物：根据数字夹相应数量的夹子。第三次是结合动物的不同特征与夹子做游戏，使幼儿在操作活动中获取了积极的情感体验和丰富的数学经验，生动地体现了"教育即生

活、生活即教育"的理念。

B组"幼儿"：游戏增强兴趣，淡化学习痕迹。

"以游戏为基本活动"是学前教育的指导思想和重要特征，游戏中的学习对幼儿发展具有长远影响。《3—6岁儿童学习与发展指南》在科学领域的数学认知目标中明确提出："要引导幼儿从生活和游戏中感受事物的数量关系，体验数学的有用和有趣。"活动中，游戏贯穿始终，幼儿从始至终都在做游戏：听音乐夹夹子，根据数字宝宝夹相应数量的夹子，给小动物夹夹子等。活动丰富有趣，连贯自然。幼儿都能积极主动地参与到活动中，达到了预期的目标。

C组"幼儿"：多种方法运用，减轻视觉疲劳。

活动中运用了多种方法。例如，操作法，提供了丰富的材料，让幼儿在操作、摆弄中运用各种感官进行活动；游戏法，把数学知识设计到游戏中，不断吸引幼儿的注意力，使幼儿在玩中学、学中玩；同时还运用了演示法、观察法，以启发、引导的方式，充分调动幼儿的积极性。尤其是创造性地利用了多媒体教学，课件更好地为幼儿的学习和发展提供支持。

D组"幼儿"：活动环环相扣，环节过渡自然。

活动环节层次清晰，由"听音乐夹夹子"，到"看数字夹夹子"，再到"和小动物做游戏"和"为小动物夹夹子"，简单清晰的环节设计让幼儿逐渐在复习巩固的基础上理解和感知6以内的数，练习按数取物。执教教师精心设计每个环节，熟练运用现代技术手段，语言亲切简洁。可以说整节活动点拨巧妙，环节过渡自然，较好地达成了目标，起到了事半功倍的效果。

研讨实录

师："我有几个问题，大家可以分组讨论，继续发表意见。"

1. 数学活动中，"感知6以内的数，练习按数取物"目标设计是否恰当？

生："数学领域比较特殊，与幼儿学习特点有关，有时目标与内容一致，既是本次活动的目标，也是本次活动的内容。"

2. 活动案例你们觉得可以当作范例吗？如果是，最能打动你的地方在哪里？如果不是，值得商榷的问题又是什么？

生："夹夹子是活动形式，幼儿非常喜欢此次活动。夹子是日常用品，不同玩法激发了幼儿的兴趣。"

3. 通过对它的欣赏与评析，总结一下优秀的集体教学活动应该具备的几个特点。

生："活动目标清晰准确，表述得当，具有适宜性、全面性、可行性、童趣性。"

活动目标：

1. 让幼儿在生动形象的情境中体验消防队员的勇敢，激发幼儿对消防队员的热爱和崇敬之情。

2. 练习匍匐爬行的技能，增强幼儿动作的协调性。

师："这个活动表述得当吗？"

生："不得当。"

师："说出原因，改一下。"

生："两个目标表述的角度不一致，违背了'一致性'的原则。目标1中'让幼儿……'显然是从教师的角度出发的；而目标2将表述的主体从教师更换为幼儿，'练习……'。"

师："朱家雄教授认为，在一个单一的幼儿园教学活动中，如若一定要包含3个维度的目标，就会使该活动变得'左右不是'，无法准确定位。因为，幼儿'知识'和'技能'的习得主要从较高结构的教学活动中来，情感、态度和价值观主要通过长年累月的、强调教育过程的低结构活动中得到培养，一个单一的幼儿园教学活动是不可能做到'鱼和熊掌兼而有之'的。正如'案例1'中的目标：感知6以内的数，练习按数取物。教师从实际出发，考虑到幼儿身心发展的特点和数学活动的特殊要求，对目标进行了合理的取舍和侧重，重点关注了'知识'和'技能'方面的感悟和获取，可行性强，是非常理性和科学的做法。教学活动的价值在其目标取向所在之处。因此，教师在设定目标时，应有所考量和选择，厘清目标，教学才能行之有效。一定记得：要循规蹈矩，但不能生搬硬套，不知变通；要按部就班，也要别出心裁，不落窠臼。"

生："活动内容服务目标，富有童趣。活动材料丰富多样，安全规范。"

师："下面的材料对实现目标帮助大吗？为什么？应该选择什么样的材料？"

目标：

1. 尝试用不同的材料吹泡泡，发现只要是镂空材料都能吹出泡泡。

2. 体验成功的快乐，萌发爱探究的积极情感。

材料：漏勺、鞋刷、苍蝇拍、钥匙。

生："在提供材料的时候，应考虑到材料的多样性，提供多种材料供幼儿探索和实验。例如，勺子、窗纱、铁丝圈、发卡、泡泡水、海绵、冰棍棒、笔管等。在提供的时候，必须考虑到材料的安全和卫生。案例中的鞋刷、苍蝇拍应保证是新的、消过毒的，规避对幼儿的身体健康有所威胁的所有的不安全因素。"

师："幼儿园教育教学活动中常用的材料实用、方便、易操作，能与目标价值取向一致的材料有很多。常用的有皮筋、贴画、发卡、头夹、小动物卡片、彩条、彩色小贴画、海洋球、彩色铅笔、几何图形、塑料插塑、串珠、水果模型、实物模型、彩棒等。"

生："活动过程环环相扣，重、难点突出。"

教师总结：根据华爱华教授对教学实践中环节设计类型的概括，教师在活动环节的设计上存在以下三种类型：递进式、并列式和离散式。递进式是常用的一种方式，它是指在集体教学活动中，前面环节是后面环节的基础和铺垫。幼儿只有在完成前面环节的基础上，才能更好地完成后面的环节。并列式环节设计指的是集体教学活动的各个环节并行呈现，由此及彼，各环节之间可以调换进行而不影响活动目标的达成。因此，在设计教学环节的时候，我们建议可以根据活动的目标和内容，自主选择递进式或是并列式，紧扣活动目标，尽量避免呈现出离散式的教学环节。同时，在活动的过程中，教师还必须注意突出活动的重点和难点，分清主次，合理分配活动各环节时间，帮助幼儿更好地实现活动目标。除此之外，在活动过程中，还需要注意的很重要的一点便是师幼互动。作为集体教学活动的双方，教师和幼儿在活动中的互动构成了教与学过程的重要部分。由于集体教学活动人数众多，如何在活动中高质量地提问，同时又能兼顾到每个幼儿，是幼儿教师必须思考的问题。教师提出问题后一般期待幼儿会有一个恰如其分的回答；但实际情况中，幼儿的回答有时会超出教师的预期。在这个时候，教师如何回应就成了师幼互动能否有效进行的关键所在。分析表明，幼儿教师在回应幼儿的时候，多会出现三类问题：不回应、回应不当或者回应过度。面对幼儿的回答，教师往往会为了教学目标的顺利进行而选择性地忽视或是简单敷衍；有些教师也会为了让幼儿充分理解而过度回应，无意中剥夺了幼儿自主思考的空间。因此，幼儿教师应正确树立"以幼儿为本"的理念，从幼儿的成长出发，合理地对幼儿的回答做出适度的回应。

2. 展示：做与研、研与点、点与做

学前教育专业学生模拟教学的片段实践活动，不是终结性、一次性的练习，而是一种"学习练习—研究反思—教师引导—实践提高"的实践练习过程。在这个过程中，学生会反复地进行学习，进而在学习的基础上进行练习，经同伴互助、教师点拨，不断循环练习，螺旋式提高自己的教育教学能力。

模拟教学片段实践练习中最忌讳的就是"一次性""终结性"。学生需要通过反复的学习与练习，在学习与练习的基础上发现并解决自己组织与实施活动的过程中存在的问题，再次将探讨的收获进行实践，将前期存在的问题转化为再次实践练习的优势。只有在这样反复螺旋上升的过程中，学前教育专业学生的教育教学能力才能真正有所提升，片段练习的目的才能达到。

下面以幼儿园大班科学教育活动"沉与浮"为例，再现片段实践的程序。

一是学习练习——做。在幼儿园科学教育活动"沉与浮"这一活动的第一步，学生要通过学习掌握以下知识。首先是要明确活动目标。活动目标贯穿活动始终，对活动有着导向作用。因此，学生在开展活动前要明确模拟教学活动的活动目标，即这一活动的开展是为了让幼儿在动手操作的过程中感知物品的沉浮现象，改变物品的沉浮状态，学会用记录符号来表示物体的沉与浮。其次是要明白在模拟教学活动中如何设计活动才能有效达到活动目标。通过第一步学习的环节，设计幼儿园教育教学活动方案后，紧接着就要开展模拟教学活动的模拟实践练习。学生通过出示一系列能够沉下去或浮起来的实物操作材料，如能够沉下去的钥匙、盘子、石头和能够浮起来的带盖子的小瓶、泡沫板、橡皮泥，请幼儿动手操作，发现这些物品哪些能够沉下去，哪些能够浮起来。幼儿看着眼前的一系列实物材料，参与活动的兴趣高涨。进而教师引导幼儿进行动手操作，获得实验结果。幼儿个个忙于摆弄实验，积极地投入"沉与浮"的活动探索；教师忙于引导幼儿开展实验，控制活动的时间。在幼儿动手操作之后，教师请幼儿展示实验的结果，并讲述自己的操作过程和操作方法。

二是研究反思——研。在"沉与浮"模拟教学活动的组织与实施过程中，从活动整体效果看，幼儿积极参与活动，通过动手实践发现实验结果，师幼互动良好，教学活动的材料准备很丰富。但是，活动结束之后，再次回顾活动过程发现，虽然幼儿都动操作了，但是在幼儿动手操作之前，教师并没有给幼儿一定的思考时间，更没有先组织幼儿进行猜想，在猜想的基础上去验证；此外，在操作活动结束后，幼儿虽然分享了自己的实验结果，但是教师并没有引导幼儿质疑其他幼儿的实验结果，也没有给幼儿思考"如何改变物品沉浮状态"的时间。从活动的整体效果来看，该模拟教学活动的设计与提供的操作材料都很好；但是作为操作探究类的活动，该类活动应蕴含的教育功能并没有充分发挥出来，潜藏在活动过程中的隐性教育资源并没有被充分挖掘出来。

三是教师引领——点。根据上述的研究反思结果，学生在教师引导下将要再次进行学习，进一步思考如何设计教学活动才能够在接下来的教学过程中弥补之前练习环节中的不足。例如，针对让幼儿在没有通过猜想的基础上直接动手操作，加入调动幼儿的生活经验进行大胆猜想的环节；针对让幼儿在没有思考时间就动手尝试的基础上直接告知幼儿改变沉浮状态的方法这一问题，可在探索物品原有沉浮状态下，通过进一步提问，引发幼儿在思考的基础上进一步操作；在最后的总结上，做到首位呼应，立足导入的提问，得出本次活动的结果。

四是实践提高——做。首先设问导入，"小朋友们，请大家想一想在我们面前摆放的这些物品哪些可以沉到水里，哪些可以浮在水面上？"引导幼儿大胆猜想并分享之后，接着发问，激发幼儿思考："那这些物品到底是沉在水底的还是浮在水面上的呢？让我们大家一起动手实验一下吧。"幼儿亲身体验活动之后，分享自己的实验结果，与自己的猜想结果进行对比。教师再次发问："那我们如何做能够让沉下去的物品浮在水面上，浮在水面上的物品沉下去呢？"通过再次提问引发幼儿思考，引导幼儿再次动手操作，进行实验。实验结束之后，幼儿分享自己的实验结果和操作方法。活动结束时，教师进行小结，引导幼儿深入思考。通过自评、互评、教师评进行新一轮的教学活动实践，直至达到教学活动组织的标准。

案例2-8　幼儿园科学实验活动模拟试讲评析
大班科学实验活动——"吹泡泡"
（太原幼儿师范高等专科学校简艺提供）

经过数易其稿，我们已经确定了幼儿园大班科学实验活动"吹泡泡"的活动方案。有了一个好的活动计划，好的活动组织就呼之欲出了吗？

教师是一个富有创造性的职业。我们有两次突出的创作：一次是从素材到方案。在上节课中，我们以"做—研—点—做"的理念为指导，已经有所体会；另一次就是从方案到实施。今天我们就以微格教学的方式将安然同学的活动组织呈现出来，同样以"做—研—点—做"的理念共同分析，看一看同学们在这一次创作中的表现。

一、第一环节：激发兴趣，提出问题

（一）做——播放学生组织活动的录像

小朋友们好！你们看这是什么（出示吹泡泡工具）。对，这是吹泡泡用的，你们喜欢吹泡泡吗？谁能告诉老师你们是怎么吹泡泡的，用什么东西吹泡泡的？我们生活中也隐藏着许多吹泡泡的"神器"，让我们一起来认识一下吧。

（二）研——同学发表建议

有亲和力，语气语调有对象意识。

能吸引幼儿的注意。

能引出本次活动的主题。

（三）点——教师对活动的组织及学生的评价进行点拨

思考：导入的作用是什么。

知道了今天的活动内容是吹泡泡。如果你是幼儿，你最感兴趣的是什么？老师又做了什么？

（四）做——学生修改后现场组织

小朋友们，你们好！你们看这是什么（出示吹泡泡工具）。对啦，这就是我们平时吹泡泡用的小工具，老师也给大家带来了泡泡水，让我们一起吹泡泡吧。

（反思：幼儿最初感兴趣的东西往往都与科学有关，教师与其说是在激发幼儿的好奇心，不如说是在保护幼儿的好奇心。在导入环节中幼儿尽兴地吹泡泡，也为在后续活动中将注意力集中于对吹泡泡工具的探究上提供了基础）

二、第二环节：探索工具与泡泡的关系

（一）猜想不同工具与泡泡之间的关系

1. 做——播放学生组织活动的录像

其实呀，我们生活中也有很多工具，有的可以吹出泡泡，有的不能吹出泡泡。老师收集了很多物品，我们一起来看一看（拿出一件物品），这是什么？（拿出第2件物品）这是什么？（拿出第3件、第4件，依次认识）你们认为这些物品哪些可以吹出泡泡，哪些不能吹出泡泡？请记录在我们的记录纸上（空白片刻，模拟幼儿记录）。

2. 研——同学发表建议

准备较为丰富，且都是日常生活中常见的物品，符合《幼儿园教育指导纲要（试行）》与《3—6岁儿童学习与发展指南》的精神。让幼儿进行猜测，符合"科学实验活动"的核心目标要求。

3. 点——教师对活动的组织及学生的评价进行点拨

肯定学生的观点。

思考：（1）幼儿是活动的主体，就像一个家的主人，主人在自己家是什么样的？

（2）幼儿拿起记录表来就能看懂会记录吗？缺少了什么？

4. 做——学生修改后现场组织

老师今天给大家带来了许多我们生活中常见的小物品，就放在你们每个小组的桌子上，请大家看一看都有些什么。（幼儿自由观察，教师巡回观察）

好，请大家说一说你们都看到了什么呀。（幼儿自主选择物品进行介绍）

如果用这些物品来吹泡泡，你认为它们都能吹出来泡泡吗？吹出来的泡泡是什么样子的呢？（幼儿自由发言）

嗯，老师这里有一张记录表，我们一起来看一看（介绍记录表的使用方法）。请大家把你的想法记录下来。

（反思：前后两次介绍实验物品，减少了教师的"控制欲"。该彰显教师的主导作用的时候，如介绍记录表，学生却常常漠视，因此主要从这两方面进行了点拨。从学生现场再次的组织来看，他们是有能力的，但需要教师点拨）

（二）动手操作，探索不同工具与泡泡之间的关系

1. 做——播放学生组织活动的录像

好的，小朋友都把自己的想法记录下来了，谁愿意跟我们说一说你是怎么想的、怎么记录的？

（空白片刻。模拟幼儿发言）

哦，原来是这样呀，老师发现大家都非常聪明！

现在就请大家按照自己的想法试试看，并且将自己操作的结果记录下来。

（模拟巡回观察指导）

好的，我看到大家都有了自己的结果，谁愿意与我们分享呢？

（模拟听幼儿发言）

教师小结：带孔的物体可以吹出泡泡。吹出的泡泡的大小与孔的大小有关，与孔的形状无关。

2. 研——同学发表建议

环节之间过渡自然。能鼓励幼儿进行探究，体现了幼儿的主体地位。

3. 点——教师对活动的组织及学生的评价进行点拨

补充知识点：表扬语的作用：一是给予当事幼儿肯定，二是对其他幼儿产生激励作用。表扬语应当指出具体获得表扬的原因，这个原因是其他幼儿可以达到的。例如，表扬一个幼儿聪明，被表扬者洋洋得意，勉强说是得到了肯定，然而对于其他幼儿呢？可以效法吗？不行！因为任何人恐怕都是难于突破自己的智商限制变得更聪明的。因此，我们可以说幼儿观察得真仔细，可以说幼儿表达得很完整，也可以说幼儿记录得很具体、很形象。这些都是其他幼儿可以效仿的，并且效仿后是能够促进幼儿发展的。

相对来说，这一环节问题不多。因为是模拟授课，所以幼儿的表现是被理想化的。真正处理幼儿抛过来的"球"还需要实际的见习、实习。模拟教学的作用就是将教师行为熟练化，将幼儿意识印刻化。心中先有幼儿，眼中才能敏感捕捉。

4. 做——学生修改后现场组织

问题不多，没有再次模拟，进行头脑风暴，接龙幼儿可能被表扬。

三、第三环节与第四环节：再次尝试，对探究活动感兴趣，延伸活动

（一）做——播放学生组织活动的录像

小朋友们，生活中还有很多物品可以吹出泡泡，请你来说说你知道的物品吧。

嗯，太棒了！（因为是之前的录像，所以在表扬语上还存在原有的问题）

老师在科学角投放了许多我们认识的物品，有兴趣的小朋友可以在区域活动的时候尝试制作自己独特的吹泡泡工具。

下面让我们一起把实验用品都收拾好吧。

（二）研——同学发表建议

表示认可。

（三）点——教师对活动的组织及学生的评价进行点拨

思考：对于幼儿来说，是不是在"猜想—验证"一个来回中就能完全实现自己的想法？同样的问题对于科学家来说是怎样的？

那我们设计再次尝试的环节的目的是什么呢？对，我们在设计活动时就提出了"深入学习"。它不仅需要调动自身经验去探究，也重视迁移与运用。因此，越是在临近结束之时，越不能草草收场，而是应该开展第二次探究活动，进一步让幼儿去探索验证。

（四）做——学生修改后现场组织

小朋友们，吹泡泡很好玩吧！我发现在刚才的交流中，我们小朋友的很多想法都和别人不一样。我们的生活中还有很多物品可以吹出泡泡，请大家在我们的活动室找一找，看看哪些物品是可以吹出泡泡的，可以再次验证一下，也可以验证一下别的小朋友的想法。

（模拟巡回观察幼儿的再次操作）

（驻足在一名小朋友旁边）老师发现，你一次就能吹出两个泡泡，你能说说你是怎么做到的吗？

哇，我看见这名小朋友使用生活区的小笊篱吹出了许多泡泡。

…………

（进过点拨之后，学生预设了很多可能的场景，首先站在幼儿的角度思考问题，然后站在教师的角度解决问题，充分体现了模拟教学的优势）

老师在科学角投放了许多我们认识的物品，有兴趣的小朋友可以在区域活动的时候尝试制作自己独特的吹泡泡工具。

下面，让我们一起把实验用品都收拾好吧。

教师总结：教法课实践性较强，让学生先做先试是以"三学"理论的学习为基础的，因而"做—研—点—做"的理念在教法课中尤为适用。它强调了大家的操作与实践，却又不拘泥于实践，而是以研究带动实践，以实践检验研究。正如我们这次在课程中模拟的幼儿实验一样，大家也可以循环往复，不断地以"做—研—点—做"去练习。

3. 提高：小与大，同与异，练与赛，赛与促

（1）小与大

小与大是指小课堂与大课堂相结合。学前教育专业模拟教学分段实践练习的目的就是针对学生某一项教学技能进行练习。分段实践练习的有效途径就是将某一技能练习的小课堂与学前教育专业的大课堂相融合，依据学前教育专业的教学内容与人才培养目标进行微格实践，进而提升学生的专业能力。

小课堂与大课堂相结合的优势在于：首先，小课堂的实施使得模拟教学实践活动的目标更加明确、具体、有针对性，在实践练习中能够细化所要求掌握的教学活动设计、组织与实施的各项技能，充分对学生参与模拟教学实践活动的效果进行检测，得出学生教育教学的能力和水平如何；其次，小课堂的实施可使教学方式多样化，改变"粉笔＋黑板"的传统教学媒介，将声像设备运用到日常教学中，可以快速

提高学生的教育教学实践能力；最后，通过大小课堂的有机结合，可以将学前教育专业理论知识的学习与幼儿园教育教学实践能力的培养有机结合，做到理论指导实践的同时实践发展理论。因此，在学前教育专业模拟教学实践活动的开展中，掌握其特点并充分发挥大小课堂有机结合的优势，对于学前教育专业模拟教学实践活动的开展有重要作用。

（2）同与异

同与异是指相同的模拟内容，人人进行实践；不同的模拟内容，分组同时实践。依据《幼儿园教育指导纲要（试行）》和《3—6岁儿童学习与发展指南》，立足幼儿园五大领域课程，选取相应实践练习内容进行模拟。相同的教学内容，人人进行实践是指如果是专门的片段实践练习，教学内容相通，则采取人人进行练习，结果作为平时成绩计入。不同的教学内容，分组同时实践是指不同的模拟内容，依据不同班级的实际情况，将学生进行分组，以小组为单位进行模拟练习。例如，学前教育专业某个班级有45人，每5人分为一组，总共分为9个小组。每个小组分配一个模拟教学实践主题，自选题目，利用课余时间小组进行实践练习。

（3）练与赛，赛与促

相同的教学内容，竞赛模拟实践。

在模拟练习过程中，为调动学生的积极性，开展人与人、班与班的比赛。在竞赛活动中，突出"强基础，提技能"的理念，即通过把学前教育专业的各项基本技能作为竞赛活动的主要内容，在竞赛中促进学生专业实践能力的提高。竞赛活动规范化、常态化，优胜者获得证书及奖励，以激励全体学生积极投身于专业技能的学习训练之中，做到以赛促教、以赛促学、以赛促改。

四、课堂整合实践模拟流程

学前教育专业模拟教学整合实践是指立足"三梯次四层阶"，以分段实践练习为基础，通过情景模拟、实践操作的方式，在"做—研—点—做"四层次的引领下，将幼儿园教育教学活动各要素进行有机整合，将模拟教学活动进行完整的练习的实践活动。学前教育专业模拟教学整合实践能有效帮助学生在较短的时间内，通过多次、反复练习，达到掌握幼儿园教育教学活动组织与实施的整个过程的目标。

（一）课堂整合实践练习

幼儿园的教育对象决定了幼儿园的教学活动与其他学段的教学活动相比，实践性更强。如何把所学的教育理论专业知识转化为实践技能，并能够有效运用到日常教育教学活动中是较为关键的。学前教育专业模拟教学整合实践练习就是依据这个目标设置并展开的。通常学前教育专业模拟教学整合实践练习的步骤大致如下。

1. 组建模拟团队

整合实践练习，第一步是依据班级实际情况，将学生分组，每组8人左右，以小组为单位进行。学生自由组合，教师结合实践教学内容和学生个体差异微调，确保人员结构合理。第二步是学习小组据兴趣、爱好、特点进行角色分配，包括主讲教师1名，配班教师1~2名，幼儿若干名。

2. 确定活动方案

学生对教师提供的主题进行理解和消化，设计详细的活动方案。根据不同角色的特点，写出试教学生的教学方案和配课学生的配课方案。

配课学生的配课方案书写对于学生来说是个难点，关键是要把握幼儿各年龄段的特点。

小班年龄特点：易兴奋，易疲劳；认知依靠行动；以无意识记忆为主；情绪支配行动。

小班配课方案建议：对较长的讲解或叙述表现出疲倦状态；先做后想或边做边想，不会思考好后再做；教师问到"这是什么意思"，可能回答不出；对于教师的反语表现为不理解；教师批评时表现出不高兴、不配合。

中班年龄特点：喜欢提问题，辨别是非能力强，具有开展活动的想法及参与活动的愿望，能努力完成自己制定的任务，想象力逐渐丰富。

中班配课方案建议：多一些提问；多告状行为；对于教师的提议具有较高的热情，并能提出自己的想法；在游戏、制作、观察中容易突发奇想，可以适度地给教师出难题。

大班年龄特点：好问，好学，表现出较强的求知欲，不满足于了解表面现象，要剖根问底；情感相对稳定，情绪控制能力越来越强；语言表达能力较强，能生动又有表情地表述事物。

大班配课方案建议：喜欢一些动脑筋的活动，如计算活动、编故事、猜谜语等创造性活动，并提出探索性的问题；随时发脾气的概率较大，教师的表扬与批评对幼儿的情绪影响大；回答问题时，语言表达应较为生动、富有童趣。

3. 模拟活动准备

幼儿园教育教学活动像其他学段的教学一样，也包括教师、教育对象和教育媒介三大因素。因此，幼儿园教育教学活动实质上就是教师、幼儿以及活动材料相互作用的过程。在模拟教学活动前，参与模拟教学实践活动的学生就必须根据活动目标和活动内容进行认真的准备，做好活动的经验准备和物质准备，且要合理利用，发挥活动准备的最大支撑作用。

在幼儿园大班音乐教育活动"你最牛"的模拟教学实践活动中，教师为达到活动目标，确保教育活动的顺利开展，收集各种各样的牛的相关图片，并在活动组织与实施过程中不停地出示造型多样的牛的图片。虽然在视觉上给幼儿带来了丰富的感性体验，但是，不得不让我们仔细想一想这样利用材料对于这一音乐教学活动的目标达成是否有效，对于幼儿学习经验的获得是否有帮助，会不会影响到幼儿注意力的集中程度。

在幼儿园中班科学教育活动"有趣的图形"的模拟教学活动中，参与模拟教学活动的学生为了完成活动目标"能用正方形、三角形自由拼摆各种造型"，为幼儿准备了拼图学具。可见，材料的准备以及学具的设计的确是紧扣活动目标的。但是在活动实施过程中，幼儿除了用这些材料能够拼出一些简单的房子造型外，很难拼出其他一些造型。在活动过程中，教师虽然发挥了示范和引导的作用，但是幼儿拼图的造型却不理想。活动虽有持续，但是幼儿参与拼图的兴趣在慢慢减弱。通过对活动组织与实施过程的分析，我们发现原因是教师在材料投放的数量上出了问题。教师给幼儿提供的拼摆材料数量不够，幼儿手里的材料人均不到三个。

从上述两个学前教育专业学生模拟教学实践活动的真实案例可以看出，活动所需的材料在幼儿园教学活动中的设计与使用不仅要尊重幼儿具体形象思维的特点，而且要满足幼儿好奇、好动的特点。通过材料的操作导入活动是幼儿园教育教学活动中最常用的导入方式之一，也是最能激发幼儿的兴趣的方式之一。因此，模拟教学实践活动中也经常采用教具（如实物、挂图等）导入法。

模拟教学实践中经常出现学生制作的教具很精美，但实用性却不强，缺乏科学性的现象。表现为学生的教具色彩搭配过于鲜艳，制作过于复杂，易喧宾夺主，不利于活动主题的突出；有的教具设计过于单一，色调灰暗，难以激发幼儿参与活动的兴趣；教具与活动内容的联系不紧密，虽然使用了，但是没有发挥最大作用等。所以学生必须树立教具为教学服务的理念。

进行实践活动准备的另一个重要问题是在正式模拟教学活动前，必须进行提前演练，这是确保模拟教学活动顺利实施的关键。学生可以单独对着镜子练习；也可邀同班同学做幼儿为自己配课，或做评委为自己提出改进建议。在提前演练的过程中，可以对活动中难以控制、容易出问题的环节加强练习。例如，幼儿园科学教育活动中，如果涉及活动实验，就很有必要提前多次进行实验操作，以确保在模拟教学中实验成功。但是，需要强调的是，提前演练也要有个度的把握，切忌过于频繁而失去了模拟教学活动的真实性。

4. 现场模拟试教

设计、准备好模拟活动后就要正式进行模拟活动。在这一过程中，学生要根据自己的教学设计方案，有步骤、有条理地进行。

情境一：

活动一开始，教师在放了第一段音乐后对幼儿进行提问："歌曲中唱到的小动物是什么？它是如何走路的？"随后请几名幼儿对歌曲中涉及的动物的相关动作进行了表演，主要包括：小老鼠瞪眼珠、龇着牙等。

在情境一中，教师让几名幼儿分别在全班幼儿面前展示小老鼠的动作。在幼儿表演之后，教师及时给予肯定，并紧接着进行接下来的学唱环节。在学唱过程中，有的幼儿对动作进行了改编，但是教师对于幼儿改编动作的表现却视而不见。其实，教育教学过程中有许多教育契机隐藏在师幼互动中。例如，对于同一歌词，幼儿的动作表现不同，这正是幼儿间互相学习的好机会。但是教师却没有进一步去挖掘隐藏在幼儿表现中的教育价值，没有对幼儿进行进一步的启发和鼓励；也没有对幼儿的表现进行有效强化，以形成有效的经验进行推广。《3—6岁儿童学习与发展指南》指出："幼儿的发展是一个持续、渐进的过程，同时也表现出一定的阶段性特征。要充分理解和尊重幼儿发展进程中的个别差异。"因此，幼儿园教育教学活动组织与实施过程中，忽视幼儿的个体差异是不科学的。

情境二：

表演完后教师问幼儿"做得好不好?"请幼儿跟教师学习这首儿歌。于是幼儿在教师带领下一句一句整齐地跟念……"小朋友，你们记住了没有?"教师用同样的程序、同样的方法开始了第二段歌词的学习……

从情境二中可以看出，上述活动从表面上看进行得比较顺利，但是，从师幼互动角度来看，幼儿的表现却像复读机，在重复地跟念和跟唱，完全没有一点积极性，缺乏活力，体现不出幼儿的主体性地位。整个活动中教师是活动的决策者，无视幼儿的主体性地位。《3—6岁儿童学习与发展指南》中有这样的规定："幼儿的学习是以直接经验为基础，在游戏和日常生活中进行的。"因此，在幼儿园教育教学活动中，教师应尽可能地创造条件与机会，引导幼儿进行主动学习与亲身体验。

情境三：

在歌曲第二段的学习中，教师出示图谱，一边唱一边请幼儿选择与歌词相匹配的图谱并进行排列。"哪一幅图表示小猫的叫声?""哪一幅吓得老鼠往回跑?"在幼儿一一对应找出后，教师手指图谱，让幼儿念儿歌。

在情境三中，在教师出示图谱后，幼儿参与活动的兴趣马上被调动起来了，兴趣高涨地投入活动过程中。通过对情境三的分析，我们发现夸张、简单的形象可以有效地帮助幼儿记忆歌词。但是，在模拟教学活动中学生经常会表现出以下问题：过分重教学内容，忽视活动的重难点；重制作教学具，忽视教具的有效运用；重面向全体幼儿，忽视幼儿的个别差异等。

学生在模拟教学活动的实施中应该注意以下几个方面。

(1)教态自然，富有激情

在模拟教学活动的实施过程中，很多学生都会存在紧张的心理，不知道如何站立、手如何放置等。过度的紧张导致活动过程中语言的组织与表达受到限制，活动实施不顺畅。因此，学生进行模拟教学时要树立自信，无论是语言表达还是动作表现，都要有充分的自信，给别人的第一感觉是这位"教师"精神状态不错，在与幼儿的交流过程中，不要有过多的口头禅，语言运用要注意形象生动，这样才能拉近与幼儿之间的距离；避免出现一些无意义的行为或者一些胆怯的行为；要富有激情，说话声音要适中，语调要抑扬顿挫，切忌平淡。

(2)利用教具，服务教学

在模拟教学活动中，学生的物质准备很充分。有很多学生花很大工夫在准备环节，尤其是在教具、学具的制作上。参与模拟教学活动的教具、学具很是精细、美观，指导教师一眼看上去就会对学生的辛苦、认真加以肯定。但是，学生在教具、学具使用方面却很不理想。例如，教具什么时候使用，通过什么方式出示教具，如何有效操作和运用教具等方面存在很多的问题，导致教具、学具隐藏的内在教育价值体现不出来，最终使得精心准备的教具或者学具成了华而不实的摆设，没有发挥教具或者学具应有的作用。因此，在学前教育专业模拟教学活动中，学生要注意教具的设计要依据教育教学活动目标，教具的使用要注意时机恰当、制作实用、运用科学，从而真正发挥教具应有的作用。

（3）幼儿为本，以学定教

《幼儿园教育指导纲要（试行）》明确指出，在幼儿园教育教学活动中，教师是活动的支持者、引导者和合作者。幼儿是活动的主人，在活动过程中具有主体地位。因此，在幼儿园教育教学活动中，教师切忌一味按照原有的教学活动设计方案进行，切忌只顾活动本身忽视幼儿需求，否则师幼之间没有实质性的、有意义的交流，教师自言自语唱"独角戏"。在活动过程中，教师要时刻注意并观察幼儿的表现，采用多样化的方法调动幼儿的兴趣，灵活地进行启发和引导，逐渐实现从关注教师的"教"到关注幼儿的"学"的转变。

（4）目标明确，重点突出

学生由于缺乏幼儿园一线教育教学实践经验，因此在模拟教学活动的实施过程中往往只关注教学内容是否完成，活动过程是否完整，忽视了活动目标的达成与否。大部分学生对于活动的重点不明确，活动的难点突破程度不足。因此，在进行模拟教学活动时，教师应该注意引导学生对活动目标进行深入分析，在理解目标的基础上找准活动内容的重点和难点；同时要在活动环节的时间分配上做到有目的、有计划地安排，通过时间的合理分配和活动方法的多样化选择突出活动的重、难点，让活动组织与实施更加趋于合理，效果更明显。

（5）关注全体，兼顾个别

在幼儿园教育教学活动过程中，师幼互动的效果如何取决于幼儿在教育教学活动中有什么收获，其发展程度如何。在同一班级中，幼儿虽然处在同一个年龄段，但是每个幼儿的发展速度和水平却不尽相同。因此，在教育教学活动组织与实施过程中，教师应该既要满足全体幼儿的需求，又要兼顾幼儿的个别差异。

（6）把准角色，协作共赢

在学前教育专业模拟教学活动中，很多学生为了期末考试取得高成绩，在模拟教学活动正式开始前，就会将自己在模拟教学活动中可能对幼儿进行的所有提问与给他配课的相关同学进行反复演练，即扮演幼儿角色的学生会提前演练好怎样回答，最终导致在正式模拟教学活动实施中表现不出教师对幼儿的有效引导，使得师幼互动缺乏"灵魂"，只是表面看似热闹，其实实质缺乏，例如，"幼儿"经常会表现出"没有教师的教，我也会"的这种状态，让在场观摩的学生和指导教师会觉得在该模拟教学活动的实施过程中，"教师"根本抓不住"幼儿"的"最近发展区"，很大程度上影响师幼互动的效果。因此，看似活动进行得非常顺畅，环节之间衔接恰当、自然，却准确地反映出模拟教学活动实施过程中的失真现象。因此，在学前教育专业学生模拟教学活动的实践练习中，学生不应该为了模拟教学而去反复模拟演练，不应该为了获得更高的分数去过分"做秀"，而应该追求模拟教学活动情境的真实性，尽可能减少"作秀"表演，将活动过程展现为一种自然状态。这样模拟教学活动才能保持长久的新鲜感和挑战感，才能达到学前教育专业模拟教学实践的目的。

5. 评价反思，修正方案

在模拟教学活动结束后，教师会引导学生针对参与模拟教学活动学生的表现进行评价与反思。模拟教学活动评价可分为自评、他评和师评三种。其中，自评主要是指在模拟教学活动学生针对自己的模拟活动进行评价。他评是指在模拟教学实践活动中扮演幼儿的学生和其他学习小组的成员，对参与模拟教学活动展示的学生进行评价。师评是指模拟教学活动中专业指导教师对学生的模拟教学活动进行评价。评价的形式主要以"2+2"评价为主，即评价者要针对模拟教学活动说出学生在模拟教学过程中的两个优点和两个不足，同时针对自己提出的不足之处提出相应的建议或者改进策略。在评价的基础上，学生依据大家给出的评价和改进建议，再次调整自己的活动方案，并写出相应的活动反思。

（二）课堂整合实践方式

1.三种类型：个体模拟、小组模拟、个体模拟与小组模拟相结合

在模拟教学整合实践练习中，实践练习的基本流程是"设计幼儿园教育教学活动方案——说解幼儿园活动方案——开展幼儿园模拟教学活动——评价、反思模拟教学实践活动"。在这一过程中，参与模拟教学活动的主体可以是个人，也可以是学习小组。

案例2-9　大班科学教学活动"七色宝宝"（表格式）

活动名称：大班科学教学活动：七色宝宝	
活动目标：感知光与色，初步了解赤、橙、黄、绿、青、蓝、紫七种颜色	
个体模拟	小组模拟
过程：教师通过出示图片教具，向幼儿展示彩虹七种颜色的图片。在每一种颜色出示的时候，配以儿歌引出颜色。在幼儿认识了七种颜色后，组织幼儿进行游戏，引导幼儿自由选择自己喜欢的颜色进行装扮，装扮游戏后以颜色为标准站队。最后，通过引导幼儿寻找自己身边的颜色宝宝结束活动	通过手偶表演导入活动，引出主题。在导入环节，学习小组的3名学生装扮为颜色宝宝，每人手拿两个不同颜色的手偶，通过生动语言模仿颜色宝宝说话。教师与幼儿互动，在认识颜色宝宝的基础上进入游戏。幼儿自主选择手偶颜色，用喜欢的方式来扮演，形式多样，如儿歌表演、讲故事、唱歌等。最后，教师手持手偶同幼儿一起寻找自己身边的颜色宝宝，结束活动
优点：学生个体实践练习可以充分发挥学生个人的优势，学生通过运用语言、表情、体态等激发幼儿参与活动的兴趣，学生个体的模拟实践活动的练习方式在活动中体现的是对学生个体在学前教育专业领域相关教育理论知识和教育教学能力的综合考查	以学习小组为单位开展模拟教学活动的练习方式在活动中体现的是团队合作的力量，通过团队合作使得学生发现自己难以察觉的问题，进而促进学生相互学习。小组的学生通过团队合作增强了教师与幼儿、幼儿与幼儿之间的互动，活动氛围浓厚
不足：个人的智慧有限，需要集体力量的支持	小组分工不明确，配合不得力，会影响整个模拟教学活动的效果
建议：在模拟教学活动整合实践练习中，两种实践练习方式各有优势，要善于将二者有机结合。个体与小组相结合练习方式的具体实施，要根据实践活动的具体教学目标来确定选取个体完成还是小组合作完成，切忌"一刀切"。如果实践活动的教学目标是通过整合练习提升学生的教育教学组织与实施能力，那么就应该选取个体练习方式，通过自己实践练习及时发现自身活动组织的优缺点。需要个人就个人，需要小组就小组，适合的就是最好的	

2. N 次研讨：“一课三研”模拟方式

模拟教学活动中，“一课三研”是指由学前教育专业课程的教师和学生根据教育教学活动的主题内容，制订模拟教学活动方案，然后由学生依据活动方案进行实践展示，进而进行交叉研讨的练习方式。如表 2-4 所示。

表 2-4 “一课三研”模拟方式

研究目的	具体内容		
一研：设计模拟教学方案	确定模拟教学主题	设计活动方案	模拟课堂展示
二研：优化模拟教学	共同讨论问题	优化方案	再次模拟练习
三研：总结模拟经验	总结模拟 经验教训	形成教学特色	巩固拓展练习

（1）一研：设计模拟教学方案

在“一研”中，“幼儿教师”依据某一活动主题共同制订教学活动方案，形成文本型的幼儿园教育教学活动方案。模拟教学实践活动的主题为“颜色的认知”。

进行活动方案设计，即负责教师在引导学生进行自由分组的基础上，结合学生的个体差异进行微调，形成最佳学习小组。将学生分为四个小组，学习小组开始围绕活动主题的内容开展讨论，最终确定自己小组的活动方案。活动方案确定后，由每组成员代表进行方案陈述。最后根据大家讨论将四个小组的活动方案进行整理，综合比较，取长补短，最终确定本次模拟教学整合实践练习的教学活动方案。模拟课堂展示即在统一的模拟教学整合实践活动方案制订之后，学生开展模拟教学展示的方式有很多种，可以是学生自愿参与，可以是教师点名参与，也可以由每个小组派出成员代表参与。在活动方案的模拟教学实践练习过程中，负责教师和不参与模拟教学活动的其他学生要对活动的开展做好活动记录，为模拟教学活动结束后评价环节的开展积累资料。在学生模拟教学展示结束后，首先由学生本人对自己的教学过程进行评价，反思存在的不足之处；然后由相关学生代表和负责教师进行点评；整个展示过程结束之后，再由教师针对模拟教学活动进行总结。

案例 2－10 大班科学教学活动“七色宝宝”

教师通过出示图片，向幼儿展示彩虹的七种颜色，在每一种颜色出示的时候配以儿歌引出颜色。在幼儿认识了七种颜色后，组织幼儿进行游戏。在游戏阶段，引导幼儿自由选择自己喜欢的颜色进行装扮，开展装扮游戏。装扮游戏后随教师的颜色儿歌以颜色为标准站队。最后，通过引导幼儿以寻找自己身边的颜色宝宝的形式结束活动。

——A 小组的活动设计

通过手偶表演的形式导入活动，引出活动主题。在导入环节，学习小组的 3 名学生装扮为颜色宝宝，每人手拿两个不同颜色的手偶，通过用生动的语言模仿颜色宝宝说话的方式，展开教师与幼儿之间的互动。在认识颜色宝宝的基础上，进入游戏阶段。在游戏中，幼儿自主选择手偶的颜色，用自己喜欢的方式扮演。形式多种多样，可以是表演儿歌、讲故事、唱歌等。最后，教师手持手偶同幼儿一起寻找自己身边的颜色宝宝，结束活动。

——B 小组的活动设计

教师通过图片展示导入教学活动，引导幼儿对每种颜色进行初步认识。在认识颜色的基础上，教师引导幼儿开展猜谜游戏活动。在游戏中，教师以谜语的形式引导幼儿猜各种颜色，猜对颜色的幼儿可以获得相应颜色的积木。最后，教师引导幼儿充分发挥想象力，随意进行积木构建，以寻找幼儿身边的颜色宝宝的形式结束活动。

——C 小组的活动设计

导入环节从身边的物件入手，通过提问"小朋友，你今天穿的是什么颜色的衣服呀？""哪个小朋友跟你穿一样颜色的衣服呀？""我们教室的窗帘是什么颜色呀？"等一系列问题导入活动，引出活动主题，引导幼儿初步认知颜色。在引导幼儿认识颜色的基础上，结合颜色宝宝手偶开展讲故事环节，与幼儿进行互动。在讲故事的基础上，开展游戏活动，引导幼儿跟随音乐自由跳舞。最后，以让幼儿表演颜色宝宝寻找好朋友的方式结束活动。

——D 小组的活动设计

通过对 A、B、C、D 四个学习小组的模拟展示进行讨论分析，在教师的引导下，学生对四个小组的活动设计取长补短，最后共同制订了一个统一的教学活动方案。

导入环节：通过手偶表演的形式导入活动，引出活动主题。在导入环节，学习小组的 3 名学生装扮为颜色宝宝，每人手拿两个不同颜色的手偶，通过用生动的语言模仿颜色宝宝说话的方式，展开教师与幼儿之间的互动。

活动展示：教师手持手偶，跟随音乐讲述一个关于七彩光的故事。在幼儿理解故事后，引导幼儿扮演各种颜色的东西，如向日葵、橘子、青草、大海等，进而通过一系列提问进行师幼互动。问题主要包括"调皮的七色光宝宝到哪里了，发生了什么变化？""他们溜到向日葵上，向日葵发生了什么变化？"由扮演向日葵的幼儿回答。依次进行"他们来到果园里，橘子发生了什么变化？""他们跑到草地上，草地发生了什么变化？""他们跳到大海里，大海发生了什么变化？"最后跟随音乐，让每个幼儿表演自己所扮演的角色。

结束阶段：引导幼儿表演颜色宝宝寻找好朋友。

（2）二研：优化模拟教学

在"一研"实践练习的基础上，参与模拟教学活动的学生对"一研"制订出的活动方案以及活动组织与实施过程中存在的问题有了一定的认识。因此，"二研"阶段要求学生依据在"一研"中的所见、所想、所得，针对"一研"的模拟教学活动，进行模拟教学的再次优化研究，共同讨论问题：一是学生模拟教学中出现的问题，二是模拟教学方案在实践中遇到的问题。首先是学生对模拟教学中出现的问题进行讨论：第一步由学生分别谈过程中出现的问题，进行自评；第二步由其他学生进行点评；第三步由教师对问题进行总结，归纳出现的问题并分类，反映出该班级学生在哪些地方存在不足，从而指导今后的教与学。例如，小组 A 在模拟课堂中，教师的语言不够生动，没有引导幼儿积极融入创设的情境中；小组 C 中，有些学生的表演生硬、呆滞、不够灵活。其次是对模拟教学方案在实践中所遇到的问题进行讨论，如方案

—— 113 ——

设计的教学方法是否合适，方案的活动设计是否调动了幼儿的积极性，方案的目标是否在教学中达到了等。通过学生的展示，"调皮的七色光"的方案基本上调动了幼儿的学习兴趣，使幼儿融入了教学活动中；但是引发幼儿思考的部分还比较薄弱，有待加强。优化教学活动这一过程就是依据发现的问题对教学方案进行优化设计、再次实践的过程。师生通过共同讨论、分析，不仅发现了学生自身的不足，也发现了教学方案的不足。针对这些不足，学生自身要提升教学能力，对教学方案进行修改，以致优化。最后根据新修改的设计方案，由原来的学生再次进行模拟教学展示，展示后再进行评价反思。对方案的优化设计上，加入思考环节部分，如"为什么七色光宝宝去过的地方有了漂亮的颜色呢？""七色光宝宝到不了的地方，会发生什么呢？"进而引导幼儿认知光在我们生活是多么的重要。

（3）三研：总结模拟经验

通过前两次的模拟研讨，学生设计教学方案的能力达到了一定的水平。这一环节是对前面两个环节的总结性研讨，即总结归纳这次模拟教学活动的经验、教训，并形成具有自身特色的教学风格。

首先还是由学生对自己的表现进行评价，表明自己学到了哪些，并在以后的学习中应该注意什么问题；其次由其他学生进行评价；然后教师点评，说明学生各自的教学特色；最后由大家一起讨论"一课三研"的模拟效果，发现并形成具有自身特色的教学风格，探讨对自身的启示和对今后学习的指导。通过四个小组的依次展示，小组A的学生语言能力较强，在语言上能够准确、生动地表达出故事情境，激发幼儿的学习兴趣；小组B的学生表演能力强，能够很快地将幼儿带入设定好的故事情境，与幼儿一起表演故事；小组C的学生舞蹈能力强；小组D的学生语言和表演能力都较强。教师通过系统、客观的分析，引导学生逐步形成各自的教学风格。我们通过对比，看看一研和二研的变化。

案例2—11 模拟教学方案设计：大班音乐教学活动"说唱牛"

一研活动目标：

1. 学习歌曲，大胆运用表情动作表现歌曲诙谐幽默的风格。

2. 欣赏流行音乐，在游戏中感受师幼合作的乐趣。

二研活动目标：

1. 学习歌曲前半部分，大胆运用表情和动作来表现歌曲后半部分诙谐幽默的风格。

2. 欣赏流行音乐，在游戏中感受师幼合作的乐趣。

一研活动准备：牛玩具，图片。

二研活动准备：牛玩具，图片。

一研活动过程：最近几年，变魔术特别流行，为了让我们小豆班紧跟时代步伐，今天我给大家带来了一个魔术（转一圈，变魔术出牛）。

这是什么呀？

那么老师今天为什么会变出一头牛呀？

那老师就祝各位牛宝宝健健康康、快快乐乐地成长。

说起牛，种类就多了，小朋友们知道有什么牛吗？

刚刚我听到小朋友们说的各种牛，今天我就要唱一唱这头牛，小朋友们听一听我都唱到了哪些牛。

　　　　健健康康像头牦牛，YOYO 像头牦牛。

　　　　快快乐乐像头奶牛，YOYO 像头奶牛。

　　　　勤勤恳恳像头黄牛，YOYO 像头黄牛。

　　　　快快做事别像蜗牛，YOYO 别像蜗牛。

好了，老师唱完了，你们都听到了哪些牛呢？

刚刚老师唱到的这段歌曲和你平常听到的有什么不同吗？

像这种说中有唱、唱中有说的唱歌方式叫作 RAP。可以跟老师念一遍吗？RAP。

好，那刚刚老师除了唱到牛还唱到了什么？

我们再来听一次（再唱一次）。

刚刚听到牦牛是怎么样的？

还有什么？奶牛？

我们来看看还有什么牛（出示图片）。

黄牛，我们一般在哪里能看见黄牛？它很辛苦。

蜗牛怎么在这儿呀？蜗牛可不是牛，因为它的名字中带有一个牛字，所以今天老师也把它请了过来（模仿慢慢爬的动作）。小朋友们一定要快快做事，别像蜗牛。

那这次小朋友一起来唱一次，我唱前半部分，你们来唱后半部分，从 YOYO 分开。

（合作唱，同时依次出示图片）

小朋友们真是太棒了，这次左边的小朋友唱老师刚刚唱的那部分，右边的小朋友不变。

左右交换再来一次。

一个小朋友一句，再来一次。

小朋友们真棒！

那我们现在再来听一段不一样的音乐，全体小朋友起立，你们可以听着音乐随意摆动身体。

这段音乐和之前的音乐一样吗？

那我们再来一遍音乐，这次小朋友们要想一想动作。

（分开一句一句听，请小朋友上来做动作）

小朋友们真是太棒了，还记得我们刚开始学习的 RAP 吗？让我们再完整地来一次。

二研活动过程：

一、魔术激趣，引出主题

师：变魔术特别流行，今天老师给小朋友带来了一个魔术（转一圈，变魔术，变出牛）。

二、反复倾听，初步感受音乐的风格

师：刚刚我听到了小朋友说的各种牛，今天，我就要唱一唱这头牛，小朋友们听一听我都唱到了哪些牛。

师：好了，老师唱完了，你们都听出了哪些牛呢？刚刚老师唱到的这段歌曲和你平常听到的有什么不同吗？

总结：像这种说中有唱、唱中有说的唱歌方式叫作RAP。可以跟老师念一遍吗？RAP。

三、提炼歌曲内容

师：我们再来听一次（再唱一次）。刚刚听到牦牛是什么样的？还有什么？

奶牛？奶牛是什么样的？我们来看看还有什么牛（出示图片）。

黄牛，我们一般在哪里能见到黄牛？它很辛苦。

蜗牛怎么在这儿呀？蜗牛可不是牛，因为它的名字中带有一个牛字，所以今天老师也把它请了过来（模仿慢慢爬的动作）。小朋友们一定要快快做事，别像蜗牛。

四、多形式演唱

（一）轮唱，合作表演，体验合作演唱的快乐

师：我们选择轮流演唱的形式。

（二）分角色表演，合作演唱

（三）左右交换再来一次

五、激发动作表情，引导幼儿表现

师：小朋友们真棒！那我们现在再来听一段不一样的音乐，全体小朋友起立，你们可以听着音乐摆动身体。

这段音乐和之前的音乐一样吗？

那我们再来听一遍音乐，这次小朋友们要去想一想动作。

（分开一句一句听，请小朋友上来做动作）

小朋友们真是太棒了，还记得我们刚开始学习的RAP吗？让我们再完整地来一次吧。

3. 两种方式："同题异构"与"异题同构"

在之前的论述中，我们知道"一课三研"是指由学生根据教育教学活动的主题内容，制订模拟教学活动方案，依据活动方案进行实践展示，师生进行交叉研讨的练习方式。"一课三研"与"同题异构"实践练习方式的主要区别就在于模拟教学活动方案的制订。"一课三研"是制订统一的模拟教学活动方案；"同题异构"是指依据同一个主题，设计不同的模拟教学活动方案。"异题同构"的实践练习方式是在"一课三研"和"同题异构"实践练习的基础上提出的实践练习方式。在之前的论述中，我们知道"一课三研"的第三个步骤是教师引导学生对模拟教学实践活动进行总结，在总结分析的基础上引导学生客观认识自己，发现自身的优势，据此形成一定的教学风格；在形成自己教学风格的基础上，通过"同题异构"的模拟教学实践练习，进一步提升教学的设计、组织与实施能力，对自己的教学风格进行巩固；当学生的教学风格巩固之后，再通过"异题同构"的方式来检验自己的教学风格：是否可以不管遇到什么教学主题与内容，在活动设计和组织实施中都能够表现出自己所独有的特色。总而言之，这三种练习方式不是完全割裂的，而是一个有机统一的整体，在实践练习中设计与实践活动的展开是层层深入的过程，旨在帮助学生在模拟教学实践活动中提

高教育教学能力，正确认识自己，实现自我科学定位。

"同题异构"的实践练习方式在学生模拟教学实践练习幼儿园教育教学活动"七色宝宝"的模拟教学设计上主要是引导幼儿认知光。根据不同年龄段幼儿的身心发展水平，学生分别设计了小、中、大三个年龄段的活动。除了之前提到的大班幼儿教育教学活动方案外，还有中班和小班的活动方案。

教师通过展示图片导入教学活动，引导幼儿对每种颜色进行初步认识。在认识颜色的基础上，开展猜谜游戏活动。在游戏中，教师以谜语的形式引导幼儿来猜猜各种颜色，猜对颜色的幼儿可以获得相对应颜色的积木。最后，引导幼儿充分发挥想象力，进行随意的积木构建。活动结束环节为寻找幼儿身边的颜色宝宝。

——中班教育教学活动设计

教师通过出示图片，向幼儿展示彩虹七种颜色的图片，在每一种颜色出示的时候，配以儿歌引出颜色。认识了七种颜色后，组织幼儿进行游戏。在游戏阶段引导幼儿自由选择自己喜欢的颜色进行装扮。装扮游戏后随教师的颜色儿歌来以颜色为标准站队。最后，通过引导幼儿以寻找自己身边的颜色宝宝的形式结束活动。

——小班教育教学活动设计

在"异题同构"实践练习中，模拟主题内容为"光"和"线条"两个主题，学生可以设计出以下活动方案。

认识光：

太阳公公有几个光线宝宝？他们的名字是什么？调皮的七色光宝宝来到了哪里？那里发生了什么变化？他们溜到向日葵上，向日葵发生了什么变化？由扮演向日葵的幼儿回答。依次进行。他们来到果园里，橘子发生了什么变化？他们跑到草地上，草地发生了什么变化？他们跳到大海里，大海发生了什么变化？为什么七色光宝宝去过的地方就有了漂亮的颜色呢？七色光宝宝到不了的地方，会发生什么呢？

认知线条：

展示图片，用儿歌引导幼儿认识线条。

——A学生的"异题同构"活动设计

认识光：

"我是太阳公公，看看我身上都有什么颜色？"导入表演环节，与幼儿一起互动表演。

认知线条：

笔直站立的投影，"小朋友们，快看，快看，我的影子是什么形状啊？"用手投影来引导幼儿参与投影游戏，并认知投影形状。

——B学生的"异题同构"活动设计

第四节　模拟教学的支撑条件

一、院校层面的支持

院校领导站在学校发展的高度，重视模拟教学的实践和研究，为活动顺利开展提供环境支持、制度支持、经济支持。我校成立了由校长负责，下辖教务处、科研处、学前系、计算机系、学生处的强有力的教学管理队伍，破壁垒，强联合，保证了模拟教学的顺利开展。

二、专业团队的实践

（一）模拟教学的专业实践团队

学前教育系有专任教师 56 人。从一开始的幼儿园五大领域集体教学活动的模拟，到学前理论课程的模拟，56 位教师认真参与，教研一体，总结实践，争当实践先锋，立行立改，为模拟教学的实践研究积累了丰富的第一手资料；严把模拟教学研究关，在实践中研究，在研究中总结，在总结中实践，实现着从实践中来到实践中去的教科研目标。这些一线教师具有多年的教育教学经验，还有很强的组织能力和学术威望，能加强校际的强强联合；他们具有熟练的计算机运用能力，保障了追踪课题动态的需要；他们全部参加过全国课题研究，发表过很多论文，出版过很多有价值的论著，有较强的科研能力和丰富的教学实践经验，从专业性上给予了模拟教学研究的保障。

（二）模拟教学的专家引领团队

我们充分发挥专家的学术引领作用，聘请山西教科院教授、太原市教科研中心专家、太原师范学院教育系教授、山西师范大学教授、长治学院教育系教授、太原市幼儿园园长和一线特级教师等，组成了由研究机构、同专业高等院校、用人单位组成的三级专家团队，充分发挥专家组"把脉诊症"、培训研究、基地检验的作用，指导实践和研究朝着正确方向不断前行。

三、制度措施的保障

（一）专家培训制度

定期为模拟教学参与人员进行业务培训，通过专家报告、集体研讨、骨干引领、教师自学等形式开展校（系）本培训，加强课程开发理论学习，扩宽眼界，达成共识，激发教师参与模拟教学的积极性和自觉性。

（二）网络教研平台

配足配齐资料，充分利用各教室的多媒体教学平台，运用现代化教学设备和技术，建立网络平台与资料库，高质量地完成了模拟教学的微格实践和反思。

（三）研究制度保障

制定模拟教学的管理考核制度，做到教研有主题、有时间、有地点、有人员、有内容、有形式、有流程、有效果。有学习研讨和激励制度，定期组织教师现场观摩，开展论文与课例评比，展示优秀成果，总结先进经验，保证模拟教学的成效。

第三章

模拟教学的质量评价与实践反思

具有好的模拟教学效果的教学活动会体现三个特点和四个环节，即以学定教、先学后教、以学为主三个特点，自主学习、合作学习、展示交流、测评巩固四个环节。模拟教学的效果如何，需采用科学的方法对效果进行评价、反馈，更需参与者不断反思，以推进模拟教学质量的提高，增强实训效果，提高幼儿教师培养质量。

第一节　模拟教学的质量评价

一、模拟教学质量评价的内涵

学前教育专业模拟教学质量评价是指运用适宜、可行的评价技术手段，在幼儿园模拟教学情境中有目的、有计划、有步骤地对学前教育专业学生开展的教学活动及其效果进行价值评定的过程。

根据幼儿园集体教学的特点，我们将学前教育专业模拟教学质量评价分为分段模拟教学质量评价和整体模拟教学质量评价。分段模拟教学质量评价是指针对幼儿园教学活动各个环节的不同特点，制定出质量评价指标，进行质量评价，以帮助他们突破每段模拟教学的难点，为整体模拟奠定坚实基础。整体模拟教学质量评价绝非分段模拟教学质量评价的简单、机械相加，而是依据《幼儿园教师专业标准（试行）》，从整体上对学前教育专业学生在幼儿园模拟教学情境中所开展的教学活动与教学效果进行价值评定，进一步建构学前教育专业模拟教学的质量评价体系。

二、分段练习质量评价的策略

学前教育专业模拟教学主要分为活动开始部分、活动基本部分、活动结束和延伸部分。分段练习质量评价可以从这三部分开展。

（一）开始部分的质量评价

1. 开始部分存在的问题

很多学生在模拟教学环节中对开始部分的功能缺乏重视，急于求成，导致在活动中问题丛生。

（1）时间把握不准

开始部分往往存在两种极端现象：不是草草引入，就是"收"不回来；时长分配不是过长，就是过短；教学语言不是过于简单，就是过于冗长。模拟教学活动在一开始就遇阻碍（见案例3－1）。

案例 3－1　中班音乐教学活动"我最喜欢的车"

活动目标

1. 学跳公交舞步，根据音乐内容做招手、叉腰和上举的动作。

2. 观察画面不同动作，尝试看图学舞步。

活动过程

一、猜谜语，激发兴趣

师："老师今天给大家带来了一个谜语，请小朋友猜猜是什么车。

街上一座大房子，来来往往，走走站站，专在路牌停。"

（幼儿开始讨论）

幼："我知道，是公交车。"（此时用时1分钟）

师："真聪明。对，是公共汽车。"

师："谁还能说说自己还见过什么车？"

幼："电动车、自行车、火车……"

师："这么多车，你最喜欢什么车？"

幼："我喜欢自行车。"

师："为什么？"

幼："因为它不怕路上堵车，堵车的时候跑得最快。"

幼："我喜欢火车。"

师："嗯？"

…………

（幼儿发言，时间过去7分钟）

师："小朋友说了自己喜欢的车，老师最喜欢公共汽车，今天我们就来学习关于公共汽车的舞蹈吧。"

（好不容易进入音乐活动主题）

（2）方式过于单一

导入环节常用的方法有故事导入、直接导入、图片导入、演示导入、音乐导入、猜谜导入、问题导入、游戏导入等。表3-1呈现出随机调查的61名学生在模拟教学开始部分运用的导入方法及使用频率。

表 3-1　模拟教学开始部分运用的导入法及使用频率

序号	导入方法	使用次数	百分比
1	问题导入	13	21.3%
2	故事导入	12	19.7%

序号	导入方法	使用次数	百分比
3	图片导入	10	16.4%
4	情境导入	7	11.5%
5	表演导入	6	9.8%
6	音乐导入	5	8.2%
7	猜谜导入	1	1.6%
8	游戏导入	3	4.9%
9	直接导入	4	6.6%
10	演示导入	0	0

由表3-1可以看出，问题导入与故事导入使用频率几乎占据导入法的40%。访谈了解到，学生较多运用这两种方法，原因是简单易操作。情境导入、音乐导入较少使用，仅占约20%。猜谜导入只有一人使用，演示导入无人使用。可见，虽然导入方法很多，但实际活动中，很多学生只使用同一种或几种导入法，方法过于单一。

（3）导入内容脱离主题

好的导入应与教学活动融为一体。导入内容与教学活动内容契合与否直接影响教学目标的实现。我们常看到许多学生为导入而导入，导入内容流于形式，与教学内容没直接关系，严重脱离活动主题（见案例3—2）。

案例3－2　大班社会教学活动"红绿灯"

活动目标

1. 初步认识马路上的交通标志和设施，学会过马路。

2. 遵守交通规则，初步树立自我安全保护意识。

活动过程

（一）讲故事导入

出示图片，讲述残疾女孩的故事。

（一个小女孩儿在马路上跟小伙伴们玩耍打闹，没看红绿灯，更没注意到马路上的车辆，闯红灯，被一辆车撞了，不能再走路了）

师："听了老师讲的故事，你们知道这个小女孩儿现在是怎么走路的吗？"

幼："知道，她坐轮椅。"

师："你们知道坐轮椅走路会给她带来哪些不方便吗？"

幼："不能上台阶，不能跳舞，不能坐公交……"

师："她可怜吗？"

幼："可怜……"

在案例中，活动主题是引导幼儿认识交通标志，学会过马路。但教师用残疾女孩故事导入，和幼儿讨论小女孩的不幸遭遇，让幼儿对她产生怜悯之情，内容与本次活动主题相距较远，导入脱离主题。

2. 开始部分质量评价指标

针对上述模拟教学导入环节出现的问题，我们制定并总结了模拟教学活动中导入环节组织策略的质量评价指标。这些指标注重对学前教育专业学生导入方法的选择、导入内容与主题的契合度、导入环节的时间分配等方面的质量评价。如表 3-2 所示。

表 3-2　开始部分的质量评价指标

评价内容		评价程度				
		好	较好	一般	较差	差
方法	方法恰当、灵活					
	能激发幼儿学习的积极性					
	方法新颖、有创意					
与主题的关系	与活动主题关系密切					
	能自然过渡到基本环节					
导入时间	时间分配合理，不影响主体活动的开展					
导入语言	语言清晰、自然，能吸引幼儿的注意力					
	语言简洁明了，词语使用恰当					
	导入语言中无明显的口头语					

（二）基本部分的质量评价

1. 基本部分存在的问题

（1）展示背教案

一些学生把活动过程看作施工图，不折不扣、一字不落地背教案，机械、呆板。生动活泼、富有个性化和创造性的活动过程变质。有的将配课"幼儿"的答案预先写好，要求其背出来。例如，"幼儿教师"问："红色和蓝色搅在一起能变成什么颜色?"为顺利开展活动，安排一个"幼儿"准备好正确答案。实际模拟中，另一个"幼儿"抢答"黑色"。这位"幼儿教师"脸色大变，不知所措。真正的幼儿园教学活动是充满变化和挑战的，没有教师能真正预测活动中每个环节会出现什么问题、有什么答案。教学过程是创造性劳动过程。

（2）教具不恰当

教具是引发幼儿活动的物质基础。教学环节的顺利开展离不开教具正确、合理的使用。教具运用的有效性，是职前幼儿教师模拟教学重点学习的内容之一。教具运用一是教具数量的确定。数量过少，教学过程缺乏趣味性；数量过多，会分散幼儿注意力，影响教学活动进程。二是教具出示的时机。三是在幼儿学习的环节，应出示与教具匹配的学具，让幼儿自己探究，体现教具的价值。

（3）过渡不流畅

基本环节是幼儿园教学活动的主体，根据活动目标，可划分为不同步骤，每个步骤间需要有过渡和承接。职前幼儿教师仅注重各步骤内部的完整性，忽视步骤与步骤间的过渡和连接。各环节过渡缺乏流畅性。主要表现一是缺少过渡语衔接，结束一个步骤后直接进入下一个步骤，幼儿和观课者有跳跃感觉；二是缺少留白时间，以幼儿为本，紧张的活动过程会使幼儿感到紧张和压力，合理、巧妙的等待可降低活动组织的压抑程度。

（4）幼儿主体性缺失

幼儿园教学活动是教师和幼儿共同参与互动的过程，既有教师的"教"，又有幼儿的"学"。职前幼儿教师缺乏对幼儿学习方式、兴趣、需要、年龄特点的了解。在模拟活动中，教师成为"主角"，缺少"幼儿"学的过程。这种做法严重违背了《幼儿园教育指导纲要（试行）》和《3—6岁儿童学习与发展指南》对幼儿教师支持者、合作者、引导者的定位，使幼儿不能成为幼儿园教学活动的主体。

2. 基本部分的质量评价指标

针对上述问题，我们制定出基本部分的质量评价指标，主要侧重对学生在基本环节中教学法的选择、教具的运用、"师幼"互动和教学效果等方面的质量评价。如表3-3所示。

表3-3　基本部分的质量评价指标

评价内容		评价程度				
		好	较好	一般	差	很差
基本活动步骤	教学活动阶段清晰，环节过渡自然					
	教态自然大方，语言亲切生动					
	体现幼儿学的主体性，能灵活处理教学中出现的问题					
基本教学方法	教学方法选择多样					
	教学方法运用灵活					
教具运用	教具制作精美，有效整合教学资源					
	教具运用科学、合理，有效服务教学活动					
活动效果	基本完成活动目标					
	活动气氛活跃					

（三）结束和延伸部分的质量评价

1. 结束和延伸部分存在的问题

（1）结束和延伸部分缺失

在模拟过程中，许多学生精心准备导入环节，认为好的开始等于成功的一半，而对结束环节不重视，结束突兀，一带而过，不能完整地呈现教学活动，头重脚轻，虎头蛇尾，影响了模拟教学活动的质量。

（2）结束和延伸部分偏离

部分学生虽然已经认识到，在模拟教学活动中，结束环节起着画龙点睛的重要作用，但在实际展示中，只是草草了事，使结束部分与教学活动的主体内容脱节。

有些学生活动时间分配不合理，将结束部分又设计成另一个基本部分，浪费了大量的时间和精力，事倍功半。这是因为他们不理解结束环节的作用，让本该结束的活动再次进入"高潮"，无法升华活动主题(见案例3-3)。

案例3-3　中班语言教学活动"勇敢的熊大"

活动目标

1. 在理解儿歌内容的基础上有感情地朗诵。

2. 感受熊大过桥时的心情，懂得要勇敢自信地克服困难。

活动过程

1. 情境导入，引发幼儿的兴趣。

2. 出示熊大过桥的大背景图，讲述熊大过桥的情境。

3. 与幼儿合作，将熊大过桥的情境编成一首儿歌并欣赏。

4. 知识巩固，结束活动。

第一，学做熊大，师幼共同朗诵儿歌，巩固儿歌内容。

第二，分小组扮演儿歌中的人物角色，巩固儿歌内容。

这个活动的重点是对《勇敢的熊大》儿歌内容的理解，产生移情的感受。经过看图讨论、亲身感受后，结束部分师幼一起回顾儿歌，简单地概括即可。但教师在最后又让幼儿进行角色扮演，再次掀起"幼儿"活动高潮。"幼儿"扮演熊大角色，教师无法自然收场，只能强制性地结束。

　2. 结束和延伸部分的质量评价指标

针对上述问题，我们制定了结束和延伸部分的质量评价指标，主要注重对结束和延伸方法的选择、与活动主体结合度、时间分配、结束语言等方面的质量评价。如表3-4所示。

表3-4　结束和延伸部分的质量评价指标

评价内容		评价程度				
		好	较好	一般	差	很差
与主体部分的关系	与基本部分保持一致					
	紧扣活动目标					
	开放，能升华活动主题					
结束和延伸	方法恰当					
	首尾呼应					
	方法新颖、有创意					
结束语言	自然流畅，表达精准					
	简洁明了，语词恰当					
	情感激励，促进幼儿进一步探索					
结束时间	时间分配合理，不影响主体活动展示					

三、整体实践质量评价策略

从分段练习到整体练习，是学生参与实践模拟教学质的飞跃。质量评价标准应该从关注局部扩展到关注整体质量评价。

1. 评价内容

《幼儿园教师专业标准（试行）》提出幼儿教师专业发展的基本能力包括环境创设与利用、一日生活组织与保育、游戏活动支持与引导、教育活动计划与实施、激励与评价、沟通与合作及反思与发展的能力。模拟教学是在幼儿园教学活动情境中进行仿真教学，质量评价指标应和幼儿园实际教学匹配。因此，评价主要涉及教学态度、教学语言、活动目标和内容、教学方法、活动步骤和活动效果。如表 3-5 所示。

表 3-5　整体部分质量评价内容

评价项目	评价内容	评价标准
教学态度	整体认知态度	认真对待模拟活动的各环节，端正态度，虚心学习
	对"幼儿"的态度	在模拟教学前、中、后与"幼儿"保持良好关系
	对他人评价的态度	虚心听取老师和同学的评价意见，能针对所提问题进行反思
教学语言	普通话标准，表达规范	使用普通话组织教学活动，语言清晰规范
	语言严谨科学	用语规范，用词准确，符合科学性
	语言生动形象，富有感情	生动形象，活泼有趣，表情和动作到位
	语言具有艺术性	直观形象，具有一定的开放性，给幼儿留下感受思考的空间
活动目标和内容	把握重点和难点	教学活动能够突出重点，突破难点
	与年龄相匹配	与幼儿年龄特征相符，体现出一定的个体差异
	与目标一致	与活动目标吻合，为活动目标的完成提供有力支撑
	准确性	教学内容准确，无常识性错误
	完成内容目标	过程合理，层次清晰，完成教学活动基本内容
教学方法	方法多样	选择三种以上的教学方法，教法和学法有机结合
	运用灵活	有效整合教学资源，根据模拟教学情境灵活运用各种教学方法
活动步骤	活动层次清晰	合理分配各环节的教学时间，符合教学规范
	环节过渡自然	活动环节衔接自然
	体现幼儿的主体性	保证幼儿活动时间，每个幼儿能不同程度地参与，能及时给予反馈和引导
	教具运用得当	使用合理，恰当融入信息技术，活动丰富、充实

续表

评价项目	评价内容	评价标准
活动效果	气氛活跃	气氛融洽，活跃有序，幼儿参与度高
	师幼关系融洽	尊重、关爱幼儿，体现教师的爱心、细心、耐心和责任心
	幼儿达到"最近发展区"	幼儿在认知、情感、行为目标层面都得到相应发展

2. 评价方法

（1）评分标准

学前教育专业整体模拟教学质量评价体系分三级考评标准。每级评价指标设置不同权重，每项质量评价指标确定 4 个赋分等级，每一级赋分为 90～100 分、80～89 分、60～79 分、60 分以下。分值与考核等级对应为：90～100 分优秀，80～89 分良好，60～79 分中等，60 分以下较差。如表 3-6 所示。

表 3-6 整体模拟教学评分表

一级指标	二级指标	（三级指标）质量评价结果			
		优	良	中	差
		90～100 分	80～89 分	60～79 分	60 分以下
教学态度 25 分	整体认知态度（10 分）				
	对幼儿的态度（8）				
	对他人评价的态度（7 分）				
教学语言 20 分	普通话标准，表达规范（5 分）				
	语言严谨科学（5 分）				
	语言生动形象，富有感情（5 分）				
	语言具有艺术性（5 分）				
活动目标和内容 10 分	把握重点，突破难点（2 分）				
	与年龄相符（2 分）				
	与目标一致（2 分）				
	准确性（2 分）				
	完成内容目标（2 分）				
教学方法 15 分	方法多样（8 分）				
	方法灵活（7 分）				
活动步骤 15 分	阶段层次清晰（4 分）				
	环节过渡自然（3 分）				
	体现幼儿的主体性（4 分）				
	教具运用得当（4 分）				

一级指标	二级指标	（三级指标）质量评价结果			
		优	良	中	差
		90～100分	80～89分	60～79分	60分以下
活动效果 15分	气氛活跃（5分）				
	师幼关系融洽（5分）				
	幼儿达到"最近发展区"（5分）				

（2）计算方法

模拟教学活动真正的参与主体是学生。但以往模拟教学活动质量评价几乎把学生排斥在外，由专任教师点评，评价主体单一，严重制约了学生参与模拟教学的积极性。为此，我们特别将学生自评、他评作为整体模拟质量评价的重要依据，促进学生全员、全程、全方位参与，将学生参与的形成性评价计入最后成绩，使模拟教学的质量评价真正成为提升学生教学质量的重要保障。

学前教育专业整体模拟教学质量评价的结果是由任课教师评价、学生自评和学生他评的结果按不同权重相加确定的。三方评估各占不同权重，学生自己占30％，其他学生占20％，任课教师占50％。因为指标体系中每个指标的评估结果都是按等级法设计的，所以在计算学生模拟成绩时，参照一般习惯取值。在本指标体系中，规定90分以上为优秀，80～89分为良好，60～79为中等，60分以下为较差。

3. 评价方式

学前教育专业模拟教学质量评价突破了以往专业任课教师为唯一评价主体的方式，加入了自评和他评，不断丰富了模拟教学质量的评价方式。

以下以张同学在模拟教学活动（健康领域）中的实际情况为例，探讨各类质量评价方式的注意要点（见案例3—4）。

案例3—4　大班体育教学活动"勤劳的小蜜蜂"

活动目标

1. 提高手脚协调能力，会听指令玩游戏。

2. 激发幼儿合作意识，增强合作能力。

活动过程

一、激发兴趣

师："今天老师要给小朋友们变个魔术，请闭上眼睛（准备图片）。请睁开眼睛。现在我们来到一个美丽的地方，这里的小花、小草们刚刚睡醒。小朋友们，让我们一起陪它们伸个懒腰吧！"

师："嗡嗡，是谁飞来了？是勤劳的小蜜蜂，它早早地起床来做运动。小朋友们，你们想和小蜜蜂一起做运动吗？"

二、基本部分

1. 教师与幼儿讨论，共同"飞舞"

师："小朋友知道小蜜蜂有哪些本领？（采蜜、会飞……）有哪位小朋友说说小蜜蜂是怎么飞的？"

2. 教师做示范，幼儿模仿

师："小蜜蜂最大的本领就是采蜜，大家想知道小蜜蜂是怎么采蜜的吗？大家先看老师怎么做，要仔细观察老师的动作。"

3. 游戏："爱劳动的小蜜蜂"

师："我们学会了小蜜蜂如何采蜜，下面我们来做'小蜜蜂采蜜'的游戏吧。"

玩法：

第一，分组（分两组，一组四人，站成两纵队）。

第二，各组第一位同学从起点出发，跨过第一条绳子，蹲下，再穿过第二条绳子，然后按路标提示，绕过障碍物，到达终点。拿到花瓣，从两侧返回，将花瓣放入各自的盒子。当第一位小朋友返回与第二位击掌后，第二位才可以出发。第三、第四位也一样，限时两分钟。采蜜少的那组小朋友要上台表演本节所学的小蜜蜂飞和采蜜的动作。

第三，第二轮游戏。小组不变，障碍物也不变。取得花瓣后，按原路返回，将花瓣放入各组盒中。第一位返回与第二位击掌后，第二位才可以出发，第三、第四位也一样。每位小朋友按这样来进行，限时两分钟。哪组先将花瓣采完，哪组获胜。输了的那组需要按照赢的那组所提的要求进行表演。

三、结束部分

我们今天的收获可真多，小蜜蜂们累了吧，我们学会了小蜜蜂怎么飞、怎么采蜜，现在我们来放松一下吧（播放音乐）。

教师评价

成功之处：本次活动教师采用健康领域体育活动中典型的示范教学法，逻辑清晰，结构合理，示范动作到位，语言准确生动，幼儿易模仿；创设蜜蜂采蜜的情境，能很好地帮助幼儿练习双手平举姿势。

不足建议：师幼之间缺乏互动交流；语言过于专业化，不利于幼儿理解。

教师评价学生的优点和不足时，应该采取"2+2"的方式，即根据张同学模拟教学的情况，评出两点成功之处，指出不足，给出至少两点建议。教师给出的建议应该是具体、明确、有针对性的，如张同学本次活动的优点和不足鲜明，可以通过"2+2"的方式具体指出以下成功之处、不足及建议。

成功之处

1. 该活动从大班幼儿动作学习的认知特点入手，教学设计思路清晰，环节层层递进，逻辑感强。

2. 在本次活动中，教师通过情境游戏，让幼儿体会小蜜蜂采蜜的快乐，并通过游戏使动作得到强化练习，设计巧妙，取得了较好的教学效果。

不足及建议

1. 活动目标表述不准确，应从"幼儿"的角度阐述，保持前后一致。第一条和第二条目标表述角度不一致，表述一个从"幼儿"角度，一个从"幼儿教师"的角度，应改为"体验快乐，强化动作，提高合作意识，增强合作能力"。

2. "教师"在活动过程中只考虑自己的内容表达，未注意"幼儿"的回答及对回答的追问。"以幼儿为主体"的提问应从幼儿角度出发，针对幼儿的答案进行追问，引发幼儿进一步思考。其次，"教师"缺乏"幼儿的主体性"意识。

自我评价

整体质量评价：整个活动中，我想尽办法，注意激发幼儿兴趣，提高幼儿参与活动的积极性，让游戏贯穿健康领域活动。对于同一游戏，我采用不同方式进行设计和组织，幼儿参与度高，有很大的积极性，效果较好。我还注意与幼儿之间互动交流，不是单向灌输，而是动态互动，效果也较好。

各项目质量评价：

教学态度和语言。在设计活动教案时，我想办法让活动"活"起来、"动"起来，精选好玩的教具游戏吸引幼儿；花大力气准备讲故事环节，在词语选用、语言精练、发音准确、游戏选择和表情训练方面都积极准备。

活动目标和内容。我先与老师一起确定活动目标，与同学和老师商榷活动过程和内容，确保活动的层次性和趣味性。在导入过程中，根据大班幼儿的好奇心，将原来提问导入改成魔术导入，幼儿通过魔术快速地参与到活动中来。

教学方法和步骤。本次活动主要采用游戏教学法，让幼儿在游戏中提高手脚协调能力，学会听指令做游戏。在活动目标的引领下，清晰地完成每个步骤。但与其他同学相比，没有使用教具辅助教学，这是本次活动的一大缺憾。

活动效果。幼儿非常喜欢这次活动，参与度很高。但在与幼儿互动中，缺少"度"的把握，使活动一度失控难收。

自我评价是学生对自己组织的活动进行自我分析、自我提高的重要过程。自评的主要方式包括自我评定、自我报告和录像自评。

自我评定。参照整合模拟质量评价标准，按表中的项目一一评定，对号入座，知道自己哪些方面做得好，哪些方面做得不足。这种方式比较客观、全面，不易遗漏。

自我报告。自评过程中，可以对教学过程中的有关情况进行解释，主要是关于"为什么"的问题，如为什么确定本次活动目标，为什么准备这样的学具和教具，活动过程如何处理突发事件等。

录像自评。观看自己的教学录像，以旁观者的角度评价自己组织活动的优点和不足。

他人评价

"幼儿"的评价：

这位同学组织的游戏活动符合大班幼儿的身心特点，能够激发幼儿的积极性和参与度。语言生动，逻辑清晰。因为活动太好玩，我们的注意力牢牢地被抓住。有一点做得不到位，就是给幼儿示范"小蜜蜂"飞舞时，采用面对面的方式，不利于幼儿观察模仿，应该采用镜面示范。

观课学生评价：

应该开展丰富的户外游戏和体育活动，形式再丰富些，使本次活动更加充实。情境游戏方法很好，但我如果是组织者，那么会让幼儿自由分组，这样可以体现幼儿的主体性，增强幼儿的合作竞争力。

在执教学生自评后，其他学生在其基础上进行质量评价。根据与模拟教学执教者的关系分类，他评可分为配课学生质量评价和观课学生质量评价。

第一，配课学生质量评价。

配课学生是模拟活动的真正主体，兼具参与者和旁观者双重身份。他们最有发言权。配课学生质量评价对执教者专业成长非常关键。配课学生应运用幼儿卫生学、心理学、教育学相关知识，从"幼儿"的角度评价活动的基本情况：目标是否达成，内容是否为了实现目标，活动是否达到了幼儿"最近发展区"，活动准备是否重视幼儿的经验积累；在活动组织实施过程中，"教师"语言是否生动活泼，教态是否得体，组织是否易于幼儿接受和理解，是否能激发幼儿学习的积极性和主动性；活动结尾是否利于幼儿拓展活动所学，是否真正在情感、认知、能力方面能让幼儿得到相应的收获和进步。

第二，观课学生的质量评价。

观课学生的质量评价不必面面俱到，可依据模拟教学质量评价标准，从某个角度进行深入评价，挖掘可取和不足之处。观课学生可将执教者与自己进行换位思考，设想如果自己是执教者，会如何设计活动和处理相应的问题。

4. 评分方法

比对整体模拟教学质量评价标准，张同学为自己打87分，同班其他同学（共3人）对张同学模拟教学活动的他评平均分数为80分，专业任课教师给出的分数是85分。因此，按照自评（30%）：他评（20%）：师评（50%）的比例，张同学模拟教学活动的最后得分为 $85×50\%+80×20\%+87×30\%=42.5+16+26.1=84.6$ 分。

表 3-7　张同学幼儿园健康领域模拟教学得分表

一级指标	二级指标	质量评价结果（分）		
		师评	他评	自评
教学态度（25分）	整体认知态度（10分）	10	10	10
	对"幼儿"的态度（8分）	7	7	7
	对他人评价的态度（7分）	7	6	7
活动目标和内容（10分）	把握重点，突破难点（2分）	1	1	1
	与年龄相符（2分）	1	1	1
	与目标一致（2分）	2	2	2
	准确性（2分）	1	1	1
	完成内容目标（2分）	1.5	1	1

续表

一级指标	二级指标	质量评价结果(分)		
		师评	他评	自评
教学方法 (15分)	方法策略的多样性(8)	6	5	6
	方法策略的灵活性(7)	6	5	6
教学 语言 (20分)	普通话标准,语言规范(5分)	5	5	5
	语言严谨科学(5分)	4	4	5
	语言生动形象,富有感情(5分)	4	5	5
	语言具有艺术性(5分)	4	4	4
活动 步骤 (15分)	教学活动阶段清晰(4分)	3	2	3
	环节过渡自然(3分)	2	2	2
	体现幼儿的主体性(4分)	4	4	4
	教具运用得当(4分)	4	4	3
活动 效果 (15分)	活动氛围活跃(5分)	4.5	4	5
	师幼关系融洽(5分)	4	4	5
	"幼儿"达到"最近发展区"(5分)	4	3	4
总计		85	80	87
总分	85×0.5+80×0.2+87×0.3=42.5+16+26.1=84.6(良)			

5. 评价示例

秦同学在模拟教学活动中选择了大班音乐教学活动"唐老鸭减肥"。以下内容是秦同学音乐领域模拟教学活动的基本流程,其后呈现了幼儿园音乐领域专业任课教师、秦同学以及其他三名同学给出的模拟教学分数和评价内容(见案例3-5)。

案例3-5 大班音乐教学活动"胖老鸭减肥"

活动目标

1. 初步理解音乐三段体结构,感受活动带来的欢乐。

2. 根据音乐节奏与乐句变化创编健身动作。

活动准备

音乐《瑞典狂想曲》分段,胖老鸭、瘦老鸭图片各一张。

活动过程

一、观察图片

1. 出示图片,引导幼儿观察胖老鸭。

师:"它长得怎么样?(胖胖的)是从哪里看出来的?"

2. 引导幼儿用动作表示胖老鸭的大肚子。

师:"胖老鸭挺着大大的肚子,我们也学学胖老鸭走路,当个胖老鸭。"

二、感受及表现

(一)探索A段动作。

幼儿听音乐,感受音乐节奏××××,引导幼儿体会胖老鸭摇摇摆摆、笨手笨脚的样子。

师："自从住进迪斯尼乐园后，唐老鸭就过着皇帝般的生活——每天吃很多食物，又不运动，变得很懒。结果它变得越来越胖，肚子也越来越大。你们听，它来了。"

（二）探索 B 段动作。

1. 幼儿听 B 段音乐，感受其与 A 段音乐的不同。

师："终于有一天，唐老鸭发现自己胖得连路都走不动了，这么胖可怎么办呀？（通过运动来减肥）它会做哪些运动呢？"

2. 运用问答法引导幼儿大胆思考，并想象和自由探索唐老鸭可能做的健身动作。

3. 播放音乐，让幼儿跟随音乐节奏把想到的动作表现出来。

（三）探索 C 段动作。

1. 出示瘦老鸭图。

师："几个月之后，我们看看胖老鸭减肥效果如何。（变瘦了）哇！变化真大！正像小朋友所希望的那样，通过运动胖老鸭变瘦了。它变瘦以后是怎么走路的呢？请小朋友们仔细听音乐，想象它走路的动作。"

2. 幼儿听音乐，根据音乐节奏模仿变瘦后的唐老鸭的动作。

3. 在乐曲结束时提问幼儿，引导幼儿用肢体动作表现唐老鸭快速奔跑的动作和得冠军后的激动神情。

三、完整表演

1. 引导幼儿想象情节发展的进程，鼓励幼儿根据自己设计的情节和动作进行表演。

2. 请幼儿上台一起听音乐完整的表演。

活动延伸

1. 提醒幼儿注意合理饮食，加强锻炼。

2. 在表演区投放录音机、磁带和表演材料，供幼儿表演用。

教师评价

成功之处：第一，题材的选取很出色、新颖，富有童趣，很受大班幼儿喜欢；活动目标具体可操作，表述清楚。第二，"教师"对活动熟悉，说明课下刻苦、认真地练习了；每一个动作、表情与活动步骤、教学语言贴合；教学态度和学习态度端正。你做得非常好！

不足之处及建议：第一，注意音乐背景进入时机。探索创编动作时，及时加入音乐背景，让幼儿在标准音乐中感受音乐与动作间的关系。第二，注意幼儿教师能力的全面性。五大领域是一个整体，不能只熟悉某一个领域的活动，应将五大领域活动的目标熟记于心。本次活动中，在熟悉健康领域体育活动内容的基础上，根据大班幼儿创编健身动作的特点要求，对幼儿错误创编给予及时纠正。但这一步骤秦同学没有做到位，只是随着活动流程进行了下去，指导方面没有很好地体现。这一环节的表现暴露了秦同学的弱项，今后要加强基础学科知识的学习运用。

自我评价

整体质量评价：过程完整，思路清晰，衔接到位，环节分明，层次性强，能有效落实活动目标；教态自然，富有感染力。

各项目质量评价：

第一，教学态度与语言。我很早确定了艺术领域模拟教学活动，但一直在音乐、美术间徘徊。准备好的美术活动的被老师打回，我丧失了对美术活动组织兴趣，觉得自己不适合这个领域。在一次下园中，我看到了音乐活动组织，回来后认真准备教案，跟老师交流讨论，将多年学习音乐的积淀和大班幼儿发展特征相结合。在老师的帮助下，我修改备好教案，一字一句认真研读，大量练习。功夫不负有心人，付出得到了老师和同学的赞赏。

第二，活动内容和方法。我选用不同的方法进行准备。这次活动我确定了歌曲曲目后才确定活动目标。音乐活动与其他活动不同，乐曲好坏直接决定活动成败，乐曲本身是活动的重要载体。我围绕乐曲和活动目标，设计了几种不同的活动形式和相应游戏；又与老师一起确定特定活动方式，使教学活动设计比较成熟。

第三，活动效果。对于幼儿来讲，他们生来就是艺术家，对音乐比较敏感，非常喜欢音乐，听到音乐就会不自觉地动起来。本次活动幼儿积极性和参与度很高。美中不足的是，在健身动作创编中，由于我的专业功底不扎实，无法实现现场指导，暴露了自己专业技能的弱点。

他人评价

配课学生质量评价：《瑞典狂想曲》音乐活泼、有趣，符合大班幼儿的年龄特点，很容易听出三段体结构。本活动重点让幼儿进行动作创编，但这一过程教师干预较多，给幼儿自由度小，没有放开让幼儿创作。教师应以引导者、合作者的角色与幼儿一起研究。

观课学生质量评价：幼儿园音乐教学活动是艺术领域活动。艺术领域活动的目标不在于培养幼儿的技能，而在于发展幼儿感受美、欣赏美、创造美的能力。这次活动幼儿充分参与其中，感受到了"狂想曲"的热烈，体现了音乐的美。此次活动另外一个优点是音乐活动与健康领域编排结合。如果让我组织活动，我会让幼儿尽情地发挥，感受音乐律动，不会规定幼儿的动作属性。

秦同学按照整体模拟教学质量评价标准对自己进行自评的分数为 93.5 分，同班其他同学（共 3 人）对秦同学模拟教学活动的他评平均分数为 88 分，专业任课教师给出的分数是 94.5 分。因此，按照自评（30%）：他评（20%）：师评（50%）的比例，秦同学模拟教学活动的最后得分为 94.5×50%＋88×20%＋93.5×30%＝47.3＋17.6＋28＝93 分。

表 3-8　秦同学幼儿园艺术领域模拟教学得分表

一级指标	二级指标	质量评价结果（分）		
		师评	他评	自评
教学态度 （25 分）	整体认知态度（10 分）	10	10	10
	对"幼儿"的态度（8 分）	7.5	7	7
	对他人评价的态度（7 分）	7.5	7.5	7.5

一级指标	二级指标	质量评价结果（分）		
		师评	他评	自评
活动目标和内容（10分）	把握重点，突破难点（2分）	1	1	1
	与年龄相符（2分）	1.5	1	1
	与目标一致（2分）	2	2	2
	准确性（2分）	1	1	1.5
	完成内容目标（2分）	1.5	1	1.5
教学方法（15分）	多样性（8）	7	5	6
	灵活性（7）	7	5	7
教学语言（20分）	普通话标准，表达规范（5分）	5	5	5
	语言严谨科学（5分）	4.5	4	5
	语言生动形象，富有童趣（5分）	5	5	5
	语言具有艺术性（5分）	5	4	5
活动步骤（15分）	阶段层次清晰（4分）	3	3	3
	环节过渡自然（3分）	3	2	3
	体现幼儿的主体性（4分）	4	4	3.5
	教具运用得当（4分）	3.5	3.5	3.5
活动效果（15分）	气氛活跃（5分）	5	5	5.25
	师幼关系融洽（5分）	5	4	5.25
	幼儿达到"最近发展区"（5分）	4	2	4
	总计	94.5	88	93.5
总分	$94.5 \times 50\% + 88 \times 20\% + 93.5 \times 30\% = 47.3 + 17.6 + 28 = 93$（优）			

第二节　模拟教学的实践反思

反思能力是优秀的幼儿教师必备的能力，是教师专业化发展的基本功。《幼儿园教师专业标准（试行）》指出，幼儿教师应具备一定的反思能力。学前教育专业的学生应该在模拟教学中学会对自己的教育教学活动进行反思，形成反思习惯，总结实践中的经验。

一、模拟教学反思的概述

（一）模拟教学反思的基本内涵

美国心理学家波斯纳（Posner）于1989年提出，教师成长公式为"成长＝经验＋

反思"。他指出，如果仅仅满足于获得经验而不对其进行深入思考，那只是一种肤浅的认识。对于模拟教学而言，无论是从反思的原因还是从反思的目的看，都是职前幼儿教师作为学习主体，对自己进行反复的、主动的、积极的自我审视，借以使自己得到最大程度的提升。

学前教育专业学生借助模拟教学情境和经验，对教学过程和教学行为进行反思，对学前教育专业的理念和知识进行反思。

（二）模拟教学反思的基本过程

教学反思的过程大多分为四个阶段，即具体体验、观察分析、抽象概括、积极验证。这一过程总结了在职教师的反思过程，但没有概括模拟教学过程中学生的反思过程。这里结合国内外研究结果及学生反思发展特点提出了学前教育专业学生模拟教学的反思过程。如图 3-1 所示。

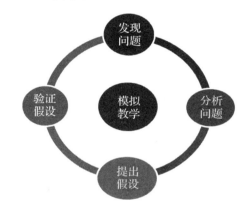

图 3-1　学前教育专业学生模拟教学的反思过程

发现问题：模拟教学实践过程中，学生通过观察、反思，发现他人、自己的教学问题。

分析问题：观察、反思后发现一些问题，学生要对问题进行分析，可运用已学相关理论进行分析，也可与同学交流经验以获得答案。

提出假设：对问题通过各种途径分析后，将找到的答案在教学实践中进行检验。如果效果不明显，或者彻底不起作用，就需要再结合理论知识，提出解决问题的初步假设，并再次到实践中检验。

验证假设：验证假设过程是个螺旋上升的过程。学生将提出的问题、解决问题的初步假设再次应用到模拟教学过程，不断跟踪记录问题解决过程，对效果进行分析总结，找出成功之处和不足所在。针对不足，再进行下轮反思、实践，直到满意为止。随着教学实践的不断深入，学生会不断发现新问题，继续反思、总结和验证。模拟教学反思的过程就是一个循环往复、螺旋上升的过程，是始终贯穿于教学实践活动过程之中的。

（三）影响模拟教学反思的因素

教师教学反思能力的获得是一个漫长复杂的过程，是教学反思意识、反思行为、理念与情感等多种因素综合作用的结果。

1. 学习能力

反思能力的获得过程是学生学习能力获得的过程。模拟教学反思的本质是让学生在理论学习的基础上，向理论和实践相融合迈进。模拟教学活动因为具备其特有的重复性与单一性，往往会使学生处在"闭门造车"的状态。因此，学生必须在具备学习积极性和能力的基础上，才有可能去反思自己的教育教学。

2. 反思意识

反思意识是指学前教育专业学生进行模拟教学反思的主观意愿以及对教学反思的认识。认识并了解教学反思，对职前幼儿教师专业化发展很重要，是形成模拟教学反思的前提。思想决定行为，如果认识到重要性，就会自觉反思；如果不认可教学反思的价值，自然不会进行主动反思，甚至会出现逆反心理。学生只有树立反思意识，才能真正进步和发展。所以，激发学生积极的反思意愿十分重要，因为愿意反思是进行教学反思习惯培养的首要工作。

3. 反思技术

在模拟教学实践中，许多学生因不懂教学反思技术而不会自我反思。我们需要针对教学反思的相关问题，教会学生科学反思的方法、操作规范、恰当的手段等。

二、模拟教学反思的方法

模拟教学的过程、结果都需要反思与再实践。缺乏反思会导致教学理论与实践脱离，专业技能提高缓慢，专业成长滞后。因此，学生必须在模拟教学中学会反思的方法，积累教学反思的经验。

（一）录像反思法

1. 模拟教学录像反思法

教学活动中有许多精彩瞬间，仅靠教师自身很难注意到细节，更不用说把其逐一记录下来。教学录像能克服这一难题，能将教学活动过程真实、详细地记录下来。使用教学录像，职前幼儿教师可以以旁观者身份观看自己的教学活动过程，不仅有助于他们认识真实的自我、隐性的自我，还有助于他们发现活动过程中未发现的问题。以2011级学前教育专业张同学大班科学教学活动"乌鸦想喝水"模拟教学录像的详细记录为例（见案例3—6），活动目标是在观察的基础上了解豆子大小与水位上升快慢的关系，积极地观察思考，大胆说出自己的发现。活动准备是为幼儿提供乌鸦图片、石子、黑豆、杯子、水等。

案例3—6　大班科学教学活动《乌鸦想喝水》

一、开始部分

师："小朋友们，你们好！今天老师给大家带来了一个新朋友——乌鸦，你们看看它在做什么。"

师："用你们聪明的小脑袋想一想，用什么办法才能让乌鸦喝上水？"

二、基本部分

(一)教师演示实验

师："小朋友们看老师手里拿着的是什么?"

幼："豆子。"

幼："瓶子。"

师："好,大家看得都很仔细,现在老师就给大家演示'投豆子'的游戏。"

(瓶子上有一个黄色标记,是乌鸦能喝到水的记号。老师分别选用两种不同的豆子投入两个瓶中,让幼儿观察两种豆子各放多少才能让乌鸦喝到水)

(二)集体讨论演示结果

师："好,从这个有意思的实验中,你们都有什么发现?"

幼："瓶子里的水变多了。"

师："只要放进去豆子,水就会变多,是吗?"

师："你们观察到水上升和石头、豆子有什么关系?请一名代表来说一下。"

(三)幼儿实验活动(发现新东西)

1. 出示相同的瓶子,瓶子里的水一样多,瓶子里放满小石头。

2. 请幼儿想办法如何让水位继续上升。

师："小朋友们,现在老师手里拿着两个瓶子,你们看到瓶子里有什么?"

师："水多不多?"

幼："不多,只有一点点。"

师："那我们可以用刚才的办法让乌鸦喝到水吗?一起来试试吧!"

幼儿操作尝试,往瓶中放入石头,直至放满。

3. 瓶子里放入小米(感受水位继续上升)。

师："喝到水了吗?"

幼："没有。"

师："为什么呢?那我们试试往里面放点其他的东西可以吗?"

幼儿继续操作,在瓶中加入小米等较小的颗粒,继续观察水面。

教师小结："哦,明白了,石子比较大,它们之间缝隙也比较大,水很'调皮',它就喜欢'钻'到下面的缝隙里去;沙子比较细,之间的缝隙很小,水不能再'调皮'了,只能'跑'到上面去了。"

通过观看教学录像,张同学对自己整个活动的总体反思如下。

从整体上来说,活动目标具体,可操作性强,符合大班幼儿年龄特点;教学内容较完整。从录像记录时间上看,导入2分钟,基本过程15分33秒,"教师"实验1分18秒,"幼儿"自主实验12分36秒。"幼儿"实验过程中,注意引导"幼儿"观察记录,帮助"幼儿"积累有关经验。本次活动的重点内容还是没有很好展开,没能让"幼儿"在实验之后进行充分讨论和表达。因此,缺乏师幼互动,使"幼儿"积极性不足,无法活跃课堂气氛。

2. 模拟教学录像反思写作

许多同学会运用手机等录像,记录自己的教学活动。在学前教育专业模拟教学活动过程中，运用录像技术记录不仅成为当下流行的回忆方式，而且方便执教者事后反思。很多问题可以通过反观录像、重现过程被发现。执教者以旁观者视角清楚地、客观地分析教学活动过程中的问题。活动过后，张同学与科学领域的教师一起观看此次录像，全面综合反思、分析整个教学活动。

教态方面：张同学在教学过程中有一个明显体现焦虑的动作：手不停地打响指。问及为什么时，他才回忆起自己当时的心理状态，并针对该问题分析了动作产生的原因。一位好的幼儿教师，可以用眼神、肢体语言、感情丰富的口头语言等与幼儿交流，保障教学活动顺利开展。

与幼儿互动：科学领域实验的科学性对教师有一定的操作要求，这使张同学在活动过程中不自觉地只重视自己的实验过程，忽视了与幼儿交流。

张同学受到了严重打击，这时，已经不想再对自己的活动进行反思了。

张：……每节课老师都让同学们从教态、语言、姿势上挑自己的毛病，我真的快崩溃了。活动组织得如此糟糕，让我觉得我自己都有问题了；并且，每天重复观看自己的教学视频，我也快不认识自己了……

其实教师是以旁观者的身份观看自己的教学录像的，但对象是自己，这个过程中内心的感受复杂，需要慢慢习惯。最初让教师观察他人的录像，学会录像评价方法；然后由教师独自观察自己的教学录像并自评，等到基本接受这一反思方式后，再与他人一起评价，效果会很好。因此，我们和张同学一起观看往届学生模拟教学的录像，观看中采用不限定反思点、自由反思的原则，让学生们都感受到了模拟教学录像反思的工具性价值。在此基础上多次重复观看录像，每次从不同角度进行反思，在螺旋反复中逐渐形成对自己完整的分析。

对教具的运用：幼儿园教师重教具的制作和使用。教具能有效辅助教学活动，帮助幼儿理解所学知识。虽然张同学的活动中运用了精美教具，但这些教具没起到积极的教学效果，反而影响了幼儿的思考能力与注意力。通过观看教学录像分段，张同学自己也注意到了这点。我们帮助她及时反思，分析教具使用的时机和初衷，从而让她深刻认识教具与教学之间的关系。

对教学活动时间的分配：开始部分，教师采用图片呈现的形式，但没有让幼儿对图片进行观察，缺乏提问，幼儿没参与到互动活动中来。导入一带而过，用时较短，形同虚设；也没有留出充分的时间，让幼儿进行思考、交流。要知道，无论他们最终能否得出正确的答案，都要对幼儿的探索精神给予鼓励。主动建构的知识更有利于幼儿理解和记忆。

需要提醒的是，在观看自己的录像并进行反思时，不能凭借感觉和经验，应该依据评价标准，有目的地进行反思。

（二）日记反思法

1. 模拟教学的日记反思法

教学反思日记是指教师自觉地把自己和其他教师的教学实践作为认知对象，进行全面深入的审视、思考、分析、总结，用日记的形式把教学过程中所得到的经验、碰到的问题、解决问题的思路和智慧以及各种教学心得体会记录下来。

提升职前幼儿教师专业反思能力的有效方式之一是撰写教学反思日记。对于处于入门阶段的学前教育专业学生来说，反思日记是最能帮助他们反思的方式之一。模拟教学反思日记可以包含学生在实践学习和模拟教学活动中的基本素材。对这些素材的反复研究、思考可以帮助学生回顾和分析自己的认知行为，解决教学活动中存在的问题。

2. 模拟教学反思日记的类型

根据学生在模拟教学中书写教学反思日记的内容，下面将学前教育专业模拟教学反思日记分为四种。

活动设计反思：由于缺乏教学经验，学生在活动设计过程中虽然仔细准备了教案，写了详细的活动方案，但在真正的模拟教学过程中所要面对的是真实的教学对象，教学过程多向互动，因此，具体活动过程中必然会出现没有想到的回答，没有预设到的情境。随着教学活动的深入开展，学生对活动设计的理解、感悟也会加深。在活动结束后，学生可以把这些理解和感悟记录下来，为以后活动设计积累所需资料。一名学生在模拟教学反思日记中这样写道：

我自己想象中的模拟教学和真正的模拟教学差别很大。本以为我已经把教案设计得很完美了，但老师和其他同学评价说"你满堂灌，让幼儿发言的机会少，教师成了活动的主宰者"。我觉得有以下几方面的原因。首先是自己心里没谱，总想着下一句要说什么、下一步要干什么，把关注点更多地放在活动进程的完整性和流畅性上，而把幼儿的想法和与幼儿的互动交流放在了次要位置。其次是在活动设计中，幼儿的"学"是老师给我加进去的环节，我没有弄明白为什么要这样设计。在真实情境中，我没有将此环节放在重要地位，只是一带而过，没有凸显它的价值。最后是教学思路有些混乱，各个环节之间的过渡缺乏衔接性。

教学过程反思：模拟教学反思日记还可以记录活动组织过程，哪些环节达到了预定教学目标，哪些环节引起了师幼互动，哪些环节使活动更有趣，哪些内容处理得恰当，哪些措施是临时应变的，哪些教学方法是好的改革创新，对哪些教育学、心理学的效果感触较深，哪些教具应用巧妙。一名学生的模拟教学反思日记这样写道：

第一次模拟教学，我表现还行，其中最让我感到自豪的是在模拟教学过程中临时改变了"幼儿"座位，不以扇面围坐，而是让六名"幼儿"围着一张桌子坐，这使我原本设计的两人合作系扣环节产生了较好的互动效果。由于活动材料有限，"幼儿"围坐可以缓解材料缺乏带来的局限，一举两得，这就是《幼儿教育学》中提到的教育空间理论——空间利用好了，也会更好地帮助我们实现目标。模拟教学使我受益匪浅，真正感受到了五大领域的学习不是纯粹的实践练习，必须有丰厚的理论基础，理论与实践结合才会产生智慧的光芒。

教育机智反思：师幼互动促进教学相长。互动中的情感交融会激发教师教育灵感，幼儿灵动往往使教师产生瞬间灵感与不同构想，不及时捕捉、记录会导致记忆模糊。因此，活动结束后，将这些灵感及时记下来，会大大促进职前幼儿教师实践知识的获得。一名学生的模拟教学反思日记这样写道：

这次我模拟中班社会活动，题目是"十二生肖"。基本思路是根据"十二生肖"故事和钟表，让"幼儿"明白十二生肖的来历和属相顺序。然后请"幼儿"说出自己的属相，在生肖钟表上找到位置，让幼儿感受属相的独特性，加深对自己的认识和了解。

预演过程很顺利，配课者很配合。正式模拟教学时，一个调皮的"小朋友"突然举手说："老师，我奶奶也属兔，为什么我们年纪不同呢？"是批评她瞎搞乱，对她教育，还是怎样？冷静地思考了一下，我决定发挥教育机智。我对她笑着说："你真厉害，发现了其他人没发现的问题。""小朋友们，现在我们就来想一想，你的家人都是属什么的，你和谁属相一样。"一石激起千层浪，"小朋友们"被我的问题吸引了。他们认真思考，说道："舅舅和妈妈都属老虎""我和姑姑一样属兔"……"那你们想过没有，为什么他们和你们是一个属相，但年龄有差异呢？回家和爸爸妈妈一起讨论，明天科学活动中老师揭秘答案。

在活动质量评价中，老师和同学们对我的教育机智连连称赞。我想，如果不是那个"调皮"同学的随机问题，我是不会得到如此好的锻炼的。是她的发问激发了我的教育机智，让真实互动充满了教学活动。

活动再设计反思：模拟活动之后，学生需做出反思：有没有总结摸索出有用的教学规律；用了哪些教学方法，还可用哪些教学方法；活动准备和活动实施是否匹配，哪些地方还需改进；活动预设与生成有无内在联系，是否突破了解决问题的诸多误区；教师对幼儿引导是否得当，活动材料准备是否充分；幼儿主体性是否体现等。活动过后及时记下得失，进行必要取舍与归类，有利于学生对活动方案进行再加工，精益求精，向新的境界和高度进发。一名学生的模拟教学反思日记这样写道：

这次我的模拟教学成绩不好，老师和同学给我指出了主要问题，但我自己最大的问题是在思想上看轻了这一职业。大家认为我毕业后就是"保姆"，没什么好学习的。我自己也这么认为。所以，学校上课时，我觉得糊弄就行，从来没好好学习。模拟教学也是如此。老师的责问和同学的建议让我懂得了学前教育是一份需要付出爱心、耐心、责任心的职业，幼儿教师是每个人灵魂的启蒙师。改正了错误态度，我决定重新开始，从设计这个活动开始，好好学习这一学科。

朱家雄学前教育研究网交流论坛发表了这样的一个帖子：

朱老师，各位幼教工作者：我是一个普通的幼儿园老师，我热爱幼儿教育这份工作，而且我也是一个很求上进的工作者，因为我热爱生活！可是，我觉得现在的幼儿教育太累了，这种累绝对不是孩子带来的，而是每天都有写不完的东西，每月都有交不完的文章，每学期都有厚厚的一打书面材料。我知道适当的教育反思是绝对必要的，这是发自内心的感触，是为了更好地带领孩子健康快乐成长。而为什么一线教师要写那么多规定性的文章，繁重的笔头任务使幼儿教师基本上成了专业写手，管理孩子成为副业。我作为一名一线老师，每天在电脑前打那么多文字，有时候真的很疲倦、很浮躁。更让人伤心的是，写这么多都不知道为了什么。我参加工作只有三年，没有什么资格在幼教届发表自己的看法，只是用稚嫩的心说说自己的想法。在这里，我很想得到帮助，因为我爱幼儿教师这份工作。真的不想因那繁重而厌恶的笔头工作让我变得越来越浮躁，越来越没有工作激情。

　　一线教学中存在这样那样的矛盾、问题，我们该如何面对？模拟教学反思告诉我们，应该形成认识问题与解决问题的科学态度。只有这样，在面对矛盾、问题时，才能不只是选择逃避、抱怨，而是积极思考，机智应对，这是从学生时代就该学习与锻炼的思考问题的方式。

　　3. 模拟教学日记反思的实践练习

　　职前幼儿教师的敏感性可以通过撰写模拟教学反思日记来培养。撰写的过程是学生叙述自己教学实践的过程，也是创造反省和体验自己成长变化的过程。好的反思日记对个人发展和专业发展都能起到良好的作用。学生可以在探讨教育的多种可能性中引导自己成长，在反省和塑造中不断充实自己。下面是一名学生模拟教学后的反思日记。

磨砺成长

　　在未接触模拟教学时，我对它百般轻视，认为这只是讲一节课而已。真正准备模拟教学时，我才懂得：没有人能随便成功！

　　选题困难，备课艰辛，写教案苦思冥想，让我一度想要放弃。但想起老师说"不经风雨，怎能见彩虹"，我又坚定信心，奋笔疾书，终于完成了人生中第一份教案，以为如释重负。当我信心满满地把这份自感完美的教案拿给老师看时，却如当头棒喝。在老师耐心的讲解中我发现，原来以为的大功告成，不过是"万里长征第一步"。

　　千锤百炼出深山，备课路上需奋进。几番查阅资料，阅读相关文献，与同学、老师讨论交流，几易其稿，终于完成了一份较完满的详案。

　　模拟教学重在讲，不是写。有教案，还必须以老师的姿态，落落大方地讲给小朋友听。之前的教案更多地站在我的角度，忽略了听者的感受。

　　组织的音乐活动费了很多工夫，我却甘之若饴。制作适当的教具，反复斟酌讲课稿，挑选为我配课的"小朋友"，在模拟教学之前几番演练。那段日子忙乱紧张，经历之后收获的是成长。

　　真正模拟教学那天，我心里七上八下。准备那么久，能否很流利地展示，这是一个问题；敲定的版本，能否和现实接轨并赢得老师赞许，这是另一个问题。功夫不负有心人，活动取得了很好的效果，老师和同学们对我竖起了大拇指。那一刻，我哭了。

　　眼泪包含的更多的是感谢。感谢老师给我模拟教学的机会，让我真切体验做幼儿教师的滋味；感谢老师不厌其烦的指导，让我真正理解"教书育人"的内涵；感谢配课伙伴们的坚持和耐心，他们是我的"小朋友"，更是我的"小老师"，为我的教学提出了宝贵意见。

　　作为初出茅庐的新人，我懂得了要想有出色的活动，必须潜下心来，谨言慎行，有直面错误的勇气，有百折不挠的毅力。有多少次的溃不成军，就会有多少次的重整旗鼓。回首这一次经历，收获的更多的是成功后的喜悦。付出之后，我收获了成长。面对即将到来的实习，我想，我准备好了去迎接更大的挑战，去收获更多的精彩！

　　我们可以看到，这篇反思日记中没有教学细节的描述，没有大是大非的观点，淡淡笔触，给我们展示的更多的是一名幼师生在模拟教学前后的心理感受，是一名"准幼儿教师"成功后的喜悦和幸福。一字一句都是对未来职业的憧憬和渴望，是她对即将成为幼儿教师的幸福感受。我相信，具有无限职业激情的准幼儿教师一定会带着对幼儿教育事业的热爱走好从教生涯的每一步路。

反思的方式可以是多元的，反思的形式可以是多样的。反思可以用文字，也可以用图片或符号记下自己的职业理想和职业热情。反思可以是随笔，也可以是散文、诗歌。

信息技术的不断发展和进步，让人们的教学活动能被及时分享。现在学生选择网上分享自己对生活、学习和工作的感受。模拟教学反思日记可以通过博客、微博和微信，及时将自己对模拟教学活动的想法进行系统整理。微博和微信分享的内容不仅可以是文字、图片，还可以是音乐、微视频等多种媒介形式。同时，微博和微信内容由于是由信息分段组成的，因此能够较客观地表示个体当时的状态、处境等。

运用微博和微信记录教学反思，可以方便学生移动学习，让学生通过使用网络终端不受时间、地点限制地与微博粉丝或微信好友交流意见。现代教学反思有很多途径。学生不仅可以利用喜欢的博客、微博、微信等现代网络媒介，及时、客观地记录模拟教学过程，而且还能与他人（朋友、教师）进行在线互动交流，有效地促进了教学实践的开展。

模拟教学反思日记有一种特殊日记形式——观看他人模拟教学的过程，引发反思。观摩课程给学生提供了反省自己经验的条件。在观看他人组织活动的过程中，学生可以审视和反思他人的教学方式，这也是理论与实践相互整合的过程。这一整合过程让学生学会了融会贯通，有利于他们自己组织类似活动。乔依斯（Joyce）等人进行了一项实证研究，两组学生分别用不同方式进行模拟教学，第一组学生在别人模拟教学时进行观课，书写反思日志；第二组则没有。他们发现，第一组56.7%的学生将他人的经验运用到自己课堂，有效解决了从理论到实践的转移问题；第二组只有0.34%的学生能有同样的表现。一名学生的模拟教学观课反思日记写道：

通过模拟观课，我收获很多。观课活动不止于观看，更多的是学习别人的优点，为我所用。首先，课前精心备课，是模拟教学成功的关键。其次，保障幼儿主体地位，营造良好活动氛围，是模拟教学取得良好效果的重要保障。再次，教师自我魅力是模拟教学成功的重要因素。徐同学的个人语言魅力印证了"教学是一门艺术，谁能将它演绎好，谁就能抓住孩子的心"这句话。活动过程中，她能对幼儿的回答予以提炼升华，能灵活处理幼儿的错误回答。最后，正面教育是新儿童观倡导的，应该对幼儿多鼓励。在模拟教学过程中，鼓励的确起到了积极的作用。

有思想、高质量的观课反思日记是促进教学理论和实践有机结合的重要枢纽，为职前幼儿教师专业发展提供了一条有效途径。学生应从旁观者的角度审视活动的优势与不足，及时汲取他人优点，将他人的不足为我警戒。

（三）"一课三研"反思法

1. 模拟教学"一课三研"反思的含义

模拟教学"一课三研"反思是指职前幼儿教师针对同一活动内容，由学生进行多次模拟教学实践，并在每一次模拟教学过程中和模拟教学后进行反思。这是一种基于真实情境进行的模拟教学实践练习后的反思。

"一课三研"在幼儿园实践的效果很好。优势首先是给教师提供了充分发表自己见解的机会，让教师在反思中成长。由于他们的主体性得到了最大程度的发挥，因此，他们解决问题的能力和创造能力得到了提高。对青年教师而言，更是如此。其次是"一课三研"给教研组各位教师提供了分享体会的平台，彼此多了沟通了解的机会，共同探讨教育方式，共同解决教育教学中的问题，大大增强了凝聚力。可以说，"一课三研"实施过程是教学活动优化的过程；是教师自身教育理念、教学行为转变的过程，也是教师教学反思能力不断提高的过程。有效促进了教师专业成长，有力保障了园本课程的实施。

2. "一课三研"反思的基本方式

首先，根据幼儿园五大领域将学生平均分为六个小组（艺术领域分为艺音小组和艺美小组），每个小组根据本组内容初步设计活动方案，进行"一课三研"反思活动。一研——初试方案：由小组推荐一名学生，执教具体活动方案，根据模拟教学情况集体进行讨论反思，改进活动方案。二研——优化过程：在本组另外一名执教学生实践活动方案后，互动完善方案。三研——形成特色：由前两名学生进行模拟教学活动，完善活动过程细节，形成个人特色，并在活动结束后进行个人和小组反思。一研初立方案，二研优化过程，三研形成特色。"三研"的过程是集体与个人共同参与反思；"三研"的结果是个人和集体总结性反思，形成"一课三研"反思基本模式。

3. 模拟教学"一课三研"反思的实践练习

"一课三研"反思方法将众人智慧融于一个活动中，让一个极不成熟的教案雏形变成思维缜密、逻辑清晰的教学方案。集体智慧让各小组在"一课三研"中产生惊人的变化。学生们不断反思，不断实践。三次尝试体现了"一课三研"反思方法的价值，为将来适应幼儿园实践打下了基础。"一课三研"展现了活动开展—反思—实践—再反思—再实践不断完善的过程，学生对自己的认识越来越明晰具体。

（1）确定活动方案

首先，每个组确定活动主题，设计出活动方案。在这个过程中，可以由小组成员一起围绕某个目标，对教学内容和形式进行集体商讨，共同设计方案；也可先由小组成员确定好活动主题，然后组内每名同学针对这一主题设计一份方案，集体汇总讨论，归纳整理，出一份最优方案。同一小组内可以选择不同领域。

比如，选择健康领域体操活动。因为难度较大，有动作的编排，所以，小组一起设计活动方案。这一安排最大的问题是在体操动作编排上会有意见分歧。再比如，有的组的学生各自有很多好的想法，难以决断采用谁的方案，从一开始就决定每个人设计一份方案，大家汇总，一起完善本次活动方案。

集体设计活动方案适合成员能力悬殊的小组，单独设计适合成员能力相当的小组。无论以哪种形式进行活动设计，确保成员和谐相处、共同合作十分重要。

（2）一研反思

活动方案确定后，开始实施环节。组内一名学生作为"教师"模拟教学，其他学生作为"幼儿"配课。活动后，这位"教师"对活动过程进行反思自评；然后，其他同学对活动过程发表观点，进行他评。

下面以中班社会教学活动"看看我的新变化"为例（见案例3－7－1），对模拟教学中的"一课三研"反思进行探究。

案例 3-7-1　中班社会教学活动"看看我的新变化"

活动目标

1. 发现自己的成长变化。

2. 认识自己的长处和不足，愿意大胆表达。

活动准备

1. 制作母亲怀孕的短片。

2. 家长提供幼儿一周岁前的照片。

3. 收集表现幼儿能干的照片，如帮老师打饭，帮妈妈洗碗，自己叠被子，自己洗袜子等。

活动过程	个人反思	集体反思
1. 导入：出示照片，寻找主人 师：小朋友们好，我是你们的嘟嘟老师，今天老师带来很多照片，你们看看，他们都是谁啊？（出示几张"幼儿"周岁前的照片） 幼：是我，我还在吃手。 幼：那张是我的，我正学走路。 2. 对比照片，寻找变化 师：嗯，小朋友们都很棒，认出了照片上的自己。那你们发现现在的自己和照片上的自己相比有什么不同了吗？ 幼：老师，我现在不吃手了。 （哈哈，大家大笑） 幼：我现在会走路了。 幼：我现在会唱歌、跳舞。 ………… 3. 展示短片，感悟变化	根据自己的身形和音色特点，为自己取名"嘟嘟"老师，很受幼儿的欢迎。 以幼儿寻找自己小时候的照片为导入，可以很好地吸引幼儿的注意力，激发他们的兴趣。 幼儿主要从外表和本领发现自己的变化。	语言很亲切，表情也很好。 疑问：是否应该出示每个幼儿的照片，还是只出示几个幼儿的？ 幼儿的回答比较乱，根据小时候照片上的样子说出现在的变化，既有身体上的变化，又有本领上的变化。
师：其实，我们还有更小的时候，你们想不想看看自己在妈妈肚子里是什么样子？ 幼：想！ （播放妈妈怀孕过程的短片） 师：你们看，原来一开始我们只有米粒那么小，后来在妈妈肚子里慢慢长大，出	这个问题有一点像插叙，就是将出生前的样子呈现出来，主要让幼儿关注身体上的变化。 这个过程好像有点抽象，幼儿好像没有太理解我的意思，我反复说了好几次，幼儿才明白应该怎么做。	这个短片的过程播放时间稍微有点长，有的幼儿的注意力已经分散了。

活动过程	个人反思	集体反思
生的时候已经有大约 50 厘米高了。（用一只手比画出离地面大约 50 厘米的距离） 师：小朋友们，你们来比一比现在你们有多高了。 （幼儿站出来和老师的手比画的高度进行对比） 师：真棒，你们比刚出生的时候长高了这么多，也重了很多，现在都是爸爸妈妈的大宝宝了。 4. 本领对比，夸夸自己 师：宝贝，你们除了长高了，长重了，还有哪些变化？ （幼儿分组讨论后请一名代表总结本组的结论） 教师引导幼儿从自理能力、兴趣、本领等方面总结，如现在自己会叠被子，会画画，会帮妈妈端饭，会自己吃饭等。	以上步骤引导"幼儿"认识身体上的变化，接下来引导幼儿关注本领上变化，关注自己的优点和不足。	这个过程中，她一直反复比画反复说，在场的配课同学都没有明白她的意思。后来，她用旁白的口吻说了她的设计意图，别人才明白。 这里过渡得挺好的，很自然，有递进感。
5. 师幼总结，快乐结束 师：今天小朋友们看了我们在妈妈肚子里很小很小的样子，到现在长高了、长壮了，还学会了很多本领。老师相信，你们以后会越来越棒的！ 活动延伸： 今天请小朋友们回家以后，帮助妈妈做一件家务事，明天我们一起分享吧。	好像是我一直在说，尤其在后半部分，我说得特别多，配课幼儿说得最多的就是"好""嗯""对""行"，挺枯燥的。	社会教育应该有延伸活动，这次活动将延伸到家庭教育中，符合家园共育的理念。

　　活动方案初稿中，总会有一些考虑不周的情况，问题也会比较多。因此，进行反思和修改很有必要。反思方法如下：首先，试讲学生把自己在准备和实施模拟教学过程中的自我感觉与全班同学交流，提出觉得特别困惑的问题，请大家一起思考解决。执教者的很多问题自己发现不了，其他学生要对活动进行剖析指正。这样才能提升教学设计的质量，促使研究深入。"一课三研"的反思不同于其他反思活动，它将学生反思变成"置身事外评他人，换位思考品细节"。这会让每一个人去思考：如果这次活动我来组织，我会如何处理这个问题？

　　从个人反思和集体反思中可以看出，总体上活动实施得较顺利，是典型社会领域自我意识的教育内容，与《3－6 岁儿童学习与发展指南》中班幼儿年龄发展特征相符；教具准备充分，有效利用了家长资源。但从执教学生的整体感觉看，活动中各个环节时间分配不合理，"前松后紧"；师幼互动不多，教师讲得较多，幼儿主体性没有体现。综合执教者和其他同学的反思，我们发现了很多问题，并有进一步的设想。

第一，导入环节幼儿照片数量的选择问题。只选几个幼儿的照片，会影响其他幼儿的积极性；如果出示全部照片，会导致场面混乱，教学时间无端延长。第二，教学目标表述问题。教师在步骤二让幼儿找出自己的变化时缺乏适当的指导。集体讨论后，大家都认为原因在于活动设计中目标的表述不清晰。因为第一条目标应该确定以身体上的变化为主要内容，改为"发现自己身体的变化，增强探索自身变化的兴趣"。第三，教师语言表述问题。教师语言不清楚、不明晰，导致活动中步骤三出现了混乱。改进方向是在以后活动设计时应备详案。第四，活动目标正确性问题。目标二是"认识自己的长处和不足，愿意大胆表达"。我们查阅了《幼儿园教育指导纲要(试行)》和《3-6岁儿童学习与发展指南》中的社会领域目标，发现并没有3~6岁的幼儿学会找出自己的不足的目标阐述。因此，对教学目标调整为"找出自己的优点，认可自己的长处，增强自信心"。第五，教师喧宾夺主问题。在整个活动过程中，教师将幼儿主体地位剥夺，幼儿成为教师提问的回答者、命令的执行者。在以后活动中应更加关注幼儿的学，真正体现幼儿的主体地位。

（3）二研反思

第二次模拟教学活动是根据"一研"实践反思后改进的活动方案进行的实践活动。请本组另外一名学生执教，是为了使更多的学生在职前模拟教学过程中得到锻炼实践的机会。为了排除前后两名学生因自身性格、教学能力等因素对"一课三研"反思效度的干扰，教师可先后选择两名性格相似、能力相近的学生进行模拟教学，以利于形成"镜像"反思。

第二次实践活动反思的重点可定位于学生对幼儿指导策略的提升。一位好的幼儿教师要把控教学过程的整体情况，要灵活处理、合理调控教学过程中的突发状况，确保方案顺利实施。组内其他学生要将观摩重点放在教师对突发情况采用的应变策略和指导方式上，不断总结他人的先进经验，看到他人的问题，深入反思自己的教学行为，有效提高自己的教学智慧。

下面是对第一次模拟教学活动提出的相关问题进行改正后的第二次模拟教学实践以及第二名学生自我反思和集体反思的内容(见案例3-7-2)。

案例3-7-2　中班社会教学活动"看看我的新变化"

活动目标

1. 发现自己身体的变化，增强探索自身变化的兴趣。

2. 找出自己的优点，认可自己的长处，增强自信心。

活动准备

1. 家长提供幼儿各阶段的服饰、鞋子。

2. 制作母亲怀孕的短片。

3. 绘画纸、笔。

活动过程	个人反思	集体反思
1. 试衣服，谈发现 (1)试穿小时候的衣服，引导幼儿发现现在与小时候身体的变化。 师：这里有漂亮的衣服，是谁的呢？ 师：请你们来穿一穿，看看发现了什么。 幼：老师，为什么我们穿不上了？ 幼：这是我去年最喜欢的衣服，现在怎么也穿不上了。 幼：老师，这个小靴子我开学还穿了，现在怎么穿着这么紧？ (2)师幼共同小结：现在我们长高了，所以小时候的衣服都穿不上了。 2. 看短片，找变化 (1)与幼儿一起观看妈妈怀孕的短片，进一步提问，引导幼儿发现更多方面的变化。 (播放妈妈怀孕过程的短片) "那么我们和小时候比较还有哪些不一样呢？"幼儿分组讨论后请一名代表总结本组的结论。	我摒弃了第一次"教师出示图片，幼儿看；教师讲，幼儿听"的模式，改为让幼儿动手操作、自己发现问题的方式，让幼儿在自主参与的过程中自主体验。 这一步承接上一个环节，既巩固了对身体变化的发现，又逐渐引导到对自身优点的发现。我注意了自己自身语言的引导性。	与第一次相比，在导入部分幼儿积极参与活动，而且是自己提出了问题"为什么我们穿不上自己的衣服了？"这样的方式更加生动、有趣，自然地将幼儿带入一种自觉的探索情境中。 短片时间缩短了很多，不再喧宾夺主。
(2)教师引导幼儿从身高、体重、动作、自理能力、兴趣、本领等方面总结。必要时可以请幼儿表演一下，如娃娃怎样哭、怎样爬，现在自己会叠被子，会画画等。 (3)教师与幼儿共同小结：你们长高了、变重了……更重要的是你们学会了很多本领，你们想想自己哪些本领是最棒的？ 3. 乐展示，夸自己 (1)鼓励幼儿找出自己的优点，并愿意在集体面前展示。 让幼儿在本领花上画出自己的本领，并把它粘贴在本班的本领树上。 (2)展示全班的本领树，感受自己长大及拥有本领的成就感，增强自信心。 活动延伸： 今天请小朋友们回家后，和爸爸妈妈一起说说自己的优点，明天我们一起分享吧。	小组讨论也是一种非常重要的幼儿自主学习的方式。这一次，我真正完成了小组讨论的过程，而且我还参与指导了幼儿的讨论。 在此我抓住了有利契机，对幼儿施加正面的、积极的影响，增强了他们的自信心。	这次教师的问题基本都是有效问题，能引发幼儿的思考。 在本环节中教师组织幼儿表现自我，采用了一些外在的激励手段，增强了幼儿自身的成功感，比较符合中班幼儿的年龄特征。

　　"二研"的模拟教学实践带给我们的感觉是顺畅和完整，活动目标与各个环节之间的契合度较好，各个环节之间的过渡较自然，整体教学时间把控好于第一次。经过调整后的活动方案充分体现了幼儿的主体性和积极性。第二次实践活动中的问题主要在于以下几点。第一，追问有效性问题。此次模拟教学过程相比第一次突出了幼儿"学"的特征，凸显了幼儿的主体地位。但幼儿主体性的体现不止于此。师幼对话是展现教师基本职业素养的重要途径，也是教师教学风格的重要体现。教师每一次与幼儿的对话应都能体现幼儿的主体性，但在活动中我们没能看到利于幼儿继续思考的环节。第二，教师对表扬主体的引导问题。在幼儿园中，我们经常会看到这样的现象：如果一个幼儿总被他人夸奖"很漂亮"，那么他就会认为自己很漂亮；如果别人总说他"很笨"，这个幼儿真以为自己比别人笨。心理学研究表明，自我意识不是与生俱来的，而是个体在社会交往中，通过认识他人逐渐认识自己获得的。幼儿自我意识产生于他人对自己的评价。从自我评价角度看，他人赞赏能增强幼儿的自信。因此，"三研"中将第三环节"夸自己"改为"夸别人"，这样既引导幼儿看到别人的长处，又能增强幼儿的自信心。

　　一课三研反思需要具有层次性和递进性。每次模拟教学活动前，要有反思的重点和拟解决的问题。这样才会提高每一次研课的效率。

　　（4）三研反思

　　第三次模拟教学活动是在对前两次研课进行反思的基础上请参与前两次研讨的学生进行实践的过程。职前幼儿教师专业能力培养需要发挥学生的个性和特长，需要促进其个性化发展。两名学生性格虽然相似，但在个人教学风格上可有不同发展方向。在此次研课过程中，通过对比教学，可以促进个人教学风格发展。

　　下面是两名学生在第三次研课过程中的教学过程（见案例3－7－3）。

案例3－7－3　中班社会教学活动"看看我的新变化"

第一名学生模拟教学过程	第二名学生模拟教学过程
1. 试衣服，探发现 (1)试穿自己小时候的衣服，引导幼儿发现身体的变化。 师：这里有漂亮的衣服，是谁的呢？（升调，带有疑问） （请两名幼儿上台找到自己的衣服，进行试穿） 师：哦，这件小风衣是你的，这件红毛衣是你的。现在请你俩穿一穿，看看发现了什么。 师：这些是你们自己的衣服，为什么现在穿不上呢？（慢慢地说，带有疑问语气） (2)师幼共同小结。 师：原来我们比小时候长高了，长胖了（很自豪的语气），所以小时候的衣服都穿不上了。 2. 行为对比，寻找变化 (1)出示图片，对比变化。 出示图片1：婴儿用奶瓶喝奶。 师：这张图上的小宝宝在做什么？他是用什么	1. 情境导入，激发兴趣 情境表演：老师收到一个快递包裹。 提出疑问：快递包裹里是什么呢？我们一起打开看一看。 2. 试穿服饰，寻找发现 师：原来里面都是小朋友的衣服，快来看看这些都是谁的衣服。 （幼儿找到自己小时候的衣服，试穿，发现问题） 幼：老师，这是我小时候最喜欢的小风衣，现在怎么穿不上了？ 幼：这是我喜欢的凉鞋，怎么脚指头都跑出来了？ 师：你们互相看一看，讨论一下这是为什么。 （幼儿相互讨论，教师指导，幼儿自己得出结论） 3. 由浅入深，找变化 (1)小组讨论，发现变化。

第一名学生模拟教学过程	第二名学生模拟教学过程
喝奶的？ 出示图片2：幼儿园的小朋友喝水。 师：这是我们班的小朋友，你们现在每天用什么喝水？ 师：而且小宝宝饿了只会……（等待），渴了也只会……（等待），但你们现在遇到困难会用语言直接向老师求助。你们长大了！ （2）引出话题，寻找变化。 师：除了喝水的用具不一样，你们和小时候还有哪些不一样的地方呢？请你和好朋友一起讨论一下吧。 （幼儿相互讨论） （3）师幼共同总结。 师：你们长高了、变重了，更重要的是你们学会了很多本领，那你想想自己的哪些本领是最棒的。 3. 夸奖别人，欣赏自己 （1）换位思考，赞赏别人。 师：小朋友的座位下面都放着一朵"本领花"和画笔（等待……等幼儿找到粘在自己座位下的"本领花"）。都找到了吧，好，现在请听好我的要求：请你们每人想一想，你在班上的好朋友是谁，你认为他最大的本领是什么，请你画在"本领花"上。 （幼儿思考、画画，教师巡回指导） （2）赞赏他人，增强自信。 师：小朋友们都画好了。现在谁来说说你画的是谁的本领？ 幼：我的好朋友是倩倩，她最喜欢画画了。 幼：我的好朋友是西西，别人有困难的时候，他总是会帮忙。 ………… 师：好，把你的"本领花"送给你的好朋友，并且给他竖个大拇指吧！ 4. 展示本领树，活动结束 师：请小朋友们把自己得到的"本领花"贴到这棵"本领树"上（引导幼儿排队，不要拥挤，把垃圾扔到垃圾桶里）。	师：你们和小时候的自己相比还有哪些不一样呢？ 幼儿分组讨论后请一名代表总结本组的结论。 （2）教师引导，由浅入深。 幼：我们都长高了。 师：长高了多少？ 幼：…… 师：今天回去就请妈妈告诉你，你出生的时候有多高，并在墙上做个标记，然后再量量你现在有多高，比一比，明天告诉老师。 师：小朋友们比以前长高了，那现在谁愿意帮老师把钢琴架上的垃圾盒拿给老师？ （幼儿纷纷举手表示愿意，教师指定一名身高较高的幼儿完成任务） 师：看来小朋友不仅是身体上长高了，还会帮老师做事情了。那么，老师来夸夸大家吧。 （接着，教师引导幼儿逐渐从身高、体重、动作的变化发现自己自理能力、兴趣、本领等方面的变化） 4. 夸奖别人，展示本领 （1）换位思考，赞赏别人。 师：现在，请每个小朋友想一个你最羡慕的别人的本领，请你画在"本领花"上。 （2）赠送"本领花"，展示本领。 师：小朋友们都画好了，请送到你认为拥有这个本领的小朋友手里吧。 （幼儿相互赠送，得到"本领花"多的小朋友很自信） 师：好，现在我们就请得到"本领花"最多的倩倩上来为大家展示她的本领——画画。 （请两三名幼儿展示自己的本领，如叠被子、系鞋带、穿衣服等） 活动延伸： 今天，小朋友们说了很多别人的优点，非常棒！回家以后，也请你们的爸爸妈妈说说你们自己的优点，明天我们一起分享吧。

第一名学生模拟教学过程	第二名学生模拟教学过程
师：我们以后谁有了本领都可以贴在这棵大树上，让我们的"本领树"越来越壮大吧！（自豪地双手向外伸开） 活动延伸： 今天小朋友们回家后，请自己的爸爸妈妈说说你们的优点，明天我们一起分享吧。	

通过以上两个活动设计可以看到，经过两次模拟教学活动反思，两名同学的教学方案形式、目标达成策略已经基本得到优化。因此，第三次研究阶段重点转移到帮助学生找到自己的特色。在选择参与一、二研活动的学生时，我们考虑到要排除个性干扰，尽量选取性格相似、能力相近的学生进行"一课三研"的模拟教学活动。然而，面对真实的教学情境，两名同学表现出了不同的个人特色。

对"一研"同学的总结反思

"一研"同学对教学活动最具热情。她非常喜欢小孩，对幼儿园教学充满了向往，性格很好，从小想当一名教师。虽然第一次模拟存在很多问题，但她越挫越勇，"一研"活动中积极与教师和同学沟通交流，解决问题；"二研"活动中专心观课，认真思考优点和不足，为"三研"做好铺垫。

在"三研"模拟教学活动中，"一研"同学干劲更足了，她将每一句话写在纸上，认真琢磨语气、停顿和表情。活动过程中，她情绪高涨，激情四射。她为此次模拟教学活动付出很多，空闲之余还在附属幼儿园进行真实教学活动。虽然我们不提倡先带幼儿组织活动，但这一举动的确对她在"三研"中的情感表现有很大帮助。她的语气、表情甚至肢体语言的表达都贴近幼儿实际，均能到位地展示出来；在与幼儿互动中，尽可能满足幼儿的情感需求，适当时机引导幼儿，回答幼儿疑惑，并将自己的预设做恰当处理；在最后结束环节中，为了达到高潮，还加入职业畅想，使幼儿产生移情。观课同学对她的表现一致称赞，认为她表现到位，很好地展示了幼儿教师良好的职业素养，大家称她为"情感表现型"幼儿教师。

对"二研"同学的总结反思

与"一研"同学一样，"二研"同学对幼儿教育同样具有向往之情。而与"一研"同学情感表现的个人特色相比，"二研"同学具有明显的"导演型"个人教学特色。在"二研""三研"模拟教学活动中，她非常重视与幼儿的互动与情感交流。"二研"中，她大胆革新，对"看看我的新变化"进行大刀阔斧的改造，导入环节就从幼儿"学"的角度进行再设计，充分调动了幼儿参与活动的积极性。"二研"后，大家提出体现幼儿主体性不仅表现在环节设计上，还应在与幼儿的对话上下功夫，体现教师的引导和支持。同学们的指导对"二研"同学的改进有很大帮助。遵照同学们的意见，"二研"同学将查阅文献资料范围扩大到知网、万维网，收集了许多有益的实践案例；在教师的帮助下，还和小组成员一起观看优秀幼儿教师教学案例，仔细记录活动中教师的提问，思考自己面对同样问题时如何应对，总结师幼互动有效策略。

　　"二研"同学在准备过程中，时刻规范自己的言行，考虑自己该做什么、该怎么做。拿"三研"模拟教学活动为例，"二研"同学在准备过程中认真思考中班幼儿的实际需要、爱好能力和发展水平。组织过程中，以幼儿活动促进者、引导者与参与者的身份时刻提醒、关注幼儿，设计合理的问题；在思考师幼互动对话问题时考虑注重幼儿思维的发展，注重幼儿认知能力的提升，没有给配课幼儿设计唯一标准答案，而是在真实场景中真实回答。"三研"后同学们认为，"二研"同学在现场调控、设计问题与创造性提升方面都有突飞猛进的成长。

　　"一课三研"重视师生之间的集体研讨，对执教教师教学机智和回应策略进行探讨研究，分析了不同回应方式带来的效果及实践依据，通过活动的集体研讨满足了学生获取教学经验需求，丰富了其他参与学生的经验，一举多得。

　　"一课三研"让准幼儿教师在上岗之前就获得了教学经验，不仅有利于学生充分发挥主动性，积极准备活动，践行教育理念，而且有利于学生充分发表自己的见解和体会，不断提升实践反思能力。学生共同解决教育教学困惑和问题的方式，真正惠及学生，服务学生，使学生学会了更好地分享合作和相互支持。

第四章

模拟教学的典型模式

　　模拟教学团队借助实践平台，依托课题研究，依靠专家引领和支持，发挥团队优势，多年来坚守在教学一线，取得了创新性的成果。其中，成果"'三梯次一螺旋式'师范教育专业实训教学方案"获山西省教学成果奖（职业教育）二等奖。

第一节　"三梯次—螺旋式"师范教育专业实训教学方案

一、成果的产生背景

　　《国务院关于当前发展学前教育的若干意见》对幼儿教师的素质提出了更高的要求。全国各地《学前教育三年行动计划》的不断推进使高素质教师的培养迫在眉睫。《国务院关于加快发展现代职业教育的决定》要求"加大实习实训在教学中的比重""强化教学、学习、实训相融合的教育教学活动"。师范教育专业实训课程在当下普遍存在重理论、轻实践，重模仿、轻创新，重课堂、轻对接等问题。学生对实际教学岗位的了解甚少，仅停留在学理论、看录像、背教案的水平，无法满足当今社会对师范专业人才的需求。

　　2008年开始，我校成立了集专业、实训、教学与研究为一体的分工明确的教学改革团队，对原有的专业实训教学方案进行改革，并于2014年成功申请山西省"十二五"教育科学规划课题《模拟教学在学前教育专业课程中的实践研究——以太原幼儿师范学校为例》。

　　为了给学生打好见习、实习的基础，使学生成为合格的教师，团队从理论基础—实践创新—效果反思三个步骤确定了专业实训教学改革的整体思路，构建出师范教育专业实训教学"做—研—点—做"的教学理论及操作模式。在此基础上，团队成员继续创新思路，坚持质量提升和内涵发展，立足学生综合素质的全面提高，着力对学生进行全方位、多角度的培养。经过多方调查和反复论证，历经"模模—建模—研模—定模"四个阶段，最终形成了"三梯次—螺旋式"专业实训教学方案。

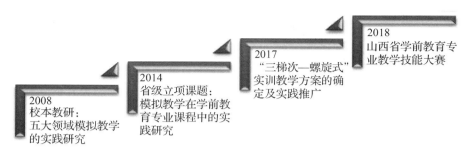

图 4-1　"三梯次—螺旋式"师范教育专业实训教学发展历程

二、成果的构成要素

（一）指导思想

"三梯次—螺旋式"师范教育专业实训教学方案以杜威的"做中学"理论为依据，强调学做合一、知行合一的思想；以邱学华的"先试后导、先练后讲"的尝试教学理论为基础，重视学生的实训活动，使学生专业发展与岗位要求零距离对接。

（二）架构解读

1. 第一梯次：模拟课堂——模

作为"三梯次—螺旋式"实训教学方案的基础，模拟课堂常态化是团队追求的目标。为了提高常规课堂的教学实效，充分发挥学生主体性的作用，团队推行并建构了"做—研—点—做"的教学模式。

（1）做——分层练习

基于学生学情，模拟教学的训练可以循序渐进地进行。从片段练习到整体练习，从临摹到翻课再到独立组织活动，体现了"学生—教师"双主体的作用。

（2）研——教学研讨

在学生尝试模拟教学后，教师的主要任务是组织和带领学生进行研讨，即对学生的疑虑、模拟教学的方案、模拟教学的组织与实施进行研讨，探索其发现的问题，从而使学生不断丰富或调整自己的理解，以建构清晰、完整的认知结构。

（3）点——多元点评

采取评价主体多元化的方式，即"自评—他评—师评—再自评"，形成一个不断研究、不断提升、良性循环的过程。

（4）做——实践反思

在模拟试讲完成后，教师组织学生利用口述、现场演示和情景再现等方式对模拟教学实践过程中的不足和经验进行交流和整理，取长补短，并将做出的总结运用到第二次模拟教学中去，在更高的起点上向更高的水平进发。

2. 第二梯次："竞赛课堂"——赛

"竞赛课堂"改变"三个一"（一块黑板、一支粉笔、一张嘴）的传统教学形式，借鉴"多师同堂"协同教学理念，发挥教师共同体的优势。来自不同学科背景的教师组成协同教学团队，共同分担教学任务，共享教学资源。

作为"三梯次—螺旋式"实训教学方案的实施者，本人从检测角度出发，推行并建构了"赛—研—点—赛"的教学模式。

（1）赛——分类竞赛

理论性知识的检测以解决实际问题、培养学生的专业素养为目的，采用知识竞赛的形式；实训技能的检测以立足学生实训、培养学生专业技能为目的，采用主题活动、技能比拼的形式。

（2）研——项目研讨

"竞赛课堂"将小课堂搬进大赛场，充分利用现代化教学手段和头脑风暴的形式，师生共同献计献策，精选出符合学生身心发展特点的多种模块，如趣味谜语、案例分析、限时抢答、实训模拟、技能串烧等。

（3）点——点线结合

以实训为点，以技能（说、写、做、玩、弹、唱、舞、画）为线，在竞赛中提升学生的理论素养和实践能力，达到知识与技能、理论与实践的融合。

（4）赛——逐层竞赛

以"人人参与、组组比拼、班班竞赛"的形式，项目由少到多，技能由单项到综合，达到以赛促练、以赛促教、以赛促学的效果。

3. 第三梯次：名师讲坛——领

名师讲坛追求"专业性与实用性并重，科学性与趣味性并兼，权威性与前沿性并存"，升华实训教学方案，推行并建构了"学—研—点—学"的教学模式。

（1）学——分级学习

根据具体教学目标和教学内容的不同，名师讲坛被赋予了多种形式，有启发学生思考的"引领式"，有注重学生参与的"互动式"，也有训练学生职业技能的"操作式"，还有教学成果展示的"分享式"。

（2）研——主题研讨

分别组织教师和学生进行深入透彻的主题式研讨，其主题可以是某一教学理念、教学方法、教学手段、教学提问、教学片段等。班级之间研讨的主题可以不同。只有思想的碰撞才能产生的实践火花，只有海纳百川的学习态度才能成就广阔的教学之路。

（3）点——引领反思

教师做好合理计划，以不同的形式引领学生学习，如观察记录、反思、随笔等，不仅夯实了学生的理论知识，而且检验了学生的学习效果，使其获得有益经验。

（4）学——模拟翻课

选取名师教学案例中的某一片段，组织学生带教学对象实地模拟翻课，进行竞赛评比，学名师，练本领。

三、成果的主要特点

（一）实训岗位化

对照职业标准和岗位需求，将实训教学内容进行模块化处理，按照由浅到深、由易到难、由低到高的原则融合分层，通过"模—赛—领"的递进方式强化了专业实训教学过程的指向性，突出了学生专业素质训练的行动性，实现了师范教育专业人才培养的实效性。

（二）学生主体化

高度尊重学生的能动性，将主动权还给学生，在模拟课堂、竞赛课堂、名师讲坛三个梯次中为学生打造"做""赛""学"的主体发展平台，保证学生以平等的主体化身份与自己的内心对话，真正激发学生内在的学习动机和职业情意。

（三）过程旋进化

三个梯次的教学模式并非孤立存在，而是围绕共同目标，按照一定的顺序前行，以小见大，以点带面；并且，每一个梯次内部同时呈现小的螺旋式上升态势。由"做—研—点—做"到"赛—研—点—赛"再到"学—研—点—学"，动态发展，良性循环，体现了以学定教、先学后教、以学为主的理念。

（四）效果最优化

实现了纵深与横向的结合、习得与检测的结合、动态与静态的结合、团体与个体的结合，优化了学校教育教学资源，切实提升了师范教育专业学生的学习力、实践力、创新力和职业竞争力，使教师、学生、环境有效结合，达到了"1＋1＋1＞3"的效果。

四、成果的主要创新

（一）理论创新

以现代著名教育家杜威"做中学"的教育思想为依据，以邱学华的"先讲后导、先练后讲"的尝试教学理论为基础，结合师范教育类专业实训课程的特点和中等职业学校在校学生的学习特点，建构了"做—研—点—做"专业实训教学理论。在此基础上，首创了"三梯次—螺旋式"师范教育专业实训教学方案，将"模拟课堂""竞赛课堂"和"名师讲坛"融为一体，丰富了模拟教学的理论依据，为专业实训教学奠定了坚实的基础。

（二）实践创新

第一，将"做—研—点—做"专业实训教学理论转化为常规实训教学活动模式，以学生的"做"为抓手，经过"研""点"的提升，再次进入新一轮的专业实训活动。同时，在"做—研—点—做"的基础上延伸出"赛—研—点—赛"和"学—研—点—学"的专业实训教学模式，将"三梯次—螺旋式"师范教育专业实训教学方案不断深化。

第二，从实训课程入手，打破以往单一的情景模拟教学方式，首创了"三梯次—螺旋式"师范教育专业实训教学方案以及以"模拟课堂"为基础、"竞赛课堂"为中坚、"名师讲坛"为升华的系统化教学设计；同时三者之间循环渐进，不断上升，将师范教育专业实训教学方案不断完善。

（三）方法创新

"三梯次—螺旋式"师范教育专业实训教学方案除了有效解决"学困"的问题外，还创新性地解决了"教困"的难题。由于大部分中职教师以晋升职称为专业发展的目标，更多注重个体的专业发展，致使各个教龄段的中职教师发展滞缓。在"三梯次—螺旋式"专业实训课堂中，"多师同堂"协同教学打破了个人封闭的消极保守状态，创造了多学科、全方位、立体综合的合作教学，将中职教师由追求个体发展转变为关注教师群体专业发展，充分调动了教师的主动性和积极性，突破了中职教师各阶段的专业发展瓶颈。

第二节 学前教育专业"四维全程"实践教学体系

一、成果形成的背景

深化产教融合，推行"1＋X证书"制度，提高学生就业质量，是国家大力发展职业教育的重大举措。高等职业学校学前教育专业不仅是职业教育的重要组成部分，而且是国家学前教育师资培养的摇篮。国家颁布了《国家职业教育改革实施方案》《国务院关于当前发展学前教育的若干意见》《幼儿园教师专业标准（试行）》等十多个文件，对幼儿教师的专业实践能力提出了明确要求。因此，如何提高学生实践教学能力成为高等职业学校学前教育专业重大且紧迫的研究课题。

多年来，团队实践"课岗对接，课证融合，课赛融通"的理念，创新性地构建出了全员、全程、全方位多方联动、协同办学的学前教育专业"四维全程"实践教学体系，使学生乐学会教，使教师乐教善教。师生在省、市各项活动中成绩显著，教育教学质量不断提高。

此项教学成果主要解决了以下问题。

第一，课堂教学问题：重理论，轻实践；重课上教学，轻课后实践指导。

第二，实训教学问题：重技术熟练，轻实践反思；重技能训练，轻职业素养提升。

第三，"课证岗赛"脱节：省、市学前教育专业技能赛学生成绩优异，但教师资格证考试通过率较低，学生专业素养与能力和职业岗位实践能力要求差距较大。

第四，教学评价问题：评价主体、评价方式、评价内容以及评价结果单一，反馈不力，制约了实践性教学的发展。

二、成果的核心内容

"四维全程"实践教学体系将实践教学贯穿所有学期，融通各门课程，全员、全程、全方位参与，多方联动，协同办学。如图4-2所示。

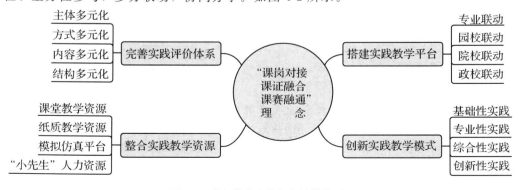

图4-2 "四维全程"实践教学体系

（一）搭建实践教学平台

1. 破专业壁垒，强专业联动

表 4-1　专业联动具体内容

阶段	具体内容	相关措施
第一阶段 （2016.3—2017.6）	各专业负责人研讨各专业联动内容、联动方式、教育教学资源的分享等	出台联动方案
第二阶段 （2017.9—2017.12）	根据联动方案，进行相关内容的对接，相关专业的教师研讨课程设置、课程内容、教学方法、学前教育技能大赛的辅导任务等	1. 学前音乐教学法与音乐系和舞蹈系对接 2. 学前美术教学法与美术系对接 3. 学前语言教学法与基础部对接 4. 学前健康教学法与基础部对接 5. 学前专业的选修课与英语系对接
第三阶段 （2018.3 至今）	教师资格证考试与技能大赛实施过程中，与学生处进行配合、联动	1. 辅导员配合代课教师在课外督促学生学习 2. 学校学生处与辅导员联动，合理安排早晚自习 3. 学生处和辅导员联动合理安排月考和抽考

2. 建"双元""双师"，成园校共赢

校企合作、订单培养、园校联动、学训衔接，促进"双元"（校企）、"双师"（学校与幼儿园教师）育人，使学生"早介入、早成长、早就业"，使幼儿园师资有保证、教学有质量、发展有成果，筑巢引凤，联动共赢。

表 4-2　园校联动具体内容

阶段	具体内容	相关措施
准备阶段 （2017.5—2018.3）	了解太原市各大幼儿园人才需求的现状，园校双向了解	1. 实地调研太原市各地的幼儿园 2. 与幼儿园协商合作意向
确定阶段 （2018.4—2018.8）	选定可以合作的订单企业，协商合作协议和合作方式，共同制定培养协议书	1. 确定订单合作幼儿园：太航幼教集团、童话幼教集团 2. 确定教师科研基地幼儿园：太原市育蕾幼儿园 3. 与两家幼教集团和教师教科研基地幼儿园研讨合作协议和合作方式 4. 制定《"太原幼专学前专业高水平幼儿园童话幼教企业订单班"培养协议书》《"太原幼专学前专业高水平幼儿园太航幼教企业订单班"培养协议书》

阶段	具体内容	相关措施
实施阶段 （2018.9至今）	与订单幼儿园共同选拔订单班的学生，共同研讨订单班的课程、教学内容、教学模式、教研活动等	1. 与太航幼教集团和童话幼教集团签约 2. 与太原市育蕾幼儿园签约 3. 太航幼教集团和童话幼教集团订单班选人、组班 4. 研讨订单班课程内容 5. 开设订单班课程，每周2节 6. 学前教育系教师与育蕾幼儿园定期开展教研活动

3. 对一流院校，促内涵发展

表 4-3　院校联动具体内容

阶段	具体内容	相关措施
准备阶段 （2017.5—2018.3）	了解山西省本科和大专院校学前教育专业现状	1. 实地调研运城幼儿师范高等专科学校的教学体系 2. 实地调研太原师范学院学前教育专业的教学和科研 3. 线上调研天津师范大学学前教育专业
实施阶段 （2018.4至今）	对标高校，从专业建设、人才培养方案、教学模式、教科研等方面向高校学习	1. 研讨运城幼儿师范高等专科学校、太原学院、徐州幼儿师范高等专科学校等学校的学前教育专业课程体系、人才培养方案、教学模式等 2. 对标太原师范学院学前教育专业，并邀请学前专业副教授来我校讲学 3. 收集山西省各高校的教师教案，教师研讨学习 4. 接待大同大学和即将升格的晋东南幼儿师范学校的来访，研讨专业建设等问题 5. 邀请陕西学前师范学院熊伟教授来我校讲学，对学前教育的发展、建设给予建设性建议 6. 邀请忻州师范学院张淑琴教授来我校讲授高校教师标准 7. 邀请山西大学教育学院刘庆昌教授来我校讲授高校教师教科研能力的发展

4. 推新政新策，提实践质量

表 4-4　政校联动具体内容

阶段	具体内容	相关措施
准备阶段 （2016.5—2016.9）	了解太原市幼儿园的人才现状，并研讨学前教育的发展	1. 实地调研太原市各级各类幼儿园对人才的需求 2. 与太原市教育局学前教育处进行研讨、协商 3. 与太原市教育局学前教育处合作，对民办幼儿园的园长和教师进行职后教育

续表

阶段	具体内容	相关措施
实施阶段 （2016.9 至今）	对标高校，从专业建设、人才培养方案、教学模式、教科研等方面向高校学前教育专业学习，并与其进行研讨，共同发展	1. 与太原市育星幼儿园、育红幼儿园等 13 家太原市五星级幼儿园签订实习基地协议，并开展双选会，选拔实习生 2. 与北京、新疆等地幼儿园进行合作，我校三年级的学生进行为期一个学期的实习，受到好评 3. 我校范永丽、滑红霞等老师作为指导组专家参与山西省教育厅关于山西省学前教育改革省级试点的指导，在大同、平鲁、忻州、运城等地进行实地考察、指导，对学前教育发展战略、重大项目等进行跟踪考察 4. 与太原市教育局学前教育处合作，对民办幼儿园的园长和教师进行学前教育领域的职后培训

（二）创新实践教学模式

加大实践教学的比重，各门课程内容与岗位要求、职业资格证书获取和职业技能大赛相融合，呈现"四进阶式"的特点。

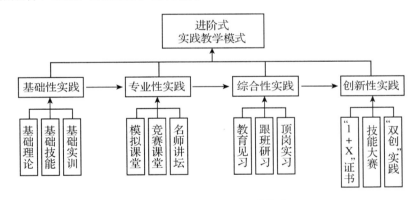

图 4-3　进阶式实践教学模式

第一阶：基础性实践

基础性实践主要包括基础理论课堂实践、基础技能课堂实践和基础实训课堂实践。在基础理论课堂中，专任教师结合各自的课程教学内容，灵活运用多种教学方法，如问题讨论、研究性学习、课后辅导和网上答疑等，使各门课程蕴含实践教学特点。在基础技能课堂中，任课教师采用"双角色"教学方式，增强学生的角色意识，培养学生的"学"和"教"的能力。基础实训课堂通过多种实训活动的开展，提升学生基础技能，达到"厚基础，强技能"的目的。

第二阶：专业性实践

专业课程的课堂教学践行模拟课堂、竞赛课堂、名师讲坛"三梯次—螺旋式"专业实训方案。

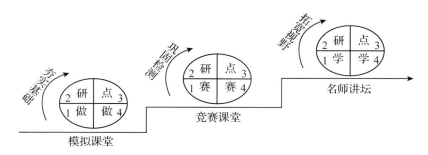

图 4-4 "三梯次一螺旋式"专业实训方案

第三阶：综合性实践

在第一、第二阶的基础上，立足幼儿园一线岗位实践，综合运用所学基础课程和专业课程中的实践教学能力，主要包括教育见习、跟班研习、定岗实习。

表 4-5 综合性实践教学具体内容

	时段	时间	形式	内容	目的
教育见习	大专一年级第一学期	2 周	集中与分散相结合，微格教学	职业理念、职业认同感、师德师风、幼儿园一日活动和各个教学环节	对幼儿园有初步的感性认识
跟班研习	大专二年级	4 周	2～3 名学生为一组，进入同一班级进行跟班研习	幼儿园课程标准研习、《3～6 岁儿童学习与发展指南》《幼儿园教育指导纲要（试行）》研习、保教能力研习、科研反思研习等	将专业理论与实践相结合，促进专业能力的发展
顶岗实习	大专三年级第二学期	6 个月	"双元"育人，"双导师"引领	幼儿园保育与各个教学环节的实习，制订工作计划，进行日常班级管理，开展环境创设等教学工作	充分利用各种社会资源实现提前就业、高质量就业

第四阶：创新性实践

立足未来职业的创新创业"双创"实践，开设乐高实训、国际象棋、幼儿英语儿歌等多种选修课程，提升"创新创业"意识，激发"创新创业"热情，提供"创新创业"平台。

"1＋X"证书让学生本领多元，就业领域更加广阔。其中，"X"是指学生在校期间可以考取保育员证、育婴员证、裁判员证、教练员证等。

学生还参加学前教育技能国赛、省赛和市赛，创新性地运用了综合实践能力。

（三）整合实践教学资源

1. 课堂教学资源

课堂教学资源主要包括教师、学生、教材和设施设备。教师有效开发和利用课堂教学资源是提升课堂教学效果的保证。在实践教学体系的实践中，团队尝试首席教师指导备课，多师同堂，协同教学，一课多研；学生角色转换，人物资源高效互动，使课堂教学资源呈现应用种类多样性、应用时机适时性、应用对象实切性、应用意图针对性、应用效果实效性的特点。

2. 纸质教材资源

纸质教材资源主要包括教材、教学参考书、学习指导书、实习实训指导书和试题库。我校编写出版了 8 本校本教材（北京师范大学出版社于 2017 年出版）；同时，结合国家教师资格证考试（幼儿园教师）大纲，为学生提供了检测学习与知识拓展的全套试题库，满足了教学需求。

3. 虚拟仿真平台

虚拟仿真平台主要包括幼儿园仿真实训系统、数字化教学资源系统、玩教具创新实训系统、幼儿教师资格证模拟实训系统，在课堂教学、模拟情境、真实岗位三阶梯实践教学中形成了低难度、缓坡度、高效率的实训场。

4. "小先生"人力教学资源

优中选优，提前培训，每班选出 3～6 名学生。"小先生"是本校教学实践质量的"风向标"。他们不仅活跃在课堂教学中，还活跃在学生专业技能训练、教师资格证笔试/面试、课外学习、社团活动、学生大赛等方面。他们分组合作，比学赶帮，形成学习共同体。教师对"小先生"进行严格考核：一是"小先生"任务的完成情况，二是"小先生"所在小组成员任务的完成情况。对于考核优秀的"小先生"，给予部分课程免考、优先参加省市竞赛的权利。

（四）完善实践教学评价

1. 主体多元化

综合吸纳任课教师、家长、用人单位等多方资源，实现评价主体多元化。

2. 方式多元化

过程性评价渗透在进阶式实践教学模式的每一个阶段，对学生在不同阶段的具体表现和学习质量做出分析，实现评价方式多元化。

3. 内容多元化

学生评价内容不仅包括知识的掌握，而且包括学生在实践中的态度、能力等综合素质；不仅包括对传统课堂教学和校内外实习实训的评价，而且包括对学生参与各种活动表现的评价。

4. 结果多元化

不仅关注评价结果的准确、公正，而且强调评价结果的反馈、被评价者对评价结果的认同以及对原有状态的改进。评价结果的呈现分为定性与定量两类，既关注学生的个性差异，又保护学生的自尊心和自信心。

三、成果的主要创新

1. 理论创新

以"课"为基础，以"岗"为标准，以"证"为抓手，以"赛"为突破，从课堂、实训、综合、创新等方面进行全程化实践教学，研究、构建出全员、全程、全方位的学前教育专业"四维全程"实践教学体系。

2. 实践创新

（1）创新"四联动"

专业联动、园校联动、院校联动、政校联动，激活"课证岗赛"融合机制，从一个专业到多个专业，从校内到校外，从专业教师到管理人员，从学生到"小先生"，从校园到幼儿园，从幼儿园到企业，从上级管理部门到学校各部门，全员、全程、全方位服务于学生实践能力的提高和专业的内涵发展。

（2）创新"四进阶"

提出基础性实践、专业性实践、综合性实践和创新性实践的进阶式实践教学模式，为学生实践能力的培养、高质量的就业和师范院校实践性教学的开展提供了可复制、可借鉴、可推广的经验。

（3）创新"四整合"

整合课堂教学、纸质教学、模拟仿真平台、"小先生"人力四方面的资源，使实践有痕迹，内容有拓展，活动有生机，教学有质量。

第五章

模拟教学的实践成效

模拟教学有序、高效地进行，取得了良好的实践成效。学生综合素养得以提高，教师教科研能力得到发展，学校的社会影响力逐步增强。

第一节　模拟教学的整体实践效果

教师指导学生以"做—研—点—做"为主线，贯彻"教学做合一"理念。教学和科研并举，理论和实践结合，旨在强化实施效果。经历"做—研—点—做"的实践活动，师生将教育实践能力、教育创新能力、教育反思能力和教育研究能力综合于一身，努力成为一名具有内在推动力的反思性实践者，从而培养持续发展的专业潜质，实现了"实践—反思—再实践—再反思"的良性循环。在山西省学前教育职业技能大赛中，我校学前教育专业教师和学生分别获得 2017 年、2018 年、2019 年省赛冠军。模拟教学模式极大地推动了我校教学改革的进程，提高了师生的教育教学能力和改革能力，提高了我校教师教育的质量。

一、促进了专业知识的整合

对传统教师教育的批判主要在于理论知识的传授方式不能适用于教师实际的教育教学工作，但并不否认教师应掌握一定的专业知识，因为专业知识、专业技能是教师教学的基础和前提。如果否认专业理论知识的重要性，那么教师的一切行为都是"空中楼阁"。模拟教学是以模拟工作场的形式，将教育中的"二元论"有效地整合在一起。它以真实的学校环境为背景，创设仿真教学现场，在实施教学的过程中将专业理论知识和真实的教学有机地结合起来，将实践中获得的直接经验在反思性实践中概括提升为自身的实践性经验。

另外，模拟教学中的学习者不仅模拟教师的教学过程，还要扮演听课的学生，这使他们真实地理解了学生的学习状态，即在模拟教学中职前教师不仅整合了自身"教"的知识，而且从学生的角度理解了"学"的知识，为未来的实际教学奠定了坚实的专业知识基础。

二、促进了专业能力的提升

幼儿园教师专业标准将教师专业能力划分为三个方面：一是教育教学能力，这是教师专业能力的核心；二是沟通与合作能力，这是作为社会人基本的生存能力；三是反思与发展能力，这是教师专业发展的必要保障。传统教师教育更加关注第一种教育教学核心能力的培养，忽视了其他两种能力的引导。随着教师专业化发展进程的不断推进，教师文化的发展趋势是合作文化逐渐取代个别的、隔离的文化，与其他教师的沟通、合作已经成为新时代教师应具备的基本能力。模拟教学中的第二个环节"研"正是教师在虚拟的教研现场进行交流，取长补短，从各自的角度进行沟通融合。第四个环节"做"中，经常会出现小组成员为一个教学问题争得面红耳赤的场面。但通过争论，他们不仅学会了自我反思，还学会了倾听他人与接纳修正。

三、促进了专业意识的觉醒

传统教师教育关注的是教师理性知识的建构和教学技能的练习，对教师职业理念的梳理和职业情感的培养缺乏重视。在模拟现场中，"做—研—点—做"四个环节让学生在同一空间相继扮演讲课教师、观课教师以及听课学生，这种转换角色的体验是在实际教学场景中无法实现的。它使体验者从教师自身的角度感受工作的成就感，体验自我效能；同时，从学生的角度重新认识教师的角色和职业的价值。这种情感体验是非实体的，很难用测量工具准确地测得理性的数据；但这种感性体验和理性认知的复杂交织形成了一种无形的助推器，不断推动教师在专业成长道路上坚定地前行。

第二节　模拟教学的优秀课例

在模拟教学模式实践应用的过程中，教师围绕"做—研—点—做"进行了深入的研讨，边实践边反思，边反思边改进，边改进边实践，在行动研究的过程中不断完善模拟教学模式，并尝试将这种模式推广到其他学科的教学过程当中，产生了许多优秀的案例。这些案例集中体现了不同学科教师践行"做—研—点—做"（理论课"学—研—点—学"）这一模拟教学模式的基本思路，具有突出的个人风格和明显的个性特点。

案例一：幼儿园绘画活动设计与评析

（太原幼儿师范高等专科学校封小娟提供）

设计思路：为了切实帮助学生掌握幼儿园绘画活动设计的能力，我与一名学生在课下展开"做—研—点—做"的互动与探索，力求通过"自主练习、小组研讨、教师点拨、行为跟进"的互动过程影响和带动所有的学生切实提高职业素养和职业技能。理论与实践紧密结合，先学后教、以学定教、以学为主是本节课的核心教学理念。

教学目标

知识与技能

1. 掌握幼儿园绘画活动设计方案的要素。

2. 尝试评析幼儿园绘画活动设计方案。

过程与方法

1. 体验"做—研—点—做"的学习理念和模式。

2. 在真题演练的过程中加强对突出活动重点和突破活动难点的思考。

情感、态度与价值观

坚定幼儿教师的职业理想和职业情怀。

教学重点

1. 尝试从不同的角度评析幼儿园绘画活动设计方案。

2. 学会学习，提高绘画活动设计能力。

教学难点

设计有效的方法和策略，突出重点，突破难点。

教学过程

绘画是幼儿感受美、表现美和创造美的重要形式，也是他们理解、认识周围世界和表达情感态度的独特方式。我们今天就通过思辨、练习和评析帮助大家切实掌握绘画活动设计能力。

一、回顾幼儿园绘画活动设计过程

以 2019 年上半年教师资格证考试真题"汽车"为例。

最近，大三班许多小朋友用大大小小的纸盒制作小汽车等物品。马老师发现，制作的汽车装饰不太一样，但结构差不多，往往只有车厢、车轮、车灯等。马老师认为可以根据这种情况生成一个"汽车"主题活动，引发幼儿的深度学习。

请帮助马老师设计"汽车"主题活动。

写出其中一个子活动的具体活动方案，包括活动名称、目标、准备和主要环节。(14 分)

【活动目标】

1. 喜欢参与绘画活动，乐意与同伴分享自己设计的小汽车。

2. 能够大胆想象，画出有创意的小汽车。

3. 了解汽车有各式各样的造型，知道不同汽车的造型特点。

【活动方法】

情境游戏法、对话交流法、分层指导法、操作练习法、观察分析法、讲解演示法。

【活动过程】

(一)激发兴趣，导入主题

1. 引导幼儿发现原有纸盒汽车的问题。

2. 创设游戏情境：汽车设计师。

(二)观察分析，启发引导

1. 展示部分设计图，引导幼儿观察它们在造型、色彩和功能上的特点。

2. 讨论交流：如何让自己设计的汽车受到大家的喜爱。

(三)操作练习，巡回指导

1. 分发绘画工具和材料，幼儿独立作画。

2. 教师巡回指导，给予个别幼儿帮助和支持。

(四)展示交流，总结评价

1. 展示作品，请幼儿介绍自己设计的汽车。

2. 评选出"王牌汽车设计师"。

二、引领学生体验"做—研—点—做"的学习历程

1. 我和1818班的杜金利同学进行了为期一周的交流互动，真正实现了教学相长。应该说她是我们的"小先生"。我们之间碰撞出不少火花。下面请"小先生"杜金利介绍一下自己的学习体验和收获。

2. 呈现活动设计原稿。

大班美术活动：我喜欢的小汽车

【活动目标】

1. 喜欢参与绘画活动，乐意与同伴分享自己设计的小汽车。

2. 能够大胆想象，画出自己喜欢并有创意的小汽车。

3. 了解汽车有各式各样的造型，知道不同汽车的类型特点。

【活动准备】

教具：各种汽车的图片、设计系列动画教学软件、录音机、磁带。

学具：绘画工具和材料。

【活动过程】

一、导入活动，引起兴趣

1. 律动："我是汽车小司机"入场。

2. 欣赏动画片——《马路上的汽车》。

二、观察分析，启发引导

1. 教师展示各种汽车的图片，引导幼儿观察它们在造型、色彩、功能上的特点。

师：请小朋友说说生活中见过哪些小汽车，它们是什么样子的。

师：引导幼儿说说自己喜欢什么样的汽车。

2. 讨论交流，如何让自己设计的汽车受到大家的喜爱。

三、操作练习，巡回指导

1. 分发绘画工具和材料，幼儿独立创作。

师：请小朋友们大胆想象，用自己的画笔画出自己喜欢的小汽车。

2. 教师巡回指导，给予个别幼儿帮助和支持。

四、展示交流，总结评价

1. 鼓励幼儿与同伴分享自己设计的小汽车。

2. 展示自己的作品，请幼儿介绍自己设计的汽车。

五、活动结束

"我是汽车小司机"律动游戏结束活动。

【活动延伸】

请小朋友把自己的小汽车带回家，和爸爸妈妈一起分享。

三、分段评析活动设计

活动名称：主题、领域、年龄班。

活动准备：物质准备、经验准备。

活动目标：三维层面、幼儿角度、具体可操作。

活动过程：开始部分、基本部分（重点、难点）、结束部分。

四、教师深层次点拨

没有经验准备，即没有考虑到素材中幼儿的前期经验或为达成活动目标所需要的经验。

以第一人称或第三人称表述提问或引导语均可，忌出现幼儿的回答。

突出重点的方法和突破难点的策略不够突出，要结合观察有针对性地、由浅入深地设计提问，为达成目标服务。

将功能与造型、色彩建立联系是关键。

"能用多种工具、材料或不同的表现手法表达自己的感受和想象"是5～6岁幼儿美术发展的目标，也是大班幼儿"表现与创造"的目标，但前提是"感受与欣赏"。没有视觉表象的积累，没有构思，就谈不上表现与创造。因此，"观察分析、启发引导"是保证幼儿下一步创作的重点和关键。

想象既是一种特殊的思维方式，也是人脑对已储存的表象进行加工改造以形成新形象的心理过程。艺术来源于生活，幼儿可以画在生活中见到的各式各样的小汽车，也可以画想象出来的、未来的小汽车。

角色互动、图形拼摆、教师适时介入等都是有效的策略。

注意与科学活动相区分，将功能落实到结构造型上。

五、呈现多次修订后的设计方案

大班美术活动：我喜欢的小汽车

【活动目标】

1.喜欢参与绘画活动，乐意与同伴分享自己设计的小汽车。

2.能够大胆想象，画出自己喜欢并有创意的小汽车。

3.了解汽车有各式各样的造型，知道不同汽车的类型特点。

【活动准备】

物质准备：

教具：各种汽车的图片、设计系列动画教学软件、录音机、磁带。

学具：绘画工具和材料。

经验准备：幼儿制作纸盒汽车的前期经验。

【活动过程】

一、激发兴趣，导入主题

1.律动："我是汽车小司机"入场。

2.创设游戏情境，引导幼儿发现纸盒汽车的问题。

师：你们制作的纸盒汽车卖不出去，想一想是为什么。

二、观察分析，启发引导

1. 教师展示各种汽车的图片，引导幼儿观察它们在造型、色彩、功能上的特点。提问：

(1)小朋友们，你们认识这些汽车吗？它们是干什么用的？

(2)这些汽车和你们设计的汽车的样子有什么不一样？颜色有什么不一样？作用又有什么不一样呢？

(3)你们在生活中还见过什么样的汽车？说说自己喜欢什么样的汽车。

2. 创设游戏情境：汽车设计师。

(1)你们喜欢什么样的汽车？是生活中见到过的，还是想象出来的？

(2)讨论交流，如何让自己设计的汽车也受到大家的喜爱。

三、操作练习，巡回指导

1. 分发绘画工具和材料，幼儿独立创作。

师：请小朋友们大胆想象，用自己的画笔画出自己喜欢的汽车。

2. 教师巡回指导，给予个别幼儿帮助和支持。

四、展示交流，总结评价

1. 鼓励幼儿与同伴分享自己设计的汽车，评选出"王牌汽车设计师"。

2. 展示自己的作品，请幼儿介绍自己设计的汽车。

五、活动结束

"我是汽车小司机"律动游戏结束活动。

【活动延伸】

鼓励幼儿在美工区按照自己的设计图改造原来的纸盒汽车。

回顾杜金利同学的学习效果，引领学生感受从"做"到"做"经历了一个低难度、缓坡度、不断循环往复的上升过程。这种成长和进步是明显的。

六、提纲挈领，回顾总结

目标——准确

环节——齐全

层次——分明

重点——突出

难点——突破

总结教与学的理念和模式

做：发挥主观能动性，自主设计、练习，积累体验和感受。

研：小组研讨，同伴互助；也体现为自主反思，自主学习。

点：教师进行专业和规范的点拨、指导，尤其针对学习难点引导学生勇于突破。

做：行为跟进，再次进行自主设计和练习，使职业素养和技能得到进一步提高。

案例二：幼儿园语言教学活动(故事活动)模拟试讲评析

（太原幼儿师范高等专科学校胡仙鸽提供）

授课课题	第五讲　幼儿园语言教学活动——故事教学的设计		授课类型	理论课
教学目标	知识与技能：学习和掌握文学活动的基本组织结构。			
	过程与方法：学会设计故事教学活动的具体环节。			
	情感、态度与价值观：认识到文学活动对幼儿语言发展的价值。			
教学重点	通过案例分析，理解文学活动的基本结构，学习故事教学活动的具体环节。			
教学难点	能对故事教学进行整体布局，学会书写大小环节。			
教学方法	讲授法、案例分析法、归纳法、总结提升	教学手段	PPT课件、活动案例教案活动视频	
教学思想	为了让学生学会故事教学活动的设计，我采用了"学—研—点—做"的教学思路：引导学生初步学习基础知识(学)，师生共同研究一个活动案例(研)，教师再点出核心理论(点)，学生继续完成课后练习(做)。先学后教、以学定教、以学为主是本节课的核心教学理念。			
选用教材	《幼儿园语言教育活动设计与指导》，北京师范大学出版社，胡仙鸽主编			
参考教材	《幼儿语言教育与活动指导》，高等教育出版社，周兢主编 《学前儿童语言教育与活动指导》，教育科学出版社，颜晓燕主编			

课程导引：案例视频"中班语言活动：小猪和靴子" 引出语言教育活动类型	观看案例视频，初步感受幼儿园中故事教学活动是如何组织的，了解教师讲故事。
一、语言教育活动类型 (一)文学活动的概念 文学活动是以幼儿文学作品为基本教育内容而设计和组织的语言教育活动类型。 (二)常见的幼儿文学作品题材 诗歌：趣味性，抒情意境 儿歌、儿童诗、散文诗…… 故事：情节丰富，角色形象 童话故事、寓言故事、生活故事、民间传统故事…… (三)语言领域活动类型 文学活动 讲述活动 谈话活动 早期阅读活动	学：基础知识 理解概念 了解常见体裁及特点

教学内容	注解

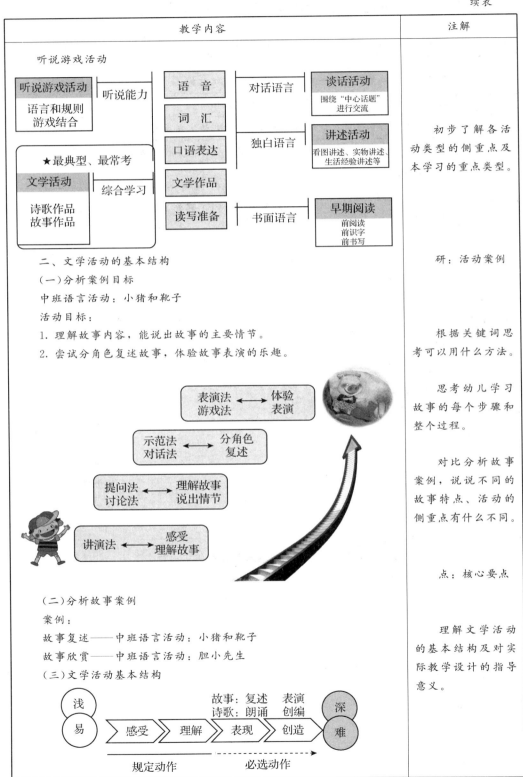

听说游戏活动

- 听说游戏活动 / 语言和规则游戏结合 — 听说能力
- ★最典型、最常考 / 文学活动 / 诗歌作品 故事作品 — 综合学习

语音 / 词汇 / 口语表达 / 文学作品 / 读写准备

- 语音、词汇、口语表达 — 对话语言 → 谈话活动（围绕"中心话题"进行交流）
- 口语表达 — 独白语言 → 讲述活动（看图讲述、实物讲述、生活经验讲述等）
- 读写准备 — 书面语言 → 早期阅读（前阅读、前识字、前书写）

注解：初步了解各活动类型的侧重点及本学习的重点类型。

二、文学活动的基本结构

（一）分析案例目标

中班语言活动：小猪和靴子

活动目标：

1. 理解故事内容，能说出故事的主要情节。

2. 尝试分角色复述故事，体验故事表演的乐趣。

注解：研：活动案例

表演法 游戏法 ←→ 体验 表演

示范法 对话法 ←→ 分角色 复述

提问法 讨论法 ←→ 理解故事 说出情节

讲演法 ←→ 感受 理解故事

注解：根据关键词思考可以用什么方法。

思考幼儿学习故事的每个步骤和整个过程。

对比分析故事案例，说说不同的故事特点、活动的侧重点有什么不同。

点：核心要点

（二）分析故事案例

案例：

故事复述——中班语言活动：小猪和靴子

故事欣赏——中班语言活动：胆小先生

（三）文学活动基本结构

浅 易 ⇒ 感受 ⇒ 理解 ⇒ 表现 ⇒ 创造 ⇒ 深 难

故事：复述 表演
诗歌：朗诵 创编

规定动作 ———— 必选动作

注解：理解文学活动的基本结构及对实际教学设计的指导意义。

教学内容	注解
三、故事教学中活动过程的设计 （一）大环节的设计 模板 （　　）导入，激发兴趣/引出主题 （　　）感受理解 （　　）迁移内化/加深理解 （　　）巩固提升 活动过程——大环节标题　　方式/要求+目的 _以下为对比表格_ **诗歌 大班语言活动：四季开花** / **基本结构** / **故事 大班语言活动：小猪和靴子** 一、师幼互动引出"四季开花" ／ 一、师幼互动引出"红靴子" 二、看图片回答问题，感受理解诗歌 ／ 感受 ／ 二、看图片倾听故事 讲演法 三、多种方式学习朗诵 ／ 理解 ／ 三、答问题理解故事 提问法 四、结合动作表演诗歌 ／ 表现 ／ 四、分角色复述故事 示范法 五、展开想象仿编诗句 ／ 创造 ／ 五、集体合作表演故事片段 表演法 （二）小环节设计 小环节要陈述具体做法和要求（非对话式，分点表述，忌大段文字） 案例 三、答问题理解故事 1. 幼儿观察图片，回忆故事，回答问题。 （1）小猪发现了红红的东西，把它当作什么？ （2）小猪遇到了谁？又把它当作什么？ （3）小猪是怎么说的？又是怎么做的？ （4）原来这个红红的东西到底是什么呀？ 2. 根据幼儿的回答，进一步分析理解故事主要情节。 围绕作品提问： 1. 围绕核心线索 2. 围绕理解的重点 3. 突出故事层次 4. 表述富有变化	研：活动案例 根据模板，尝试自己写出来大环节标题 对比故事和诗歌教学各环节的标题，了解二者的区别与联系。 根据故事设计提问语。 学习故事教学中提问语设计的要求。

教学内容	注解
案例 四、学习分角色复述故事 1. 利用图片，示范分角色复述故事，注意表现小猪、八哥、小狐狸、小狗、小熊等角色的特点。 2. 邀请个别幼儿佩戴头饰，尝试分角色复述故事。 3. 将幼儿按角色分成小组，合作复述故事。 故事复核的方式 小班、中班前期：对话复述和分段复述。 中班后期、大班：分角色复述和全文复述。	了解幼儿复述故事的不同形式以及教师资格证考试可能会涉及的考题。 　　点：核心要点 　　资格证考试——知识点 　　选择题：适合小班幼儿的故事复述形式有（　）。 　　A. 分段复述和分角色复述 　　B. 对话复述和分段复述 　　C. 分角色复述和全文复述 　　简答题：简述不同年龄班幼儿故事复述的区别。（答案略）
（三）活动准备的设计 　　1.（物质准备）故事图片 4 幅，小猪、八哥、小狐狸、小狗、小熊的头饰，背景音乐 mp3。（详细、齐全） 　　2.（经验准备）本班幼儿具有连贯讲述故事片段和模仿小动物的经验。 　　　　　　　　　　　　　　　　　（非必需，有更好） 　　（四）活动延伸的设计 　　区角活动：如图片和头饰等教具投放在表演游戏区。 　　家园合作：分享给家人，和家人一起观察、调查、了解×××。 　　其他领域：科学、艺术、社会、健康。 　　户外活动：进行园内户外游戏、春游等活动或组织游戏。 　　小结：这一项非必需，但有更好。 　　活动延伸不是本次活动的最后环节，不能写成结束语。 　　选择 1～2 种延伸方式即可。	研：活动案例 　　思考案例活动准备的设计与书写要求。 　　1. 思考活动延伸的意义。 　　2. 设想故事教学活动可以有哪些延伸的方式。

教学内容	注解
四、课程总结 (一)语言活动类型 文学活动、讲述活动、谈话活动、早期阅读活动、听说游戏活动。 (二)文学活动的基本结构 感受—理解—表现—创造 (三)故事教学设计与书写 　1. 整体布局：基本结构、活动目标、指导方法。 　2. 定出大环节："方式/要求＋目的"，环环相扣。 　3. 细化小环节：陈述具体做法和要求(非对话式、分点表述、忌大段文字)。 　4. 养成习惯：书写规范，项目齐全。 课后作业 围绕"秋天"为大班幼儿设计一个语言领域的活动方案。 　要求：写出具体的活动方案，包括活动名称、活动目标、活动过程及活动延伸。 　注意： 　1. 学号单号设计诗歌教学，双号设计故事教学。 　2. 诗歌或故事内容自选，附在活动方案的最后。	点：核心要点 　1. 明确本节课的重点知识。 　2. 回顾故事教学设计与书写要求。 做：勤思精练 行为跟进，通过课后作业进行巩固学习。

案例三：幼儿园科学观察活动设计与指导

（太原幼儿师范高等专科学校张晓琳提供）

设计意图

本阶段授课以幼儿园教师资格证笔试活动设计题的分析与练习为抓手，旨在引导学生在理解幼儿园科学教育基本理论，如幼儿园科学教育的概念、特点、意义、目标、内容、方法、活动类型等的基础上，结合教师资格证笔试近五年的活动设计题，让学生掌握幼儿园科学教育活动方案的设计与书写。

在前三讲的学习中，学生已经学习了幼儿园科学教育目标的制定、方法的选择以及科学观察活动的设计思路等理论知识，并自己动手书写出了一篇完整的科学观察活动方案。但是教师检查这篇活动方案时，发现学生普遍存在一些问题：活动目标制定不准确，不能凸显科学观察活动的核心发展能力，不能紧扣《幼儿园教育指导纲要(试行)》《3—6岁儿童学习与发展指南》中的目标要求；活动准备罗列没条理，没有把物质准备和经验准备分开书写；活动过程以问答法为主，不能体现以幼儿为主，不能体现科学观察活动的核心步骤。为此，本次活动按照模拟教学的"做—研—点—做"四层次循环往复模式，对学生的典型活动方案和试讲进行了分析与修改，引导学生在课下的学习中也按照这四个层次不断在"做"中学，在"研""点"中改，在"做"中求进步，以提高活动方案的设计与书写能力，提高试讲能力。

学习目标

1. 学会书写幼儿园科学观察活动方案。

2. 体验在"做—研—点—做"的循环往复中提高理论实践能力与职业素养。

3. 尝试模拟组织与实施幼儿园大班科学观察活动"特殊的车"，明确组织与实施的要点。

教学过程

一、点评学生教案

(一)出示学生典型教案("做")

大班科学活动

——特殊的车

活动目标

1. 有兴趣地观察比较常见的车辆，发现它们的不同。

2. 了解特殊车辆各有不同的作用，体会它们都能为我们的生活带来方便。

活动准备

1. 幼儿对消防车、洒水车、救护车等特殊车辆有初步认识。

2. 制作多媒体课件。

3. 收集各种特殊车辆的图片、视频。

活动过程

一、辨听车的声音，引出特殊车辆

1. 听听是什么声音？（放喇叭声）

今天来了许多不同的汽车，小朋友们想认识它们吗？

2. 那我们就做一个"听声音猜汽车"的游戏好不好？猜对了，汽车就来了；猜错了，汽车就不来了。小朋友们来举手，谁想玩？那么，请听认真啦！

3. 听声音猜汽车。幼儿猜对了，出示车辆图片。

二、消防车

1. 它有什么特殊的本领？

2. 消防车在灭火的时候，水是从哪里来的？（消防车上面有一根管子，水从那里流出来，就可以灭火了）

3. 为什么消防车上有梯子？它有什么用处？（因为楼房太高，人爬上去很危险，用很长的梯子就可以灭火了）

4. 为什么消防车的身上涂上红色？（因为红色很鲜艳，人们在很远就能看见消防车，就知道是消防车开过来了，赶快让路，让它开过去救火）

救护车

1. 救护车有什么作用？

2. 为什么救护车上的灯会闪，还发出"嘀嘟嘀嘟"的声音？（因为救护车里的病人病得很严重，所以发出"嘀嘟嘀嘟"的声音让人们让开，这样救护车可以开得更快，让病人早点去医院看病）

3. 你们知道救护车里面有什么吗？它们有什么用？（因为救护车基本上救的都是

——174——

生重病的人，所以车上要放一张床，让生病的人可以躺下来）

洒水车

1. 为什么马路上需要洒水车？什么时候你们会看到洒水车？（因为天热的时候，马路上的温度很高。洒水可以让马路降温，保护马路）

2. 为什么洒水车可以洒水？水藏在哪里？怎样洒水？（因为洒水车有两根像排气管一样的管子可以洒水，洒水车的水就藏在车上的桶里）

3. 洒水车为什么会放音乐？（如果洒水车不放音乐，人们就不知道洒水车来了，水喷出来就会洒到人们身上，衣服都湿了；有音乐，人们就会主动避开）

三、特殊车辆大换班

1. 着火了——迅速赶到的是洒水车。

讨论：洒水车也有水，为什么不能救火？

2. 受伤了——迅速赶到的是消防车。

讨论：消防车为什么不能救人？

3. 天气太热，地面温度升高，谁来降温？

四、寻找会唱歌的小朋友

1. 出示三种车：我们都是特殊车辆，都有自己的本领，都会"唱歌"，可是我们还想交更多的好朋友，你们还知道哪些车会唱歌？你们还见过哪些特殊的车？

2. 幼儿介绍、演示。

（拿出自己收集的图片，在集体面前大胆讲述。教师着重引导幼儿说出特殊车的结构与功能以及它们之间的联系）

活动延伸

将幼儿收集的图片放在建构区，便于"汽车"主题建构游戏的开展。

(二)学生研讨：该教案书写中的优点和问题（"研"）

学生研讨的发现：

优点：项目齐全，很有条理。

问题：

1. 活动名称的格式有问题，应改成"大班科学活动：特殊的车"或"特殊的车——大班科学活动"。

2. 活动目标没有情感目标。

3. 活动准备不具体，没有把物质准备和经验准备分开写。

(三)教师总结（"点"）

1. 项目齐全，格式需更规范，各级标题需对齐。

2. 活动名称格式不准确。

3. 活动目标杂糅，三个维度不明确。三维目标可以有机融合，但不能混乱。不能凸显科学观察活动发展的观察能力、表达能力以及对观察对象的科学知识。

4. 活动准备不具体，不清晰。

5. 活动过程中的第一、第三环节大标题表述比较准确，但第二环节大标题表述不当，逻辑上不恰当；而且第二环节作为基本部分，只能看到教师的提问，看不到幼儿的行为，没能体现科学观察活动的基本步骤，也没有突出以幼儿为主体、教师发挥引导作用的教育理念。

（四）出示学生修改后的教案（"做"）

注：特殊字体的是学生的修改

大班科学活动：特殊的车

活动目标

1. 观察比较生活中的特殊车辆，发现它们在结构上的不同。

2. 猜测特殊车辆结构与各自不同的作用之间的关系，体会它们能为我们的生活带来方便。

3. 能够在活动中持续探索，主动表达自己的发现。

活动准备

经验准备：幼儿对消防车、洒水车、救护车等特殊车辆有初步认识。

物质准备

1. 制作关于特殊车辆的多媒体(包括图片、音乐、视频)。

2. 幼儿收集各种特殊车辆图片。

活动过程

一、辨听车的声音，引出特殊车辆

1. 听听是什么声音？（放喇叭声）

提示语：今天来了许多不同的汽车，小朋友们想认识它们吗？

2. 讲游戏规则。

提示语：那我们就做一个"听声音猜汽车"的游戏好不好？猜对了，汽车就来了；猜错了，汽车就不来了。小朋友们来举手，谁想玩？好，请小朋友们认真听！

3. 听声音猜汽车，出示图片。

二、观察车辆图片、视频，了解特殊车辆的结构、作用

播放多媒体中的图片、视频，引导幼儿观察，鼓励幼儿大胆说出自己的发现，提出问题，并进行思考、讨论、回答问题，教师进行最后补充。

总结：消防车

1. 它有什么特殊的本领？

2. 消防车在灭火的时候，水是从哪里来的？（消防车上面有一根管子，水从那里流出来，就可以灭火了）

3. 为什么消防车上有梯子？它有什么用处？（因为楼房太高，人爬上去很危险，用很长的梯子就可以灭火了）

4. 为什么消防车的身上涂上红色？（因为红色很鲜艳，人们在很远就能看见消防车，就知道是消防车开过来了，赶快让路，让它开过去救火）

救护车

1. 为什么救护车上的灯会闪，还发出"嘀嘟嘀嘟"的声音？（因为救护车里的病人病得很严重，所以发出"嘀嘟嘀嘟"的声音让人们让开，这样救护车可以开得更快，让病人早点去医院看好病）

2. 你们知道救护车里面有什么吗？它们有什么用？（因为救护车基本上救的都是生重病的人，所以车上要放一张床，让生病的人可以躺下来）

洒水车

1. 为什么马路上需要洒水车？什么时候你们会看到洒水车？（因为天热的时候，马路上的温度很高。洒水可以让马路降温，保护马路）

2. 为什么洒水车可以洒水？水藏在哪里？怎样洒水？（因为洒水车有两根像排气管一样的管子可以洒水，洒水车的水就藏在车上的桶里）

3. 洒水车为什么会放音乐？（如果洒水车不放音乐，人们就不知道洒水车来了，水喷出来就会洒到人们身上，衣服都湿了；有音乐，人们就会主动避开）

三、特殊车辆大换班

1. 着火了——迅速赶到的是洒水车。

讨论：洒水车也有水，为什么不能救火？

2. 受伤了——迅速赶到的是消防车。

讨论：消防车为什么不能救人？

3. 天气太热，地面温度升高，谁来降温？

四、寻找会唱歌的小朋友

1. 出示三种车：我们都是特殊车辆，都有自己的本领，都会"唱歌"，可是我们还想交更多的好朋友，你们还知道哪些车会唱歌？你们还见过哪些特殊的车？

2. 幼儿介绍、演示。

（拿出自己收集的图片，在集体面前大胆讲述。教师着重引导幼儿说出特殊车的结构与功能以及它们之间联系）

活动延伸

将幼儿收集的图片放在建构区，便于"汽车"主题建构游戏的开展。

（五）学生研讨：修改后的教案好在哪里？还有问题吗？（"研"）

学生只发现了活动名称、活动目标、活动准备这三项当中的改进，对于活动过程中的修改没有明显的发现。

（六）教师总结（"点"）

活动过程仍显混乱，第二环节表述不恰当。学生在经历了一个"做—研—点—做"的循环之后，教案书写仍有待改进；而且通过学生的研讨过程，可以发现学生想要按照教师的指导对活动过程的第二环节进行修改，却在书写中存在很大困难，不知先写什么后写什么，不知如何加入教师的提问引导。针对学生这一困难，我决定给学生提供一个模板去感受、运用。同时，考虑到在笔试活动设计题中，活动目标所占分值较大，学生对于目标表述不够熟练，我在《3—6岁儿童学习与发展指南》中找到了关于科学观察的几条目标表述，并在此基础上提炼了一个科学观察活动目标表述的模板。

以"汽车"主题为例，结合学生易出现的问题，在《3—6岁儿童学习与发展指南》中可以找到相关的目标表述。

目标2　具有初步的探究能力

3~4岁	4~5岁	5~6岁
1. 对感兴趣的事物能仔细观察，发现其明显特征。 2. 能用多种感官或动作去探索物体，关注动作所产生的结果。	1. 能对事物或现象进行观察比较，发现其相同与不同。 2. 能根据观察结果提出问题，并大胆猜测答案。 3. 能通过简单的调查收集信息。 4. 能用图画或其他符号进行记录。	1. 能通过观察、比较与分析，发现并描述不同种类物体的特征或某个事物前后的变化。 2. 能用一定的方法验证自己的猜测。 3. 在成人的帮助下能制订简单的调查计划并执行。 4. 能用数字、图画、图表或其他符号记录。 5. 探究中能与他人合作与交流。

目标3　在探究中认识周围事物和现象

3~4岁	4~5岁	5~6岁
1. 认识常见的动植物，能注意并发现周围的动植物是多种多样的。 2. 能感知和发现物体和材料的软硬、光滑和粗糙等特性。 3. 能感知和体验天气对自己生活和活动的影响。 4. 初步了解和体会动植物和人们生活的关系。	1. 能感知和发现动植物的生长变化及其基本条件。 2. 能感知和发现常见材料的溶解、传热等性质或用途。 3. 能感知和发现简单物理现象，如物体形态或位置变化等。 4. 能感知和发现不同季节的特点，体验季节对动植物和人的影响。 5. 初步感知常用科技产品与自己生活的关系，知道科技产品有利也有弊。	1. 能察觉到动植物的外形特征、习性与生存环境的适应关系。 2. 能发现常见物体的结构与功能之间的关系。 3. 能探索并发现常见的物理现象产生的条件或影响因素，如影子、沉浮等。 4. 感知并了解季节变化的周期性，知道变化的顺序。 5. 初步了解人们的生活与自然环境的密切关系，知道尊重和珍惜生命，保护环境。

教育建议

第一，支持幼儿在生活中积累有益的直接经验和感性认识。例如，和幼儿一起通过户外活动、参观考察、种植和饲养活动，感知生物的多样性和独特性以及生长发育、繁殖和死亡的过程；给幼儿提供丰富的材料和适宜的工具，支持幼儿在游戏过程中探索并感知常见物质、材料的特性和物体的结构特点。

第二，引导幼儿在探究中思考，尝试进行简单的推理和分析，发现事物之间明显的关联。例如，引导5岁以上的幼儿关注和思考动植物的外部特征、习性与生活环境对动植物生存的意义，如兔子的长耳朵具有自我保护的作用，植物种子的形状有助于其传播等；引导幼儿根据常见物质、材料的特性和物体的结构特点，推测和证实它们的用途，如带轮子的物体方便移动，不同用途的车辆有不同的结构等。

第三，引导幼儿关注和了解自然、科技产品与人们生活的密切关系，逐渐懂得热爱、尊重、保护自然。例如，结合幼儿的生活需要，引导他们体会人与自然的关系，如季节变化与人们生活的关系，常见灾害性天气给人们生产和生活带来的影响等；和幼儿一起讨论常见科技产品的用途和弊端，如汽车等交通工具给生活带来的方便和对环境的污染等。

（二）教师总结模板

科学观察活动的活动目标

1. 了解/认识……的特征/生长过程/生活习性/结构，知道……的原因/关系（认知）。

2. 能用正确的方法观察……能用图画/图表/数字/其他符号记录……能主动/大胆表达自己的发现（技能）。

3. 对……感兴趣/有初步的……意识（情感）。

科学观察活动的活动过程

一、（　　　）导入，激发兴趣

1. 引导幼儿关注身边的……

2. 创设游戏情境：……

二、观察记录，发现（　　　）的特征/……

1. 出示观察对象，幼儿自由观察讨论。

提示语：是什么样子的？有什么作用？和……一样吗？为什么？

2. 教师巡回指导，对个别幼儿或小组进行启发和引导。

三、表达交流，引导幼儿有序观察

1. 幼儿大胆表达交流观察的过程和结果。

2. 教师提问引导幼儿有序观察。

提问：（1）……

（2）……

　　　……

3. 幼儿再次表达交流。

四、游戏巩固，总结提升

布置作业：学生继续修改自己的教案（"做"）

二、模拟教学的四层次模式

下面结合对以上学生活动方案的点评，讲解模拟教学的四层次模式是如何一步一步运用的，引导学生在今后的教案书写中按照这个模式不断练习、反思。

模拟教学的四层次模式

"做"：学生做，动手写教案。

"研"：学生自己的研、与同伴的研、与教师的研。

"点"：教师高水平的指导。

"做"：再次动手修改教案。

循环往复，在做中提高。

三、学生试讲视频分析

四层次模式不仅体现在写教案中，试讲中同样可以按照这个模式提高试讲水平。

做——播放学生试讲视频片段

研——学生研讨：视频中学生试讲的优点和不足

点——教师点评

1. 教师组织活动要以幼儿为中心，幼儿是活动的主体。让幼儿充分观察、表达、交流，教师要做好巡回指导、提问引导。先让幼儿自由观察、表达、交流，教师再用有启发性的问题引导。切忌教师问、幼儿答的问答法。（重点点评这一问题）

2. 录制视频要站着，有试讲的感觉。组织幼儿观察讨论时，教师要模拟巡回指导的样子。注意手机的方向，全程应能看到教师，图片在一角出现即可。

3. 听声音猜汽车时，猜一种汽车出一个图片，建立直观形象。

4. 表扬太频繁，且形式单一。

5. 总结部分，注意用词的科学性，不是"形状不同"，而是"结构和功能不同"。

做——播放学生改进后的试讲视频片段。学生继续研讨、改进。

四、本课小结

科学观察活动要以幼儿观察为主线。活动设计与组织要牢记以幼儿为主体，遵循科学观察的规律与顺序。

为了提高学生教案书写水平与试讲技能，教师要引导学生按照"做—研—点—做"的模式循环往复，不断反思与练习。

五、作业布置

1. 对照模板，修改自己上周的作业，掌握科学观察活动教案的书写（围绕"春天"这一主题活动，自选内容，为大班幼儿设计一个科学观察活动）。

2. 分析研讨视频，学习其优点。

3. 针对自己的教案进行模拟试讲，体验科学观察活动组织与实施的要点。

案例四：教师资格证考试辅导简答题模拟教学

（太原幼儿师范高等专科学校姚敏提供）

设计意图：讲解和分析历年保教综合能力的真题，在学生已经学过所有知识的基础上用"学—研—点—学"的思路引导学生了解简答题的答题方式、答题技巧、答题思路，并针对考题的知识点进行拓展和应用，帮助学生梳理碎片化的知识，起到举一反三的作用。

真题：简述幼儿口语表达能力的发展趋势。

一、学

（一）学生自主思考

1. 题型——是什么类型，是什么、为什么、怎么做三类题型对号入座。

2. 涉及的学科——学前儿童心理发展中的幼儿言语。

3. 知识点的拓展——口语培养措施。

（二）说明答题思路

题型—找关键词，即口语表达能力—答题方向是幼儿言语。

（三）写出答案

本题答案和拓展知识。

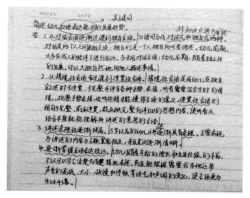

二、研

（一）师生共同分析，参考其他同学的意见

从题型出发，根据题面的文字分析题型为"是什么"类型，答案一个维度，无须进行推理迁移。

（二）针对答题学生所找出的关键词，进行查缺补漏

答题学生找的关键词为"口语表达能力"，在其他同学的补充下，该题的关键词还应有"发展趋势"。口语表达能力的知识点可以问特点、培养、规律等问题，而这些答题的要点与发展趋势有区别。该题有两个关键词。

（三）找准方向和相关学科

口语表达能力涉及的学科是学前儿童心理发展中的幼儿语言，交叉学科是幼儿园语言教育活动。题目中的发展趋势决定了该题的方向为学前儿童心理发展的幼儿言语。

三、点

（一）学生点评

不同的学生做点评：答题完整、全面，答题字数比较多，有关键词和简要阐述等。

（二）教师点评

1. 核心观点，即每一点的第一句话表述要准确，要用到教育学或心理学的专业术语。本题中，从对话言语到独白言语等要注意用词准确。

2. 简要阐述，即每一个核心观点之后的简要阐述字数不需要太多，表述合理、契合题目要求即可，不需要把相关内容都写上。本题中不需要对对话言语、独白言语、情境性言语、连贯性言语等词语的概念进行阐述，因为该题的题面为发展趋势。

3. 答题完整，简答题需要"戴帽子"或"穿鞋"，二者择一即可。这个"帽子"或"鞋"可以从《幼儿园教育指导纲要（试行）》《3—6岁儿童学习与发展指南》《幼儿园工作规程》《幼儿园教师专业标准（试行）》四个文件中找到对应的理念。

本题中"戴帽子"即《幼儿园教育指导纲要（试行）》语言领域：幼儿期是语言发展，特别是口语发展的重要时期。

4. 总结简答题书写要点：核心观点表述准确，简练文字条理阐述，头尾选择依题而定，序号正确层次分明。

四、学

在"学—研—点"的基础上，再次对本题知识点进行拓展式学习，对学生碎片化的知识进行梳理，并对交叉学科的内容进行迁移和嫁接。

（一）与题目相关的知识拓展

本题中关于幼儿言语表达能力的知识点，其上位知识为幼儿言语。幼儿言语会涉及概念、分类、理论、发展、培养、特点等。

1. 概念，语言和言语的区别。

语言：社会现象，人际交流的工具，符号系统，地域性，语言学研究范畴。

言语：人际交流的过程，能力系统，心理现象，普遍性，心理学研究范畴。

2. 分类。

言语分为外部言语和内部言语。外部言语分为口头言语和书面言语。对话言语即聊天、讨论；独白言语是演讲、做报告，我现在网上授课也是独白言语。书面言语是文字，晚于口头言语。内部言语即自问自答或不出声的言语。比如，在思考时的自言自语。

外部言语到内部言语的过渡中，还有一种自言自语。幼儿独自游戏时，会边玩边自言自语。

3. 发展——本题。

4. 语言获得理论——先天论、环境论、相互作用论。

5. 幼儿口语的培养。

(1)在日常生活中培养幼儿清楚完整表达的能力。

(2)开展有趣的讲述活动。

(3)多利用儿歌、绕口令组织语言教学。

(4)看图编讲故事或续编故事，增强儿童口语表达能力。

(5)积极为幼儿创造交往条件。

（二）交叉学科的拓展

1. 幼儿园语言活动类型：诗歌、故事、谈话、讲述活动。

2.《幼儿园教育指导纲要（试行）》和《3—6岁儿童学习与发展指南》文件中相关的语言领域内容。

案例五：教师资格证考试辅导论述题模拟教学

（太原幼儿师范高等专科学校周倩提供）

设计意图：以2017年（下）保教知识与能力的考试真题为例，在学生已经学过所有知识的基础上，用"学—研—点—学"的思路引导学生了解论述题举例论证"理论联系实际"的思路、答题技巧，试图帮助学生建立完整的逻辑思维，起到举一反三的作用。

真题：什么是幼儿园环境？为什么幼儿园教育中要强调创设良好的幼儿园环境？请联系实际说明。

一、作业点评

延续上次课的"学—研—点—学"，点评学生作业。

1. 思维导图修建议——突出"导"。

2. 简答题修改建议——突出"改"。

3. 时间分配修改建议——根据分值和难易程度，合理分配。

二、知识新授

在上节课的基础上，继续"学—研—点—学"。结合学生之前反馈的答案，继续分析论述题中如何做到"理论联系实际"。

（一）学

事先邀请1818班和1808班各15名同学就论述题的真题各自作答，课堂上有针对性地呈现学生答案，引发学生对"理论联系实际"的思考。

（二）研

呈现不同学生的不同思路，师生共同研讨，参考其他同学的意见，进行研究性学习。

1. 将学生答案进行分类整理并进行具体分析。

2. 结合学生意见，总结论述题中"理论联系实际"的答题要点。

（1）紧扣观点。

（2）联系实际。

（3）典型确凿。

（4）简明扼要。

（5）恰当分析。

（三）点

针对学生答案中的共性问题"难以做到紧扣观点"，进一步对答案进行对比分析及深层次点拨指导，引导学生在对比中发现问题、解决问题。

（四）学

行为跟进，引导学生在初稿的基础上再次进行修改完善，提高其"理论联系实际"的能力及表达能力。

三、总结提升

（一）整理答题思路

结合上节课论述题分析的基本思路，帮助学生在前后两节课之间建立联系，形成逻辑连贯的论述题答题思路。

（二）梳理答题要点

（三）提供复习思路

引导学生在现有基础上查漏补缺，加强学习，注重积累。

四、布置作业

应用课上所学，继续完善2017年下半年论述题真题：

什么是幼儿园环境？为什么幼儿园教育中要强调创设良好的幼儿园环境？请联系实际说明。

要求：论证充分，逻辑严密，表述准确，理论联系实际。

第三节　模拟教学的衍生课题

我们在对学前教育质量市、省、国家级三级课题与省级课题模拟教学进行研究的基础上，积累了研究经验，丰富了研究成果，提高了团队协作研究能力及发现问题和解决问题的能力。借力使力，接力研究。2019 年申报主持《高专学前教育专业学生 3＋3 一体化职业能力培养模式的实践研究》(山西省教育科学"十三五"课题，课题批准号 GH—18248)课题，使得幼儿教师职前培养校内校外衔接融合，校企共育，一年间取得了阶段性的喜人成果。

一、完成了课题研究前期工作

第一，完成了课题的国内外文献综述。

第二，完成了课题的意义和价值研究。

第三，完成了核心概念的界定。

（一）"三梯次—螺旋式"教学模式

"三梯次—螺旋式"教学模式是研究团队针对师范教育专业传统实训课程中存在的"学困""教困"问题，依托省级立项课题《模拟教学在学前教育专业课程中的实践研究》，历经"模模—建模—研模—定模"四个阶段九年时间，最终形成的师范教育专业实训教学模式。

它以学生为专业实训主体，将"做—研—点—做"专业实训教学理论转化为常规实训教学活动模式，并在此基础上延伸出"赛—研—点—赛"和"学—研—点—学"的专业实训教学模式，最终形成"模拟课堂—模""竞赛课堂—赛""名师讲坛—领"的完整链条，实现了学生"做中学""做中思"的良性螺旋式上升的专业实训学习方式和多学科、全方位的"多师同堂"协同教学，构建了专业教师学习共同体，极大地调动了学生实训学习的积极性和主动性，突破了中职教师专业发展的瓶颈。

（二）"三阶段"实践模式

本研究中，"三阶段"校外实践模式是指在"三梯次—螺旋式"教学模式的基础上，将校外的联动实训划分为"教育见习—跟班研习—顶岗实习"三个阶段，制订阶段性实训计划，建立学生实训档案，以实训指导教师为纽带连接学校和实训单位，依托现代信息技术手段和网络平台对学生分阶段的实训情况进行科学统计，及时反馈指导。

（三）"3＋3"一体化职业能力培养模式

"3＋3"一体化职业能力培养模式是指将"三阶段"校外实践模式与"三梯次—螺旋式"校内教学模式有机结合，高效交互，校内打基础，校外强实力，循环交互，相互促进，在实践过程中进一步检验和巩固学生职业能力培养成果，不断提升高等专科学校学前教育专业学生的职业能力。

（四）高等专科学校学前教育专业

学前教育专业以培养具有可持续发展潜能的、高素质的学前教育师资为主要目的；培养德、智、体、美等方面全面发展，具有良好的科学素养和人文素养，具有正确的儿童观、教师观、教育观及相应的行为，热爱学前教育事业，热爱学龄前儿童，具有理解幼儿和教育幼儿的知识和能力、终身学习和发展自我的能力、初步的教学研究和科学研究能力，能够在幼儿园等学前教育机构从事保教活动和管理工作的应用型专门人才。

学前教育专业学生主要学习与学前教育有关的课程知识和保教方法，了解和熟悉保教工作的基本内容，接受先进教育理论熏陶和研究能力训练，培养从事学前教育教学、研究、保教和管理的良好素质。

（五）职业能力

职业能力是指人们从事某种特定职业所必须具备的能力。它是个体在从事某种特定职业的过程中，将所学的专业知识、专业理念、专业能力进行类比、迁移与整合所形成的能完成一定职业任务的综合能力。

本研究中，职业能力特指高等专科学校学前教育专业学生毕业后从事相关专业工作所必须具备的幼儿园保育和教育的能力。

二、形成了阶段性的研究成果

（一）建构高职学前教育专业"3＋3"交互式实践教学模式

《学前教育专业"3＋3"交互式实践教学模式的建构》一文系山西省教育科学"十三五"规划课题"高专学前教育专业学生'3＋3'一体化职业能力培养的实践研究"（编号：GH—18248），发表在《阜阳职业技术学院学报》。作者为李艳菊，毕业于华东师范大学，教育学硕士，研究方向为教师教育、职业教育，课题组核心成员，太原幼儿师范高等专科学校副教授。李艳菊提出的主要观点如下。

1. 高职学前教育专业"3＋3"交互式实践教学模式建构的必要性

高职学前教育专业的实践教学与理工科职业教育中的实践教学有所不同。学生的保教专业实践能力是完整的有机统一体，不可能仅靠某一项具体的实践教学就能完成，需要将实践教学贯穿在整个教学活动中，即实践要素诸方面在时间上要全程延通，在空间上要全方位扩展，在内容上要全面整合，在理念上要全面渗透，在课程体系上要全面统整；同时，应打破以往学前教育专业实践教学模式的束缚，将实践教学置于更广阔的视野下实施。高等职业院校学前教育须践行全程化实践教学理念，创新实践教学模式，以推动学前教育专业学生学习方式的转变和教学的变革。

2. 高职学前教育专业"3＋3"交互式实践教学模式存在的问题

实践教学理念缺乏全程性，实践教学参与主体缺乏广泛性，实践教学方法缺乏多样性，实践教学过程缺乏连续性。

3. 高职学前教育专业"3＋3"交互式实践教学模式的设计思路

高职学前教育专业实践教学模式以"全实践"理念为基础，在专业理论课、专业技能课以及实习实训中构建全新的实践教学模式。其中，"全实践"并不是以线性的方式将理论教学和实践教学一一对应，而是以交互的形式将课堂实践教学和校外实习实训有机结合。

《现代汉语词典》中"交互"有三层含义：第一层是指互相、彼此；第二层是指替换；第三层是指在计算机中，参与活动的对象可以相互交流，双方互动。这里以交互的第二层意思为基础，结合高职学前教育专业特点，将课堂实践教学与校外实践教学交替进行，有机融合。整体设计思路体现理论与实践相结合、双知识螺旋递进的模式。

（1）实践理念全程化

一方面，打破以往理论课程和实践课程绝对性的划分，整合实践能力要求，将实践环节渗透在包括学前教育专业基础课、专业主干课以及技能操作等全部课程中。另一方面，教育见习、跟班研习、顶岗实习三种"园—校"实践活动交替穿插安排在每学期的教学活动中，使学生在实践活动中寻找问题、解决问题、形成实践能力和创新能力；将幼儿教师专业发展全程中所有实践环节作为一个整体来系统定位、统筹安排，保证教学时间和教学效果达到最优化。

（2）实践要求岗位化

对照国家教师资格证《保教知识与能力》考试大纲和幼儿园教师岗位能力标准，采用逆向制定的思路，将学前教育专业理论知识和实践技能进行"层次—模块"的结构划分，按照由浅到深、由易到难、由低到高的原则融合分层，使教学内容逐层递进，强化课堂实践教学和"园—校"实践教学过程的连续性，突出学生专业素质训练的行动性，实现师范教育专业人才培养的实效性。

（3）实践主体广泛化

以"人格本位"为理论基础，分别从学生学习品质、精神需求以及内在价值观的角度，高度尊重学生的个体能动性，把主动权还给学生，在不同层次的教学活动中为学生打造"做""赛""学"的主体发展平台，保证学生以平等的主体身份与学习活动进行内心对话，激发其内在的学习动机和职业情意；同时，引入"多师同堂、协同教学"的方案，使不同层次的教师进入同一课堂共同教学、协同发展，体现实践教学师生参与的广泛性。

（4）实践过程旋进化

围绕统一的实践教学目标，将理论知识与实践技能进行纵深与横向结合、习得与检测结合、动态与静态结合、团体与个体结合；按照学前教育专业能力发展的逻辑顺序，在实现理论知识和实践技能内部目标螺旋上升的基础上，完成课堂教学与"园—校"实践教学的交叉旋进，使教师、学生、环境有效结合，达到"1＋1＋1＞3"的效果。

（二）构建高职学前教育专业 "3＋3" 交互式实践教学模式

以"全程化实践"为理念，以"广泛参与"为标准，以"教学方法"为抓手，以"实践连续性"为突破，创新性地构建高职学前教育专业"3＋3"交互式实践教学模式。

1. 第一个"3"——"三梯次—螺旋式"课堂实践教学

课堂教学是学校教育的主阵地，也是系统教授专业知识的重要途径。因此，创新实践教学模式应以课堂为基地，开拓不同层次的教学形式。我们分层构建出了模拟课堂、竞赛课堂、名师讲坛的"三梯次—螺旋式"课堂实践教学模式。

第一梯次遵循"学生在前""实践在先"的理念，在常规 45 分钟课堂中推行"做—研—点—做"的教学方式，即按照分层练习、教学研讨、多元点评、实践反思的顺序，对专业知识和专业技能逐项突破；从做中来到做中去，以师生研讨和多元点评为载体，让学生大胆尝试，勇于实践，真正理解学前教育专业发展的目的和意义。

第二梯次借鉴"多师同堂"协同教学（Team Teaching，简称 T.T）的模式，强调教学过程中教师之间的合作和互补，促进学生之间的交流和参与；同时，在常规课堂中引入竞赛机制，以巩固和检测学生所学的专业知识和专业技能，并逐渐丰富竞赛课堂的种类和形式，开展分类竞赛、项目研讨、点线结合、逐层竞赛等教学活动，践行"赛—研—点—赛"的教学方式。

第三梯次开展名师讲坛，发挥名师引领作用。聘请行业专家和教学名师与学生共同探讨专业发展问题，帮助学生解决实际教学问题，提升学生专业实践能力。在名师讲坛中建构"学—研—点—学"的教学方式，即分级学习、主题研讨、引领反思、模拟翻课，充分调动学生参与"学"与"教"的积极性和主动性，升华课堂实践教学的内涵。

2. 第二个"3"——三阶段"园—校"实践教学

实习实训是实践教学的重要组成部分。以往学生的实习活动仅是学生和实习园所的单边活动，缺少校内教师的实践指导，使校内外实践教学相互脱节，学生实习质量无法保证。因此，我们采用"双元"育人、"双导师"引领的方式，增强"园—校"合作，增强校外实践教学效果。

第一阶段是为期两周的教育见习，它是学生认识、了解本专业的敲门砖。我们开创性地将第一周的教育见习前置于新生入校前完成，即学生拿到入学通知书时也会领到相应的教育见习任务。在《学前教育专业保教实习指南》的引导下，新生初步感知幼儿园教育，获得专业实践初体验。

第二阶段为以 6～7 名学生为一组进入同一班级进行为期四周的跟班研习，主要围绕"研儿童身心发展""研教师保教行为""研活动设计反思""研问题探究解决"四个内容螺旋递进，"园—校"双方共同通过案例分析、小组讨论、模拟教学、专题研讨、头脑风暴等方式，将保教活动与教育研究相结合，提高学生的专业实践能力。

第三阶段为高职院校与顶岗实习基地结成战略联盟，让大专三年级学生在第二学期进行为期半年的全方位实习工作，主要包括一日生活环节、集体教学、游戏活动、环境创设、区域活动、科研活动以及班务管理等内容。顶岗实习主要采取学校统一管理和学生自主实习相结合的形式，让学生在实习期间充分利用各种社会资源实现提前就业、高质量就业。

3."3＋3"交互式实践教学模式

在创新课堂实践教学模式和"园—校"实践教学模式的基础上，将"三梯次—螺旋式"课堂实践教学与三阶段"园—校"实践教学以双核旋进的形式交替进行，使二者有机融合，共同培养学生的实践能力。

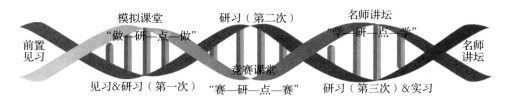

图 5-1　高职学前教育专业"3＋3"交互式实践教学模式

（1）一级交互的实践教学

以前置教育见习为交互式实践教学模式的起点，让新生获得专业实践初体验的同时记录自己的所见、所闻、所思，带着问题进入大专一年级45分钟的常规课堂。经历"做—研—点—做"的课堂实践教学后，教师与学生一起进入第二次教育见习。其主要任务是亲身实践幼儿园一日生活的基本环节和保育工作。再次回到常规课堂后，以项目研讨或教学研讨的形式对幼儿园一日生活环节和保育工作进行总结。

一年级下学期开展第一次跟班研习活动（为期两周），师生共同围绕幼儿身心发展、教师保教行为以及保育与教育的关系等问题进行实地观察和分析研讨，完成《学前教育专业保教实习指南》中跟班研习相应的实践作业。之后回到常规课堂，以"自评—他评—师评"的多元评价方式对第一学年的专业知识和专业能力进行总结反思。经过第一级的交互式实践教学，学生不断丰富自己的专业知识，形成了初步的专业实践能力。

（2）二级交互的实践教学

以国家教师资格证考试（幼儿园）大纲为依据，多位教师共同备课、上课，完成多个班级的课堂实践教学活动，形成"多师同堂"协同教学的机制。多位教师合作的课堂中引入班级之间的竞赛机制，按照《保教知识与能力》七个考试模块进行项目竞赛。同时，学生以班级为单位对竞赛中有疑问的问题进行归纳整理，在常规课堂中与教师交流探讨。这样不仅提高了学生自主学习的能力，还在教师之间形成了合作文化的氛围。

在开展课堂竞赛的同时，师生共同进入含有竞赛机制的第二次跟班研习（为期一周）。此次跟班研习以专业知识为基点，以专业技能（说、写、做、玩、弹、唱、舞、画）为主线，在竞赛研习中提高学生的理论素养和实践能力，达到知识与技能、理论与实践的融合。

（3）三级交互的实践教学

在一级和二级交互实践教学的基础上，引入"学—研—点—学"名师讲坛的课堂教学形式。学生观赏名师教学风采，模拟名师教学活动，在更高一级的实践教学活动中提升实践能力。名师讲坛被赋予多个级别的学习形式，有启发学生思考的"引领式"，有注重学生参与的"互动式"，有训练学生职业技能的"操作式"，还有教学成果展示的"分享式"。在聆听名师的启迪后，教师和学生分别进行深入透彻的主题研讨。与此同时，在第三次跟班研习活动（为期一周）中，教师以不同的形式指导学生进行自主实践学习，如观察记录、教研反思、教学随笔。

三年级第二学期进入顶岗实习阶段，采用幼儿园和学校"双导师"合作制度，共同指导学生完成保教实习任务。从实习岗位回到学校后，再一次参与名师讲坛的课堂实践教学活动，与行业专家和教学名师共同讨论顶岗实习中遇到的具体教学问题，更深一步地与名师互动对话。

高职学前教育专业"3＋3"交互式实践教学模式立足于学生的实践能力，不断挖掘实践教学的实质和内涵，分别从校内"三梯次—螺旋式"课堂实践教学和三阶段"园—校"实践教学两方面构建全新实践教学模式，同时将二者以双核旋进的形式有机融合，真正落实了学生乐学会教、教师善教乐学的两代师表精神。

第四节　模拟教学的实践引领

一、"三梯次—螺旋式"实训方案成果

"三梯次—螺旋式"师范教育专业实训教学方案是我校近年来进行的重大教学改革之一。此项教学改革极大地促进了我校教学质量的提高，促进了教师的专业发展，提升了学生的职业素养。

（一）促进了学生职业素养的提高

学生在专业水平、专业技能等方面得到了全面的提升，在多项技能大赛中获得了骄人成绩，就业率逐年提升。2017年至今，我校学生在山西省、太原市中、大专学前教育专业学生职业技能大赛中远超同类院校，荣获三连冠。

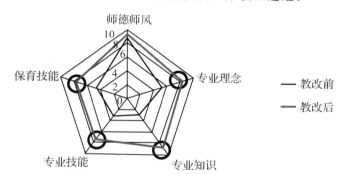

图 5-2　学生专业水平的提升视图

（二）带动了团队专业水平的提高

成果团队中，李艳菊老师荣获 2015 年第六届中小学（职业院校）教学标兵称号；胡仙鸽老师获得 2017 年"山西省模范教师"称号，姚敏老师于 2017 年在太原市"敬业杯"新课堂教学团体竞赛中获一等奖，荣立二等功；周倩、曹艳梅、张芳芳均在山西省学前教育职业院校教师技能大赛中获得骄人成绩；"三梯次—螺旋式"学前教育专业实训教学方案获山西省教学成果奖（职业教育）二等奖。2016 年，北京师范大学出版社公开出版了七本幼儿园五大领域教育活动设计与指导"十二五"系列规划教材。

（三）促进了专业实训条件的改善

在校领导的支持下及本人的努力下，中央、省、市共为学前教育专业实训室建

设投资约 444 万元，极大地改善了学生的专业实训条件，为学生从教能力的提高提供了强有力的保障。

（四）增强了我校的社会影响力

2015 年 4 月，太原市教科研中心及来自全国各地职业院校的教师 500 余人参加了本人主持的公开教研活动"带教之中话教改"。这次活动对其他职业院校的教育教学改革具有重大的借鉴意义。

2015 年和 2016 年，我校连续组织两届太原市中等职业学校"伯乐杯"知识竞赛活动，应用并推广了"三梯次—螺旋式"学前教育专业教学方案中的竞赛形式。赛事安排合理，得到了兄弟院校和社会各界的广泛好评。

二、"四维全程"实践教学体系实践成果

（一）成果特点

1. 政—院—园—校联动，推进多元育人

打破专业壁垒，与音乐、舞蹈、美术等专业进行联动，在课程、技能、评价等方面取长补短，形成了专业之间纵横贯通的联动多元育人效应。

学前教育专业与优质幼儿教育企业合作，创建"学前教育专业高水平幼儿教师童话幼教企业订单班""学前教育专业高水平幼儿教师太航幼教企业订单班"。在订单班的课程设置、实习实训方面，幼儿园教师与高校教师双向流动，双元双师共育人才。

对标太原师范学院、晋中师范学院学前教育专业，共建学生实习基地。晋东南幼儿师范学校和长治学院等兄弟院校对"四维全程"实践教学体系给予了高度评价，并尝试试用该体系。

太原市教育局为学前教育专业的实习实训基地出台了政策，保障了实习实训基地的质量。目前实习实训基地已有 200 余家。我校与太原市育蕾幼儿园签订教师教科研基地协议，以培养高质量、双师型教师；连续两年承担太原市教育局学前教育师资培训和全民技能培训，为太原市教师教育做出了贡献。

2. 课—证—岗—赛融合，创建实践体系

成果团队搭建了"四联动"实践教学平台，实现政—园—院—校多方联动；创新了"四进阶"实践教学模式，促进了学生实践能力的提升；形成了"四整合"立体化教学资源，提供了学生实践教学的载体；完善了"四检测"多元化实践评价体系，建立了学生发展动态监测机制。"四维全程"实践教学体系的建构实现了课证岗赛的深度融合。

2019 年晋东南幼儿师范学校和长治学院师范分院对该体系进行了实地考察与系统学习，并将该体系运用到本校学前教育专业学生实践能力培养中，效果较好。

3. 精品教材研发，服务兄弟院校

"十二五"系列规划教材《学前教育专业模拟教学指导》《幼儿园社会教育活动设计与指导》《幼儿园数学教育活动设计与指导》等，于 2016 年由北京师范大学出版社公开出版发行，成为山西省中高职院校学前教育专业的参考实践教材。

（二）社会效应

1. 毕业生供不应求

在 2017 年、2018 年、2019 年举办的山西省职业院校技能大赛中，教师赛讲团队和学生技能团队连续摘得桂冠，分获团体一等奖。毕业生质量持续提高，深受广大用人单位欢迎。太航幼教集团、童话幼教集团等十余家优质企业先后与本专业签署了订单培养的战略合作协议，以满足对高素质幼儿教育人才的需求。

2. 兄弟院校观摩研学

2015 年 4 月，太原市教科研中心与全国各地职业院校的教师 500 余人参加了本人主持的对外公开教研活动"带教之中话教改"，从反思性实践的角度深入剖析了学生素质培养中的问题和校企双元双师共育人才的构想，对职业院校的教育教学改革具有重大借鉴意义。此后，太原市中等职业学校"伯乐杯"知识竞赛活动推广了"三梯次—螺旋式"课堂实践教学模式。

2019 年 6 月，晋东南幼儿师范学校等其他兄弟院校到本校进行参观学习，对该体系进行详细了解与学习，并给予了好评。

参考文献

1. 熊川武. 反思性教学[M]. 上海：华东师范大学出版社，1999.

2. 李仲立. 教育实习概论[M]. 兰州：兰州大学出版社，1989.

3. 许高厚. 教育实习[M]. 北京：人民教育出版社，2001.

4. 刘初生，等. 教育实习概论[M]. 长沙：湖南教育出版社，2001.

5. 陆炳炎. 一体化：师范教育改革的思考与实践[M]. 上海：华东师范大学出版社，2000.

6. 宁明宗，贺祖斌. 高师教育实习指南[M]. 广西：广西教育出版社，2000.

7. 教育部师范教育司. 教师专业化的理论与实践[M]. 北京：人民教育出版社，2001.

8. 石中英. 知识转型与教育改革[M]. 北京：教育科学出版社，2001.

9. 翟宝清. 教育实习概论[M]. 西安：陕西科学技术出版社，2000.

10. 何杰，伍红林. 当代中国基础教育改革的理论与实践[M]. 南京：南京大学出版社，2011.

11. 顾建民. 高等教育学[M]. 杭州：浙江大学出版社，2008.

12. 戚万学. 高等教育学[M]. 济南：山东大学出版社，2008.

13. [美]约翰·杜威. 人们怎样思维[M]. 姜文闪，译. 上海：上海人民出版社，1984.

14. [美]威廉·F. 派纳，威廉·M. 雷诺兹，帕特里克·斯莱特里，等. 理解课程[M]. 张华，等，译. 北京：教育科学出版社，2003.

15. 钟启泉，王艳玲. 从"师范教育"走向"教师教育"[J]. 全球教育展望，2012(6)：22—25.

16. 郝明君，靳玉乐. 教师文化的变革[J]. 中国教育学刊，2006(3)：70—71＋74.

17. 方海敏. 开展教学反思的价值及其有效途径[J]. 学前教育研究，2010(8)：70—72.

18. 徐帅，赵斌. 从外塑到内修：教师专业发展的内驱力生成[J]. 教育理论与实践，2018，38(25)：39—42.

19. 李德龙. 浅谈高师教育见习的几个问题[J]. 教育理论与实践，1992(5)：48—49.

20. 张贵新. 对教师专业化的理念、现实与未来的探讨[J]. 外国教育研究, 2002, 29(2): 50—55.

21. 李谨瑜. 高师教育实习存在的若干问题探析[J]. 吉林教育科学·高教研究, 1996(5): 49—51.

22. 邹迟. 高师教育实习成绩评定刍议[J]. 西南师范大学学报(哲学社会科学版), 1996(1): 24—27.

23. 朱永新, 杨树兵. 英美师范教育实习的特点及启示[J]. 常熟高专学报, 1999(6): 1—3.

24. [加]F·迈克尔·康内利, [加]D·琼·柯兰迪宁, 何敏芳. 专业知识场景中的教师个人实践知识[J]. 华东师范大学学报(教育科学版), 1996(2): 5—16.

25. 陈向明. 对教师实践性知识构成要素的探讨[J]. 教育研究, 2009(10): 66—73.

26. 刘东敏, 田小杭. 教师实践性知识获取路径的思考与探究[J]. 教师教育研究, 2008, 20(4): 16—20.

27. 马香莲, 侯耀先. 指向实践性知识的高师教育实践课改革[J]. 中国成人教育, 2008(8): 77—78.

28. 金忠明, 李慧洁. 论教师实践性知识及其来源[J]. 全球教育展望, 2009(2): 67—69.

29. 张力之, 秦浩正. 教师教育实践性知识的思考[J]. 现代大学教育, 2009, (3): 20.

30. 吴泠, 周志毅. 教师教育视野下实践性知识的培植: 现状与对策[J]. 杭州师范学院学报(社会科学版), 2006(6): 116—119.

31. 赵宁宁. 拓展评价的视阈——20世纪美国教育评价研究的发展历程[J]. 外国教育研究, 2007(1): 51—55.

32. 董奇, 赵德成. 发展性教育评价的理论与实践[J]. 中国教育学刊, 2003(8): 18—21+45.

33. 曲鸿雁. 创新教育实习模式的探讨及构建[J]. 现代教育科学, 2011(3): 93—95.

34. 廖慧兰. 教师教育改革背景下地方高师院校教育实习研究[D]. 南昌: 江西师范大学, 2009.

35. 安保欣. 我国省属师范大学教育实习状况调查研究[D]. 长春: 东北师范大学, 2013.

36. 张洪丹. 高师院校教育实习的现状、问题与对策——以东北师范大学为例[D]. 长春: 东北师范大学, 2008.

37. 杨秀玉. 教育实习—理论研究与对英国实践的反思[D]. 长春: 东北师范大学, 2010.

38. 陈静静. 教师实践性知识及其生成机制研究——中日比较的视角[D]. 上海: 华东师范大学, 2009.

39. 张增田，彭寿清. 论教师教育共同体的三重意蕴[J]. 教育研究，2012(11)：93—97.

40. 龙宝新. 论教师专业成长的实践逻辑[J]. 教育科学，2012，28(4)：41—46.

41. 陈春勇. 试论教育评估在教育实践中的运用[J]. 中国教育学刊，2012(10)：79—82.

42. 汤杰英，周兢，韩春红. 学科教学知识构成的厘清及对教师教育的启示[J]. 教育科学，2012，28(5)：37—42.

43. 潘国文. 实习生教师实践性知识发展的个案研究[J]. 教育学术月刊，2012(11)：58—61.